U0529535

本研究系首都师范大学文化研究院"互联网舆论场与文化领导权"(课题编号:ICS-2014-A-03)项目成果。

现代道德话语的形成
——从马基雅维里到康德

丁凡 著

中国社会科学出版社

图书在版编目（CIP）数据

现代道德话语的形成：从马基雅维里到康德 / 丁凡著．—北京：中国社会科学出版社，2017.6
ISBN 978 – 7 – 5203 – 0635 – 5

Ⅰ.①现… Ⅱ.①丁… Ⅲ.①政治哲学—研究 Ⅳ.①D0 – 02

中国版本图书馆 CIP 数据核字（2017）第 129990 号

出 版 人	赵剑英
责任编辑	赵　丽
责任校对	周　昊
责任印制	王　超

出　　版	中国社会科学出版社
社　　址	北京鼓楼西大街甲 158 号
邮　　编	100720
网　　址	http://www.csspw.cn
发 行 部	010 – 84083685
门 市 部	010 – 84029450
经　　销	新华书店及其他书店
印　　刷	北京明恒达印务有限公司
装　　订	廊坊市广阳区广增装订厂
版　　次	2017 年 6 月第 1 版
印　　次	2017 年 6 月第 1 次印刷
开　　本	710×1000　1/16
印　　张	17
字　　数	229 千字
定　　价	69.00 元

凡购买中国社会科学出版社图书，如有质量问题请与本社营销中心联系调换
电话：010 – 84083683
版权所有　侵权必究

目　　录

前　言 …………………………………………………………（1）

第一章　马基雅维里的道德革命 ………………………………（8）
　一　命运，还是"能力"？ ……………………………………（9）
　二　君主与共和：《君主论》 …………………………………（16）
　三　君主与共和：《李维史论》 ………………………………（27）
　四　爱国主义现实主义诸问 …………………………………（41）
　五　小结 ………………………………………………………（51）

第二章　培根的技术世界 ………………………………………（52）
　一　科技乌托邦的政情 ………………………………………（53）
　二　代达罗斯问题 ……………………………………………（65）
　三　营销大师 …………………………………………………（78）
　四　小结 ………………………………………………………（96）

第三章　霍布斯的政治科学 ……………………………………（98）
　一　两可的主权论 ……………………………………………（99）
　二　被误解的"权力" ………………………………………（106）

三　被扭曲的正义 …………………………………… （118）
　　四　霍布斯的"法网" ………………………………… （139）
　　五　结语 …………………………………………………… （154）

第四章　卢梭的遁世与经世 …………………………………… （156）
　　一　德性之"劫" …………………………………………… （157）
　　二　"理想世界"与人的世界 ………………………………… （167）
　　三　立法与行教 …………………………………………… （183）
　　四　世界的边缘 …………………………………………… （197）
　　五　结语 …………………………………………………… （211）

第五章　康德与现代"自我" …………………………………… （213）
　　一　形而上学与道德哲学 ………………………………… （214）
　　二　国家问题 ……………………………………………… （221）
　　三　革命问题 ……………………………………………… （226）
　　四　历史与信念问题 ……………………………………… （234）
　　五　结语 …………………………………………………… （239）

附论　历史写作与问题意识
　　　　——对修昔底德《考古学》的考察 ………………… （241）
　　一　历史的脉搏 …………………………………………… （242）
　　二　金权视野下的政治世界 ……………………………… （249）
　　三　"修昔底德陷阱" ……………………………………… （255）
　　四　关于出路的思考 ……………………………………… （258）

参考文献 ……………………………………………………… （260）

前　　言

　　道德话语是时代风尚最重要的标志之一，它既是某种时代精神的结果，同时也能对社会文化风尚与道德氛围产生强大的影响，因为它会以各种或笨拙或微妙的形式深入到精英教育、媒体宣传以及大众文化之中，从而成为形塑社会的一种强大力量。因此，毫不夸张地讲，道德话语的品质是事关一个民族乃至人类文明前途命运的大事。

　　当今道德话语的基础是从西方现代早期开始逐渐成形的以个人为基础的一系列政治、经济、社会与文化学说，并最终由康德为之提供了最重要也最具影响力的理论体系。但是，这种特殊的道德话语，其品质与效用却难以令人满意。翻开16世纪以来的世界历史，我们一方面能看到生产力水平与商业规模的不断发展，另一方面，我们也看到了贫富两极分化与对立的不断加剧、战争的频度与破坏性不断增加、环境恶化的速度不断加快、经济社会体系稳定性的一再下降以及人道主义灾难的不断升级。这两方面的对比并不能令有识之士接受"利大于弊"的结论。后一方面的种种令人忧惧的现象表明，现代化进程开启之后的世界并不是一个健康的世界，因此，推动其运转的机制必然是有问题的。

　　这一机制几乎被一致认定为是所谓的利益逻辑或资本逻辑，然而，它从来不曾取代道义原则而成为任何一个特定社会的公开与正当的最高理想。它的危害性从来不是秘密，任何稍有社会常识的人都知道，一旦形成哪怕只是半公开的利益交换机制，都将给思想、政治以及文化精英的培养、选拔、任用以及更替机制带来致命的恶劣影响。其结果无一例外都是社会分裂、结党营私与相互倾轧，然而，需要对这种"率兽食人"的景象负责任的却不是这些几乎天生就只懂得一己之私的"利益个体"或"交易行为主体"，而是对思想、政治与文化中的"正气"天然有责的思想精英、政治精英与文化精英，因为无法抑制利益逻辑的文化是不能被称为"文化"的，思想、政治以及道德伦理的情况也都是如此。

因此，作为与各方面都有密切关联的关键环节，道德话语问题必须成为反思的重点对象。而对道德话语的关注就必然将我们的目光引向为数不多的那几位对现代人的"心灵"产生了最重大影响的思想人物身上。

本书中所选的人物都是西方近代政治思想史中最重要的核心人物，关于其中每位思想人物的政治、法律、社会或道德思想都已有大量优秀的研究著作，但是以道德话语为视角的研究尚未得到足够的重视与开展。这是一个较为独特的视角，它与思潮史或意识形态史的研究方法略有不同，它当然包括理论或思辨的逻辑分析与社会历史考察等内容，但又不完全与之等同，因为它特别注重并突出了思想者或理论家同时也是教育者或塑造者的特殊身份以及与此身份密切相关的"修辞术"问题。

本书认可这样一个基本观点，即马基雅维里造成了欧洲近代道德氛围的根本转变。这也是本书选定思想史断代起点的逻辑前提。关于马基雅维里，所谓政治与道德相分离的说法实际上是不可能自圆其说的，因为政治从来就不可能是一个道德"中立"的场域，它永远不可能回避善恶对错的基本命题，也永远不可能站到"善"与"正义"的对立面而免于罪责与口诛笔伐。需要特别注意的是，没有人会忽视马基雅维里对国家生死存亡问题的过分强调，但是马基雅维里对这一问题的强调却有两个面相：一方面，强调生死危机的时刻存在并由此而要求治国者随时准备使用非常手段；另一方面，马基雅维里非但不提供长治久安的办法，反而以极度冷静而"理性"的虚无主义来"激励"人们"勇敢"接受"一切终将归于消灭"的"事实"并积极投身于帝国主义的人间"正道"。因此，作为某种特殊的教育者，马基雅维里其实是在以某种"患失+绝望"的歇斯底里来扭曲甚至败坏政治精英以及潜在的政治精英的基本判断力，并最终凭借"史家"的姿态与"智术士"高超的修辞术而获得了少数"上智"与无量数"中人"与"下愚"的或严肃或戏谑的赞同。其结果非但不能使国家获得安全与稳定，反而会使得一国之内纷争不断加剧、国与国之间的竞争步步升级、政治人才队伍不断凋敝并最终引向全面危机。

正是从这个被夸大的危险开始，欧洲所继承的古典希腊传统与基督教传统都成为了不可信任的致弱之道，而欧洲人充满痛苦与灾难的道德重塑过程也正由此拉开帷幕。只是，由于这个开端的极为微妙的破坏性，欧洲的道德重建始终未能准确找到问题的根源，因而非但没有及时解决这一根本文教问题，反而在个人主义、恐惧、不信任、抽象道德以及享乐主义等要素的作用之下，越来越呈现出内涵混乱、导向不明的严重问题，并且，这一问题早已随着殖民运动和全球化而成为了全人类共同的问题。

在这个过程中，培根大兴自然科学技术的建议与"本撒冷体制"的规划为马基雅维里的帝国游戏提供了正当性与武器库。霍布斯则以契约论、自然权利、自然法、和平以及主权等基本"名词"

为根基搭建起了一整套现代政治话语体系。看上去，马基雅维里与培根的帝国主义"理想"对于一心向往和平的霍布斯而言并无任何吸引力，权谋诈术或科学技术霍布斯也是一不信任二不欣赏，然而霍布斯不上不下的"现实主义"却一方面在以"和平"为唯一目标的前提下"认可"了国际社会永久的自然状态与这一状态在利维坦内部随时可复的糟糕性质，另一方面又在高扬主权的同时"忘记"了给"主权"一副至少可称"健全"的身体。

卢梭对危机四伏的现代社会及其骄矜傲慢的"上流社会"充满了义愤，他以道德的名义对"文明人"与"文明社会"发起的近乎毁灭性的批判震惊世人，道义的应有地位似乎是得到了恢复或至少是有了恢复的希望，然而卢梭始终挣扎摇摆于经世与遁世之间的心灵却为个人的修德成善与家邦的仁义之政带来了巨大的伤害。他在孤独逍遥之中无法安享内心的宁静，因为他并不能真正的忘记社会生活与全人类；他在思考社会政治问题时不敢聚焦于统治者的德性与责任，因为他只想留下一部神奇的法典就飘然离去而不敢承担起政治家繁重复杂的工作。于是，他只好要求人类的生活变得尽可能的简单，吃穿用度、头脑心灵都要简而又简以至于政府只能行"无为之治"。这种拒绝向上的基本态度并不能为道义原则赢得真正的力量，"质朴无文"也不是德治的目标，真正的文明生活必须以真正的高雅文化为指引。卢梭"复兴"道义的努力非但没有对政治生活与文化生活提供充足的正能量，反而助长了"愤世嫉俗"与"避重就轻"的不良倾向，从而既断了"好人"之路，也绝了"好公民"的来源。康德是这场道德重建运动的一个重要里程碑，道德自主、自由主义、毫不妥协的道德戒律、帝国主义、和平主义、尘世虚无主义、民族虚无主义、历史虚无主义、逐利的个人主义、道德的个人主义、种族主义以及世界主义等相互矛盾重重的要素统统被康德整合到了同一个道德哲学体系之中，从而使得这套话语既便于自命清高，又不必然要求政治权力以至惊扰阻碍商业社会本身机制的运转，还可成为对其他文明体横加指责乃至发动侵略战争的话语利器。

中国正是这场绵延数百年的帝国游戏的最大受害者之一。然而无论是数以千万计的人命损失、数以亿计的赔款与其他珍贵文物之劫难，还是百余万平方公里的割地，滔天罪恶竟然仅凭"落后"二字便想一笔勾销。并且，这"落后"的帽子竟然从"奇技淫巧"到"政教法度"并最终扣到了"中华文明"本身之上。"仁、义、道、德、礼、乐、刑、政"的完整体系与"修、齐、治、平"的完整序列在道义之正当性上竟然敌不过悖德之私欲与无礼之自由。道义之殇，岂有甚于此者耶？然而，在这场人类文明史上最大的浩劫之中，中华文明证明了自身中所蕴含的惊人伟力。百年丧乱之后，新中国一扫海内妖氛，经六十八年艰苦奋斗而有重回巅峰之势，如此奇迹，文明史上仅此一见。这不仅仅是中国之幸，也是人类之幸。

然而，故事还远远没有结束。

于今之世，"挨打"与"挨饿"之虞已不足忧，唯独"挨骂"一事，其状之烈似仍不减百年之前，种种"专制""封建"甚至"愚昧落后"等新文化运动年代的"标准"用语仍然挥之不去。这个现象乍看上去是令人难以理解与接受的。毕竟百年前严复已有"彼族三百年之进化，只做到'利己杀人、寡廉鲜耻'八个字"之觉悟，毕竟康有为周游列国之后亦明所谓西方文明乃"就外形而观之，非就内心而论之"，毕竟毛泽东等老一辈革命家看清楚"为什么先生老是侵略学生"之后，中国就已经开始走上自己的道路。这条"中国道路"在争议中走到今天，已有近百年的时间，而中国国势之壮盛引发西方世界的震动与热议也已有十几春秋。2004 年 5

月，"北京共识"第一次将中国作为头号反例摆在了"华盛顿共识"的正对面，此后关于"中国模式"与"中国道路"的讨论更是随着次贷危机而越发热烈，然而，中国共产党在"绩效"（performance）方面的超级表现似乎仍不足以让所有的"道德"指责都变成世人眼中的"酸葡萄"，"威权主义"、"国家资本主义"、"大专制政府主义"、"不公正"、"剥夺农民"、"野蛮生长"、"低人权优势"等"解释"模式似乎仍然难以攻破。"中国道路"需要一个深刻而全面的解释与评价。因为，对于作为文明大国的中国而言，仅有"绩效"显然是不够的，中国共产党的功过得失必须在更高级别的道义天平上获得其"应得之分"——既有的所谓"现代道德话语"远不足以评判中国以及人类其他文明的历史。中华文明传统对道义的理解与实践才是中华文明的精魂所在，在中华大地上，暴力、利益、权势或任何不义从来都不可能取得"稳定"的容身之所，无论冠以"国家"、"民族"、"历史"或何等名义，不义永远都只是不义。因此，中国虽只一国，然而中国之所怀却从来都不是一国狭隘之善。对于中华文教独一无二的"天下"维度，东西方有识之士早有共识。英国史家阿诺德·汤因比早已于五十年前便指出，由于中华文明本身的特质，人类文明之未来与希望必在中国。以彼时中国之样貌，汤因比此言不免被认为是故作惊人之语，而以今日之势观之，汤氏之远见卓识的确令人赞叹。另有，刚刚故去的美国前安全顾问、著名地缘战略学家兹比格涅夫·布热津斯基曾称中国乃是以一己之力在反抗整个不公正的世界。以布氏的特殊身份而有此语，中国之于人类的伟大意义可知不谬。结合两位远人之高见，可确知中国无论是以文明逻辑还是现实作为而论，虽不完美，而皆可无愧于中国之"中"与道义之正。

习总书记首次提出了中国哲学社会科学话语体系建设的重大任

务，这意味着中国共产党对于中华文明伟大复兴事业的理解与谋划达到了一个全新的高度。的确，若不能最终恢复道义与文化上的应有地位与领导权，中国的一切政治、军事、经济等方面的成就都将黯然失色并最终归于寂灭。人类历史上岂有一个文明体是以生产与供养的能力抑或暴力杀戮与剥削榨取的能力而成就"伟大"二字并传诸久远的？世人所知之诸"大国"——荷、西、葡、英、美、德、法、日、俄等——莫不以此两类能力而起，至今未落者唯危机四伏、名声扫地之一国而已，中华文明之伟大复兴，必不可堕此邪道之窠臼。而避之之要，首在重审"道德"之真，而廓清义理之正。

本书不揣浅陋，谨以道德话语为视角，敢效一察之微明。学力所限，必有种种不足，敬请方家指教。

第一章　马基雅维里的道德革命

马基雅维里深刻地改变了欧洲人政治思考的方式，这早已是一个无可争议的事实。然而，如何理解这一转变却始终众说纷纭。各方争论的焦点最终集中在了一个看似极为简单的问题之上：马基雅维里究竟是好人，还是坏人？但是看似简单的问题往往最难以回答，因为善恶问题乃是终极之问。明白了这一点，才能够理解，与马基雅维里的命运最为紧要的问题——道德与政治各有各的逻辑还是相反——其实是一个伪问题，这个问题可以简化为：善恶问题是不是治国理政的根本问题？这个问题的问法已经决定了，它的答案必须是坚决的肯定，因为它本身就是个别无选择的道义问题，而非事实问题。

以上绝非文字游戏，善恶问题本身的性质决定了这一切。而这也正是马基雅维里成为西方政治思想史乃至西方文明史上一大谜题的原因，此人究竟有何超绝之能，竟能使人在这一根本问题上犹疑不决，甚至于能令饱学之士也信从"此人使得政治与道德相分离"这样经不起推敲的简单说辞？欲行悖理之说，必定不能遵循理性的法则，因此，马基雅维里的修辞术必须成为正人君子重要的观察点，如此则马氏种种对于特定历史的剪裁、对于特定人物的回避以及对于特定理论传统的躲闪背后的用意才能大白于天下。

一 命运,还是"能力"?

《君主论》甫一问世便为其作者招致了一个恶人的名声,其原因是显而易见的,书中对人类基本道德情感的蔑视与伤害是骇人听闻的。然而,这本"邪书"的手抄本在欧洲政治圈与知识圈中的广泛流传似乎又早已预示了马基雅维里道德声誉与思想命运的反转。在欧洲近代著名文化代表人物中,培根对马基雅维里的巧妙使用深刻地展示了其思想的强大力量,这种高超的使用方式包括对后者思想基本大端的认同与对小节的无关宏旨的批评。而在所有的认同中,除了纯粹立场性的内容之外,影响最为深远的一条理由便是马氏自诩的"求实"态度。培根试图使读者相信,古典哲人以及基督教神学探讨的完全都是"人应当怎样生活",而马基雅维里只不过换了一个方向,转而研究一番"人实际上是怎样生活的"。[①] 霍布斯与斯宾诺莎实际上也都采取了与培根一脉相承的看法与做法。[②]

在以上述三位为代表或先驱的现代政治理论所继承的马基雅维里思想基本要素中,引起了德国著名史家弗里德里希·迈内克的特别注意的却是其对基督教的拒斥,于是,奥古斯丁对于道义

[①] 培根在对古典政治哲人的批评、对基督教彼岸性的拒绝、对道德理想的否弃以及对"国家理由"的认可等方面,均与马基雅维里保持了一致,而所批评的只是马基雅维里在修辞方面的不审慎,以及细节方面的欠周全。参阅[英]弗朗西斯·培根《学术的进展》,刘运同译,上海世纪出版集团2007年版,十八(3)、二十(8)、二十一(9、11)、二十二(13);《培根随笔全集》,蒲隆译,译林出版社2011年版,第十三、十五、二十九、三十二、三十九、五十八。

[②] 两者与马基雅维里深相契合之处仍在于对古典政治哲学以及基督教道德主张的拒绝。[荷兰]斯宾诺莎:《政治论》,冯炳昆译,商务印书馆1999年版,第一、二章。

原则的坚决主张便被迈内克提高到了西方政治文明转折点的高度。① 也就是说，在迈内克看来，马基雅维里没有那么重要。在奥古斯丁之前，在没有"普遍性宗教"的古希腊与古罗马，"国家理由"早已是见怪不怪的基本事实，一份包括了亚里士多德、色诺芬、修昔底德、欧里庇得斯、西塞罗、塔西佗以及李维的长名单足以为证。② 然而另一方面，迈内克也在告诉人们，所谓的"求实"态度其实也不重要。之所以要将奥古斯丁抬高到转折人物的高度，是因为在迈内克看来，奥古斯丁所关注的"道义"问题本身就比真理问题更为重要。也就是说，对于马基雅维里问题的思考，必须上升到道义原则的视野，否则必定或为不得要领，或为掩人耳目。③ 正是马基雅维里在道义原则上做出的改变使得他本人成为了奥古斯丁之后的又一个决定性的转折点，与后者相比，马氏在道义的高度上略逊，而在复杂性与影响力方面，马氏却远在希波大主教之上。④

唯有以道义的视角才能找出马氏在道义上翻身的道理，斯宾诺莎与卢梭为这一令人难以置信的转变迈出了重要的第一步，这两位坚定的共和主义者为马基雅维里提供的道义辩护几乎为后来给马氏"翻案"过程定下了范式与基调，这一点在波考克的《马基雅维里时刻》中得到了充分的体现。然而，以共和主义的名义将马氏的所有言责一笔勾销的做法看似特具新意，为此付出惨重代价的却是君主制与整个欧洲，这一占据了人类文明史大部分时间的制度被启蒙者宣告了道义上的毁灭。这样的做法具有明显的意识形态或"道德

---

① ［德］弗里德里希·迈内克：《马基雅维里主义》，时殷弘译，商务印书馆 2008年版，第83页。
② 同上书，第52、81、82页。
③ 同上书，第89页。
④ 同上书，第86、88、90、98、99、106页。

第一章 马基雅维里的道德革命

主义"色彩,因此,波考克对这一思路的选择与发展也将不可避免地具有同样的色彩。① 并且,与迈内克的研究相似,对马基雅维里思想本身的探讨只是其研究的一部分,迈内克关心的是作为现代政治困境重要根源的"马基雅维里主义"的产生与传播②,而波考克关心的则是马基雅维里在"共和主义"传统脉络中的位置与意义——共和主义的道德正当性是其全部探讨的基础。

问题意识的差别使得波考克丝毫未提及迈内克的重磅著作,而迈内克通过对马基雅维里著作的精深研阅中总结出的三大核心概念或问题,波考克也未能覆盖周全。迈内克指出了"德性""命运""必需"(necessità,或译为"必然性")以及"精兵"(armi proprie,字面义为"自己的军队"),最后一个概念并未引起迈内克特别的注意,而前三个概念实际上也仍不足以完全展示马基雅维里思想的实质,因此迈内克在分析中还使用了"善/恶""目的""自然"以及"理性"等古典政治哲学的词汇来搭建其基本的分析框架,唯其如此,马基雅维里在国家终极目的上的不明、相对主义、政治功利主义、"幼稚的一元论"、根本性的君主主义倾向以及在道德领域造成的灾难性混乱才能够得到全面的展示。③

波考克则只强调了马基雅维里的"德性"和"命运"概念④,

---

① 波考克承认他"选取"了"共和主义历史观",承认其注重"词汇"的方法具有不可避免的局限性,承认忽视了马氏著作的许多方面,还承认他使用了"探索性"的解读法。[英]J. G. A. 波考克:《马基雅维里时刻:佛罗伦萨政治思想和大西洋共和主义传统》,冯克利、傅乾译,译林出版社2013年版,第89、90、109、167、168、194页。

② [德]弗里德里希·迈内克:《马基雅维里主义》,时殷弘译,商务印书馆2008年版,第100页。

③ 同上书,第90、94、95、96、98、99、104、106页。

④ [英]J. G. A. 波考克:《马基雅维里时刻》,冯克利、傅乾译,译林出版社2013年版,第167页。

· 11 ·

在其本人的分析框架中，波考克选取了"合法性""公民生活"与"革新"等现代词汇，并以"历史"的名义将古典政治哲学的教导请进了博物馆。波考克认为亚里士多德所教导的"德性"、波利比阿关于"混合政体"的学说等"公民人文主义"的重要内容都已被马基雅维里的时代证明为不可能取得成功的道路，并由此认定这才是马基雅维里另辟蹊径的根本原因①。迈内克再三强调的马基雅维里的负面影响被波考克以"革新"的名义统统否定了，由于前马基雅维里的或所谓"公民人文主义"式的共和主义已经无法解释与应对旧式君主与旧式贵族已然归于湮灭的历史现实，正是这个不对等造成了佛罗伦萨的"命运"，而马基雅维里所"创造"的作为"革新者"的"新君主"的"德性"（*virtù*）是唯一能够对抗"命运"的法宝，尽管"对抗"并不意味着必定能"战胜"。这一对抗的过程是：革新者以革新者的德性重塑一个共和国与其公民的德性，而共和国的公民则凭借公民的德性使共和国跳出"时间性"，也就是维护共和国的稳定，并且，这是一个包含了败坏与复兴的、无休无止的循环过程。② 这在波考克看来是唯一能够从"理想"中拯救政治与社会生活的办法，无论这种理想是古典式的、基督教式的抑或是两者的变体，因为它总是带有无法抹去的"彼岸"色彩，它总是人们无法与现实"和解"，它让人无法接受商业或腐败——所有这些都将不可避免地为共同体带来令人难以忍受的张力，并且最终它既无助于解决问题，又无助于减轻任何"非分之想"所必然带来的痛苦。唯有马基雅维里的"德行"能够避免这

---

① ［英］J. G. A. 波考克：《马基雅维里时刻》，冯克利、傅乾译，译林出版社2013年版，第91、92、93、95、97、100、106、107、109、124、125、153、155、165页。
② 同上书，第228页。

一切。①

我们可以看到，"革新"既是波考克递给马基雅维里的唯一一根救命稻草，也是波考克全部论述的生命线。一旦革新之说无法成立，波考克所提供的这一整套共和主义辩护词必将面临极大的窘迫。前文已经提到，革新之说成立的前提是前马基雅维里的一切政治理论传统都已失效——它们已经既不能解释现实，也无法切实有效地解决问题。

然而，这样一个过分大胆的断言恰恰就是无法成立的。

波考克在《时刻》一书再版的"跋"中承认，斯金纳对其混淆西塞罗与亚里士多德的批评是完全正确的。② 这样一个无可辩解的硬伤足以证明，波考克对于前现代思想的了解与理解并没有达到应有的水准，因为西塞罗与亚里士多德之间的差别绝不是那么难以察觉的。这几乎是一个让人哑然失笑的情景：作为一位对"复杂性"③ 有着特殊情结的思想史家，竟然对亚里士多德思想几乎无出其右的复杂性毫无觉察。波考克对亚里士多德的引述与分析恰恰是

---

① 波考克在关于后马基雅维里时代西方世界重大政治问题的讨论中区分了马基雅维里的"话语"形式与其思想。前者展示了马氏的巨大影响力，所有的讨论都不出马氏的概念与问题域，甚至卢梭都可以成为"18世纪的马基雅维里"；而后者则意味着在后来的一系列重要政治论争中，所有过分关注"美德"的论者都忽视了马氏的思想而成为了马氏话语的误用者。波考克在全书最后表达的其本人对于所谓公民美德的真实态度展示了其本人与马基雅维里或马基雅维里主义的微妙关系，所谓以共和主义重新叙述西方未竟历史的说辞，其实是为劝导人们不要执迷于古典主义、自由主义抑或社会主义的道德意识，波考克甚至将英美的决裂归结为"道德意识"的差别。［英］J. G. A. 波考克：《马基雅维里时刻》，冯克利、傅乾译，译林出版社2013年版，第458、461、467、474、475、478、484、491、496、505、508、511、529、530、541、550、554、555、556、558、579、580页。

② ［英］J. G. A. 波考克：《马基雅维里时刻》，冯克利、傅乾译，译林出版社2013年版，第585页。

③ "讲这个故事并不是想让它清晰易懂，澄清的任务更多地在于揭示它的复杂性。"［英］J. G. A. 波考克：《马基雅维里时刻》，冯克利、傅乾译，译林出版社2013年版，第582页。

简单化、表面化与形式化的。亚里士多德关于"德性"的复杂教导、以其复杂的政体学说为背景的"混合政体"思想与"公民"思想，远比"共和主义"话语体系中的同名事物含义丰富。亚里士多德的复杂性源自政治暨伦理生活本身的天然属性，而另一方面，亚里士多德同样具有的明晰性则来自其对于诸善或目的的等级体系的深刻理解，这一体系与人伦的天然秩序密切相关，这是"共和主义"尤其是基于原子化个人主义的现代共和主义所无法涵盖的。这样深刻而宏富的明晰性在马基雅维里的著述中是毫无踪影的，其原因也不难察觉：失去了善与正义的大纲大要，焉能不陷于"言无统绪"的境地？由这个决定性的先天不足所导致的"复杂性"只能证明论者思想的错漏百出，这样的复杂性非但毫无教益，反而适足致乱。

波考克《时刻》一书全部论述的复杂性与马基雅维里同出一辙。正是在遮蔽了古典传统最深刻教导的前提之下，"共和主义"才被生硬地抬到了文明史观察视角的高度。这是它所担当不起的。共和主义也许有胜过自由主义之处，但这仍然是远远不够的。而仅仅以崇尚"行动"的名义为马基雅维里谋定一个共和主义传统中的"时刻"地位也是行不通的，因为"行动"从来都不是问题，"行动"的目的、主体以及方式等才是。

波考克在古典传统上的再次失手也为我们提供了一个以古今之别的视野重新审视马基雅维里的契机。之所以称"重新审视"，是因为至少列奥·施特劳斯已经提供了一个重要的范例。并且，这样的重新审视是需要不断重复进行的，因为马基雅维里已经成为每个世代的人们都不得不面对的道德挑衅。得益于德国与犹太双重传统的影响，施特劳斯能够幸免于英美现代实用主义政治与基督教式抽象道德传统的遮蔽；然而，出于同样的原因，施特劳斯仍然未能突破某种微妙的地方主义、悲观主义以及神秘主义的障碍。

中国传统能否提供某种无障蔽的视野呢？根据中国文教传统在本国历史乃至世界历史中的表现，这种可能性看来很大。它能够历经数次重大的政治危机、文明危机与外来文化冲击而维持中华民族清晰敏锐的道德感与生机勃勃的伦理生活于不坠，使之非但没有发生质变，反而"其命维新"。具体到马基雅维里，晚清东渐风潮之中，马氏思想与中国已有过遭遇，几乎除了陈独秀、翼民、陈其刚寥寥数人之外，马氏对待道德的态度始终是中国有识之士所无法接受的。① 但是，马氏所谓的爱国主义、对于国际政治的现实主义态度以及强军思想还是对中国几代论者产生了不小的诱惑。

回到马基雅维里诞生于兹的西方，有一个现象不容忽视，那就是，欧陆主流思想对于马基雅维里的接受与肯定也从未达到公开对其进行道德美化的程度。我们可以看到，无论是在长期处于欧洲文化中心地位的法国，还是在曾以"文化民族"自任的德国，马基雅维里都从未取得道义上的正当地位，卢梭只不过为了表达其对于已经腐朽衰微的法国君主制的道德义愤，黑格尔则是为了表达其对于"建国"的关切，两人均无意对马氏做出任何深入全面的研究与评价。② 当然，这并不意味着他们没有受到马基雅维里的深刻影响，我们反而应当考虑一种可能：这恰恰显示了马基雅维里思想的强大

---

① 刘学浩：《马基雅维利著作与思想在中国的早期传播》，硕士学位论文，天津师范大学，2014年。

② 实际上，对于马基雅维里的深入研究是20世纪才出现的情况，在此之前，马基雅维里的思想史地位一直是十分有限的，它远不如"马基雅维里主义"在随处可见的利益斗争和市井闲谈中的影响力。迈内克本人的关切尽管已经上升到了思想史研究的高度，然而正如其书名所显示的，迈内克更忧心的是"马基雅维里主义"而不是马氏本人，十足讽刺的是，在波考克这里，马基雅维里本人竟也仍然只是一个虚幻的形象，马氏本人的文字也未曾得到严肃认真的对待，反而是施特劳斯的研究体现了对马基雅维里本人的最高敬意。

影响力。这一影响力的最终来源，必然是马基雅维里本人高超的谋划与笔力。

二 君主与共和：《君主论》

马基雅维里是共和主义者么？这可能是关于马基雅维里的最无意义同时又最核心的问题了：称其"无意义"是因为这个问题几乎就是一个纯粹的意识形态问题，而马氏在文字中为自己营造的、不断挑战俗见与成见的"实干家"形象正是要试图避开这一无聊的"抽象问题"；而称其"核心"则是因为它的确是诸多重大问题的交叉点。

所谓的"共和主义"，其内涵主要有三：最根本的一条是"不可有君主"，另外两条事关其本身，其一为基本制度，共和主义意味着某种"混合政体"，其二则为某种"道德"，它强调公民对国家事务的责任。

实际上，这三条并不足以支撑起一个真正通贯一致的"意识形态"。

共和主义对君主制的拒斥并没有充分考虑君主制产生的原因及其优势，这一优势往往被误解为在决策上的集中与迅捷[1]，而君主制在文化与道义上的巨大潜能往往被完全忽视，因为在西方的传统中，只有极少数人能够充分理解文化或文教的巨大力量，而这种理解并未得到足以彪炳史册的伟大实践。是小塔昆的被逐开启了罗马的共和国时代，然而就这一事件本身而论，小塔昆儿子的暴行足以证明君主制的低劣与共和制的优越和正当么？即便"高傲者"塔昆

---

[1] ［古希腊］希罗多德：《历史》，王以铸译，商务印书馆1959年版，III（82）。

不足为君并且应当被推翻，君主制是否也应当因此而被一并废除呢？古罗马仅仅经历了七位君主的短短二百余年的"王政时代"，远未探索并发展出君主制本身丰富的可能性。

根据李维的权威记述，罗马城的建立者罗穆路凭借传奇的出身与经历在一场反对暴君的政变中获得了建城的机遇，然而由于"祖制"的不足，这一重大机遇导致了兄弟相残的悲剧。罗穆路被推为君主之后完成了颁行法律、订立仪轨、创建元老院以及设立避难所等奠基工作，之后在与萨宾人的战争中（其起因是由于不名誉地掠夺萨宾妇女），两个族群竟然由于萨宾妇女以伦理关系的"既成事实"之说而以"两王共治"的形式合并成了一个新的王国，并且在萨宾王提图斯·塔提乌斯死后完成了政权的统一。这一叙事中充满了令人难以理解的地方。比如，来自不同部族的双王之间是如何解决分歧的呢？何以提图斯被处死后其权力不传给萨宾的或罗马的一位继任者而竟然归于罗穆路呢？罗穆路不知所终的结局使得君主制最重要组成部分之一的继承制问题未得处置，元老院的"摄政"确实保证了政权的稳定，然而"十人团"模式显然弊病甚多，在罗马人民思君之情的压力下，元老院作出了退让，妥协的结果便是"民众选举＋元老院批准"的君主产生办法。这一颇具民主意味的制度安排显然只能应对早期阶段的局势，一旦出现纲纪废弛、争权夺利的局面，这种没有统绪可言的君主选举制应对危机的能力必然不如世袭君主制。罗马的"王政"幸运地延续到第四代之后，安库斯的儿子由于未能继位而谋刺第五代君主老塔昆，于是第六代君主塞尔维乌斯成为首位非常君主，在未来的末代君主小塔昆的压力下，塞尔维乌斯才补上了正当程序。小塔昆由于违背了行事必当通过元老院的惯例早已引起诸多不满，其外甥、著名的共和"元勋"布鲁图斯正是其中最重要的一员，他抓住了卢克蕾佳事件的"机遇"并成功主导了这次政变,并最终与卢克蕾佳的丈夫克拉提努斯一起成为共和国首任双执政官。我们可以看到,政变的直接导火索并非塔昆本人的暴行,甚至塔昆尚未来得及进一步犯下包庇罪犯的罪行,按照常理,至少要等到塔昆在处置此案上有直接过错时举事,方可稍稍无愧于臣节,而即便如此,从行废立到废除君主制之间显然还有一段难以跨越的距离,还需要更多的理由。因此,即便是李维这样坚定的共和主义者也无法掩盖这一事件所必然带有的阴谋嫌疑。

实际上,以古罗马当时的规模体量和文明水平,古罗马所谓的"王政"与酋长制并无根本区别。甚至这一时期古罗马史的可靠性都始终是一个争议巨大的问题。公元前3世纪中叶之前,古罗马还不曾有过历史记载。也就是说,所有关于古罗马起源与"王政时代"的"记载"都是已进入扩张关键时期(即布匿战争时期)的共和国时代的产品,而对于见证了共和国灭亡与帝国时代开启的罗马最重要的史家提图斯·李维的写作而言,他所能参考的史料也多是"小年代记作家"的作品,这些作品中充满了想象、夸张与创作的文学成分。①

综合各种情况来看——这些情况包括:古罗马的"王政时代"从未出现过任何一位与文化或文教有关的著名人物,如哲人、政治家、诗人或史家;② 当古罗马人开始出现文化人物的时候,王政时代早已成为毫无话语权的、任由装扮的历史陈迹——有关古罗马的起源与"王政时代"的全部"传说"都只不过是古罗马共和国自

---

① [俄]科瓦略夫:《古代罗马史》(上册),王以铸译,上海世纪出版集团2011年版,第12—19页。
② 罗穆路忒法,而努马恃鬼神,均非正途。后来的图卢斯与安库斯固然可称守成令主,然而也未能在政教上再有提升。

我确证的、作为历史发展之"过渡"的必需装饰品。因此，古罗马的共和主义从一开始就存在一个严重的问题：它从未与其对手君主主义进行过真正理性的"对话"。这使得它对君主制的否定也失去了理性的支撑。

这一问题在马基雅维里这里也并无本质改变。马氏对君主制的认识仍然十分粗浅，无论是《君主论》中对君主制的"类型学"论述，还是关于帝王心术与治国手法的教导，都难免鄙陋之讥。

在该书第一章的一系列二分法中，我们看到，关于国家类型的区分，马基雅维里竟然采取了闻所未闻的不以治理之"道"而以"如何取得"为着眼点的分类方法。选择这一分类法就意味着马基雅维里已经将"得国"或"夺位"摆在了优先序列的首位，而马氏的全部思考与著述也将围绕着"争夺"而展开。这个选择充满了迎合大众的意味，因为众人特别愿意相信，"争权夺利"就是政治的全部内容。即便对于最能止息非分之想的世袭君主制而言，继承君位也往往是需要竞争的，尽管这是范围与烈度最小的竞争。马氏在这里没有重点讨论的共和国的情况就更加糟糕，由于最高权位没有明确归属，这种国家几乎天然就是野心家的斗场。争夺的过程需要武力、运气与"德行"（virtù），成功之后仍然需要运用这些基本要素来防范他人的争夺……马氏关于帝王权谋诈巧的冷血教导无一不与此相关。唯其如此，马氏才会毫不顾念对于君主制尤为重要的"正统"问题，并将窃国巨盗、独夫民贼也一并计入了君主的行列，而所谓马氏更关心"新君主"与"新制度"种种说法，也唯有在其首重"争夺"的视野下才能得到合理的解释——对内或对外进行争夺而获得成功与成功之后保持权位不为他人夺走，一则最是野心家的目标，二则难度均属最高。

最能从技术方面展示马基雅维里政治思想之疏陋者，当属其君主国类型学中的"市民的君主国"与"教会的君主国"。

对政治统治和国家治理理解方式的低下使得马氏甚至无法辨清君主制的基本精神、基本功能与基本法理，以至于竟然会区分出这样两个不伦不类之物。前者一方面使君主国与共和国之间的界限变得十分模糊，另一方面也使马氏"君主抑或共和"的立场变得不清不楚；后者除了进一步展示其在君主共和之分界上的模糊之外，还充分显示了其思想格局的严重不足。

对于这种君主国，马基雅维里的表述是："如果一个平民的市民……由于获得本土其他市民的赞助而成为本国的君主，这种国家可以称之为市民的君主国。"①马氏的理由是，任何城邦中都有贵族与平民之间的对立，无论双方力量对比如何，必然不出君主制（principato）、自主制（libertà）或无政府状态（licenzia）三种结果。显然这里马氏讨论的是第一种结果，这种结果也包括两种可能：此君主可为贵族所立，亦可为平民所立。那么问题便出现了：这样一个君主显然不是真正意义上的君主，也就是各方均心悦诚服的德望之人，而只是由对立双方其中之一推出的代理人。他只能保持一个统一的表象，而远远不能达到政治统治与治理的层次，因为这必须以消除"贵族"与"平民"之间的对立为前提，这一点对于马基雅维里而言恰恰是不可思议的。他最关心的始终是难度问题，这既是一个量的问题，也是一个技术问题，这两种"君主"保持权位的难度是不同的。

马基雅维里断言，依靠贵族扶植起来的平民君主更难以维持。这一断言并无实据，两类君主都有各自的困难，然而谁更困难却几乎无法确定。依靠贵族的君主，其困难主要来自他上位的原因。扶

---

① ［意］尼科洛·马基雅维里：《君主论》，潘汉典译，商务印书馆1985年版，第45页。

第一章 马基雅维里的道德革命

植他的贵族一般而言看中的是他对平民的"亲和力"和易于掌控，因此只要他遵循贵族的利益，发挥所长，尽力避免双方矛盾激化，其权位往往不难苟存；只有当其不再满足于代理人的角色而试图成为真正能够主持正义的君主时，其地位甚至其身家性命才会变得岌岌可危。马基雅维里只考虑了这后一种情况，因此他说，这类君主难保权位的原因是他无法指挥这些自认为与他平等的贵族。最值得深思的是马氏诉诸的这样一条"原理"：公平处理各类事务必定会损害贵族的利益，因为贵族必定是压迫平民的，而平民反压迫的目的更公正。马氏对于"贵族"的描述与理解显然不符合"贵族"的基本定义，并且，如此斩钉截铁地确定贵族与平民之间"压迫与被压迫"的对立关系，本身就已经宣告了共和的不可能，从道义上污名化贵族的做法就更加于事无补，这不可能符合共和主义的基本精神与国家利益。

另外，马基雅维里认为，依靠平民的赞助而成功的平民君主更容易为君，因为他会发现自己"巍然独立"。然而马氏立刻又改口，称这位君主周围还是"有很少数人不准备服从自己"。更重要的是，他还时刻面临着与之敌对的、斗争经验与资源都极为丰富的贵族集团的窥伺。这种局面，君主应当如何应对呢？马基雅维里显然也拿不出办法。他竟然充满童趣地说："如果没有上述贵族，君主也能够过得很好，因为他能够随时设立或者废黜贵族，并且能够随心所欲地给予或者抹掉他们的名声。"[①] 面对困境，马基雅维里竟然想凭借"假设"来取消难题，而关于"废立予夺"的稚气想法更显示出他对于君臣之道的蒙昧——贵族称号岂是想给就给、想收就收的？接下来，马氏以毫无必要的一长串

---

① [意] 尼科洛·马基雅维里：《君主论》，潘汉典译，商务印书馆 1985 年版，第 46 页。

二分法再度将读者引回那个本该立刻给予回答的问题：依靠平民的平民君主如何应对敌对的贵族？答案仍然是毫无意义的"防范"，而具体办法则是与平民"保持友好关系"。然而，这终归无甚大用，因为平民能做出的最大的恶，不过就是抛弃君主，而平民能做出的善行却不包括拯危救急。总之，平民，不可抛弃，不能依靠。我们也看到，被污名化的不只是贵族，平民也遭到了马氏无情的鄙视与嘲讽。接下来，马基雅维里竟然断言，唯有立基于平民的"君主"而不是"平民"才能永远不被平民抛弃，当然，这个"君主"必须"能够指挥，是一个勇敢的人，处逆境而不沮丧，不忽视其他的准备，并且以其精神与制度措施激励全体人民"。① 我们难以理解的是，马基雅维里难道认为，这样的品质唯有来自高贵血统的"君主"才可能有，而"平民"绝无可能具备么？既然"平民"不足为君，马基雅维里又何必讨论"市民的君主制"呢？该章的最后一段更是认定，这种"市民的君主制"走向专制时会变得更加脆弱，因为它的君主不能亲自指挥而要通过官吏，而民众也只知有官，不知有君，故而危难时刻君主将无所依靠。这段对于一个多余话题的多余论述更是不知所云，这类君主的地位本来就不牢固，何来走向专制的基础和机会呢？该章最后一句话称："一个英明的君主应该考虑一个办法，使他的市民在无论哪一个时期对于国家和他个人都有所需求，他们就会永远对他效忠了。"② 这样一句痴人说梦般的呓语着实令人难以将其与素以强干务实著称的马基雅维里联系起来。二三子何患乎无君？妄图使人民因为有所求、不得已而选择忠诚，耶和华犹且无

---

① ［意］尼科洛·马基雅维里：《君主论》，潘汉典译，商务印书馆1985年版，第48页。

② 同上书，第49页。

第一章 马基雅维里的道德革命

能为力，人间君主又岂可以此为念？

从这一章我们可以看出，对于马基雅维里而言，君主制与共和制之间其实并无质的区别。既然由平民推举而起的、不具权威、手无资源且地位岌岌可危的平民领袖也可称"君"，则"血统"并非君主制不可缺的要件；既然无论哪个城邦中贵族与平民都永远处于对立之中，且双方均无正义可言——前者力量强大而目的却只是压迫，后者反抗压迫的目的稍正但却软弱无用——则无论是君主制还是共和制都不可能有道义上的差别；那么，"终身制"可否成为君主与共和的界限呢？看来还是不行。1501年索德里尼当选佛罗伦萨城"终身正义旗手"，马基雅维里成为其主要助手之一，然而直至索德里尼覆亡，佛城仍称"共和国"，甚至，直到1532年，美迪奇家族才称"大公"，而马基雅维里献书之际，小洛伦佐仍只是一名"公民"。血统、任期、道义地位都不重要，足见"正名"之于马基雅维里，尚无任何重要意义。

马基雅维里对"教会的君主国"的讨论就更是彻底展现了其对于法理与法统的藐视，非但如此，它还展示了马氏对于欧洲文明根本问题的无知无觉或有意掩盖。对早已是欧洲文明核心要件的基督教进行政治考量，从来就不是渎神之事。罗马教会的崇高地位与其在欧洲政治、经济、军事以及社会组织等各方面的实际作为密不可分，在罗马帝国灭亡之后外族入侵的浪潮冲击之下，利奥一世、格列高利一世等著名教皇领导下的罗马教会曾为欧洲至少在文化上的统一做出过巨大的历史贡献。然而由于种种原因，欧洲在政治上的统一始终未能完成，"政教分离"这一重大的结构性问题对欧洲的历史产生了巨大影响。由教会本身败坏而引发的宗教战争更是成为了现代民族国家兴起的直接原因，马基雅维里亲历的亚平宁半岛乃至整个西欧的纷争局势的确与罗马教会有莫大的关系，马氏也确实有理由对教会乃至对基督教采取批判乃至反对的立场。只是对这样一个重大问题采取戏谑而不是严肃讨论的方式来进行处理，这首先就会让人质疑马基雅维里作为一位政论家的基本素养了。

马基雅维里对这一主题的处理是极其糟糕的。首先，马氏将罗马教会降格为"教会的君主国"的做法就已是大为不妥，罗马教会之成为欧洲精神统一的象征已有千年历史，即便当前遭遇重大危机，其本身所负责任之重也绝非任何他国可比。欧洲局势若想出现根本好转或至少有所好转，教会因素都必定是关键所在。马基雅维里对此却毫不措意，直接将其降格为"国"之后，仍然以"取得"与"保有"为视角开论，并宣称：德行（*virtù*）或幸运在"取得"这种国家之际有用，而"保有"它却只需古老的宗教制度，它们在选择合适君主方面虽无敏锐的判断力，但却具有极大的权威，以至于教皇不必保护或治理其臣民也一样可以高枕无忧。① 这样罔顾事实的论述显然带有反讽与轻蔑的情绪，接下来的论述更是表明，马基雅维里其实并不关心"教会的君主国"——无法确定马氏究竟是指"教会"还是指"教皇国"——的内政问题，他关注的是，作为某种重要的外部力量，教会是如何取得如此巨大的世俗权力的。

始终只关注"世俗权力"意味着马基雅维里或者是不得不承认教会的"精神权力"，或者是始终未能领会其中的重大意义。后一种可能性看来更大，因为马基雅维里眼中"世俗权力"的具体表现是教皇尤里乌斯二世曾将法国国王逐出意大利并击败了威尼斯。这样的强势表现源于教皇亚历山大六世打下的基础，这位来自博尔吉

---

① ［意］尼科洛·马基雅维里：《君主论》，潘汉典译，商务印书馆1985年版，第53页。

亚家族的权谋家从一开始就是利用"金钱与武力"赢得"选举"成为教宗的,得位之后更是进一步通过阴鸷狠辣的手段清除反对者而扩大了其家族的权势。这种方式与手段显然深得马氏欣赏,除了亚历山大六世最后"误杀"自己的失误之外。

需要注意的是,尤里乌斯二世的在位时间是 1503 年至 1513 年,而亚历山大六世在位则为 1492 年至 1503 年。那么,在此之前的漫长时间里,是什么导致了教会"世俗权力"的微弱呢?马基雅维里并未溯及太久远的过去,而只是探讨了自威尼斯突然崛起并成为威胁到欧洲各国的一支强大力量之后的情况。在这个新的历史条件下,教会、威尼斯与各国之间形成了一个错综复杂的纷争局面,其中威尼斯是教会和各国共同的敌人,而各国和教会之间则是既要合作又要斗争的关系。这个微妙的关系能够揭示很多问题,例如"政教分离"这一根本的结构性问题对欧洲局势的影响等。然而马基雅维里却只指出了"生命短促"这样一个显然并非最重要的原因。在他看来,由于教皇在位时间鲜有超过十年的,因此在面对各国挑起的内部派系斗争时总是难毕其功于任内,一旦教皇更替,形势往往发生逆转。这种局面对于整个欧洲的伤害是巨大的,教会纲纪的废弛与声望的败坏将使得维护欧洲统一的精神纽带面临绷断的危险。具有伟大情怀的人应当认真考虑如何解决这个难题,更何况比在位时间长短更重要的原因并不难发现,比如:教皇的产生办法。

截至马基雅维里的时代,教皇选举制已经存在了五个世纪,它由最初颇类"禅让"制的指定制度演变而来。正是这一极具共和主义色彩的制度导致了各种势力对教皇宝座的争夺与教皇的结构性的傀儡化风险。实际上,指定制本身的式微就已经是教会权威衰败的标志,改成选举制本身就是各种力量相互妥协平衡的结果。并且由于同样的原因,这一制度从未获得稳定的形式。正是在政教分离与教皇选举制的背景下,对教会同样怀有恐惧的各国才有机会凭借派系斗争的手段来达到削弱教会的目的,亚历山大六世的当选更是直接证明了,在当时欧洲的大环境下,社会力量对最高精神权力的实际优势,以及最高精神权力沦为私人利益工具后对欧洲政治生态的几乎无法抵挡的强大破坏力。这样的逻辑与经验对于马基雅维里都不陌生①,然而他的着眼点却始终未能超出技术的视野。

最后,土耳其"苏丹国家"突如其来的出现又使得我们对马基雅维里君主制类型学在技术上的完备性与科学性产生了怀疑,这个东方王国的基本制度难道不正与王政时代的罗马极为类同么?既然如此,它如何可称"非新非旧"呢?以《君主论》前九章的篇幅和斩钉截铁的气势,为何会单单漏掉了这样一个已经威胁到全欧洲的强敌呢?②

退一步讲,如果马基雅维里问题重重的君主国类型学可以由其"共和主义"倾向得到解释——实际上这是不可能的——那么他在同时写就的《李维史论》中关于共和国的政治理论分析就更加清晰地展示出了他本人对共和国同样"中立"与问题重重的看法。称"中立"是因为在其论述中"君主国"与"共和国"依然没有道德上或本质上的差别;称"问题重重"则是由于其关于共和国的"类型学"与其关于共和体制的分析描述仍旧一方面难以自洽,另一方面则难以经受理性的审视。

---

① [意]尼科洛·马基雅维里:《君主论》,潘汉典译,商务印书馆1985年版,第56页。

② 同上书,第98页。

三 君主与共和:《李维史论》

《李维史论》第一卷第 2 章最与学理辨析直接相关,其中最重要的分类标准或着眼点与《君主论》类似——马基雅维里于"治道"同样毫无措意,竟尔要从立国之主的籍贯与该国法律建立的方式入手。于是开篇便引出了两种所谓的"类型":本族人建立的、一次性订立良法的国与本族人建立的、历经数人数次建制行动才臻于完善的国。两者各有一个代表:前者有斯巴达,后者有罗马。此举令马氏的共和国类型学立刻陷入困境:首先,该章标题明确宣称讨论主题为"共和国的类型",然而双王制的斯巴达在波里比阿之前从未被划入"共和国"之列,罗马在塔昆遭逐之前也历来称"王政时代";其次,斯巴达与罗马都不是由当地人建立的国家,外来的多利斯人奴役了伯罗奔尼撒人而建立了斯巴达,来自伊利翁的埃涅阿斯则历来被尊为罗马人的初祖;最后,对于共和国类型的理论探讨,有何必要拒"那些由外人建立的城邦"[①] 于千里之外呢?

面对如此纷乱的局面,较为合理的一种解释应当是:马基雅维里对于古罗马共和国有某种特殊的需要,然而这种需要又无法从它那里得到完全的满足,于是斯巴达才变得必不可少。我们可以猜测:首先,马基雅维里"真的"是出于为佛罗伦萨乃至整个意大利政治困局寻找解决之道的核心关切而转向古罗马共和国的,而亚平宁半岛的混乱所导致的最大恶果就是"外人"的统治与奴役,因此,马氏出于对"外人"的切齿痛恨竟至于拒绝讨论外人建立的共

[①] [意]尼科洛·马基雅维里:《李维史论》,冯克利译,上海人民出版社 2005 年版,第 49 页。

和国，或者对斯巴达与罗马均为外人所建的事实进行直接颠倒；其次，马氏对于当前出路的答案"真的"可以在古罗马共和国找到坚实的论据，其答案的主要内容包括特定的制度与特定的德行两方面，倘若古罗马共和国能够在两方面都提供完美无缺的典范，则有关斯巴达的论述便毫无必要，但是，很遗憾，罗马不是这样的典范，罗马"完善"体制的出现凭借的不是具备卓绝理性与判断力的一位伟大人物，而其国祚也远不及斯巴达的800年。看上去，马基雅维里不得不承认斯巴达在政治成就方面的确要高于罗马，并且因此而希望在当前的佛罗伦萨最好能出现一位新的吕库古。我们甚至还可以猜测，马氏自比的也正是这位著名的立法者。只是，对于亚平宁半岛而言，斯巴达乃是外邦，因此，罗马必须成为"理想"和"典范"。

在西方政治思想史上，第一位将罗马立为典范的重要人物是波利比乌斯（亦译波利比阿），是这位来自希腊的人质第一次将"历史"——而不是"哲学"或政治哲学——树立为学习政治之艺或治国之道的最佳引导，并第一次自豪地提出了"整体历史"的概念，因为他确定自己已经找到了治国之道的最高典范与人类整体历史的唯一核心主角，它不是雅典，不是斯巴达，也不是克里特，而是古罗马共和国。并且，他将古罗马共和国走向辉煌的最关键时期确定为他本人所处的布匿战争时期，同时将其成功归因于与吕库古首创的"混合政体"类似的政体和令人惊叹的"运气"，因为他认为罗马人并不是由于理性才选择了这样的建国思路的。[①] "巧"的是，在这样几个关键问题上，马基雅维里几乎与波利比乌斯保持了完全的一致——除了斯巴达与罗马谁更伟大这一问题。

[①] ［古罗马］波利比阿：《罗马帝国的崛起》，翁嘉声译，社会科学文献出版社2013年版，第一书：2—4，第六书：3—18。

如此的一致自然也意味着：如果波利比乌斯错了，马基雅维里也会跟着一样的错。

波利比乌斯，错了。

首先，"历史"如何能够成为最佳的指导呢？是因为"历史"具有真正的"知识"，还是因为"历史"必然能展示出真正的治国之道？都不是。如前文所提及的，"任人装扮"之说虽有夸张，但也决非虚言。历史若要成为载道之具，必须以明道之人作史为前提，"天人之际"与"古今之变"的重要性远在"一家之言"之上。

其次，波氏的"混合政体"之说，虽然保存了部分希腊血统，然而于古典的精义却似乎领会未深。古典政治哲人关于"政体"的教导，无论是在柏拉图还是亚里士多德那里，都是以"目的"作为根本的区分标准的，政治或城邦的正当目的必须且只能是"善"与"正义"，罗马的异乡人毫不含糊地肯定并坚守了这一根本教诲，然而在关于城邦的起源与"正义""高贵"以及与之相反的观念的产生等问题上，波利比乌斯却开始与古典传统分道扬镳。

波利比乌斯的确是以某种更适合普通读者或罗马读者理解力的方式提供了一个新的解说。他令人不解地选择了以"经常发生"的"灾难"作为开始，灾难不仅会毁灭文明社会以及其中大部分的人，还会抹去"所有有关技艺及社会体制的知识"，于是人类社会总会不断地重新开始。然而，这个类似于"无知之幕"、忘川之水或孟婆之汤的特殊机制即便的确能够摧毁大量的生命，它如何能同时也摧毁与政治生活有关的、亦即关于善和正义的"知识"呢？如此一个近乎绝对的开端，如此凝重的灾难意识，对于政治哲学的思考而言，是必不可少的么？显然不是。由此开端而下，波利比乌斯认为，政治社会的形式即政体将进入一个变化循环的轨道。这是古典政治哲学中的一个重要主题,也正是在这里,波氏有意识地偏离了古典传统。① 政体分类表与演变过程都发生了微妙的变化。柏拉图在《政治家篇》中通过"客人"的言辞展示了一个"七分法"②,波利比乌斯保留了其中的六种,而隐去了柏拉图特加强调的第七种,而对于柏拉图并未命名的民主政体的"变体"——未命名是因为柏拉图认为民主政体根本无须区分"有法"与"无法"——波氏为其定名"暴民统治"(mob rule)。此外,柏拉图并未给政体的变化确定任何"模式",亚里士多德《政治学》第五卷中对这一问题的讨论则更加复杂,因为其中确无规律可循,而波氏则将其"简化"出了一个明确的轨道:政体将从"国王政治"开始,逐次变为"僭主政治""贵族政治""寡头政治""民主政治"和"暴民统治",然后开始下一个循环。值得注意的是,在"一人为治"的总目下,并不是只有"国王政治"和"僭主政治"两种政体,波氏还特意区分出了一个"强人政治"(monarchy),这是最初的一人之治,它必须通过符合"正义"与"高贵"原则——它们是在家庭生活与集体生活中逐渐产生的——的统治才能成为王政(kingship):"在理性比暴力或残酷更为强大时,这强人会以这种方式,几乎不着痕迹地发展为国王。"③ 这句话表明,波利比乌斯对古典政治哲学的精神具有足够深刻的理解,文明社会的根本标志必须是道义原则对暴力、利益以及需要等低级原则的主导。

---

① "不同政体形态如何在彼此之间自然演化为另一种政体的过程,已经有柏拉图及其他哲学家详细讨论过。但是因为这些复杂的分析以及论证的精细,超过一般人的理解——除了一些人外。我因此会就我认为可以施用在严肃的历史研究以及可诉诸人类共同智慧之处,来对理论作一简洁的综合。"[古罗马]波利比阿:《罗马帝国的崛起》,翁嘉声译,社会科学文献出版社2013年版,第六书:5。

② [古希腊]柏拉图:《政治家篇》,中国政法大学出版社2003年版,303a—b。

③ [古罗马]波利比阿:《罗马帝国的崛起》,翁嘉声译,社会科学文献出版社2013年版,第六书:6。

也正是由于波氏的这一光辉表述，我们才产生了一个巨大的疑问：既然有如此卓识，波利比乌斯何以会制作出这样一个"混合政体"的理论来呢？

如此发问有三个原因。

首先，波氏将政体的这一循环模式称为"自然"过程，罗马共和国既然能够超越这一自然规律，则罗马必然是凭借某种特殊的力量并以"人为"的某种创制而做到这一点的。但是，我们却发现，在波氏对"理性"的正当统治地位的认可与其对罗马人理性水平的评价之间，有一段只能用毫无道理可言的"幸运"予以勉强填充的差距。

其次，不凭借"幸运"而是依靠理性与德性开创了集众美于一身的混合政体的光辉典范被赋予了斯巴达的立法者。这一做法颇值得商榷，因为对于柏拉图、亚里士多德以及色诺芬而言，吕库古的立法与斯巴达的政声并不陌生，然而无论是在《法篇》《政治学》还是《拉栖第梦的政制》中，斯巴达体制的弊端都是论者关心的主要方面，三位均将词锋指向了斯巴达政教在妇女教育、片面强调勇德以及虐待奴隶等方面的严重问题，实际上也正是这些问题导致了斯巴达的衰落。因此，对于古典传统的政体分类法而言，斯巴达的政体从来就既不是无处安放的例外，也不是无出其右的典范。在亚里士多德那里，斯巴达不如克里特，而克里特又不如远在希腊世界之外的迦太基。波利比乌斯称自己不过是对古人的论述进行了一番"简洁的综合"，这样巨大的偏差，无论如何也是难以令人信服的。

最后，"混合政体"之说，古典传统并无遗漏。柏拉图有"僭主"与"平民"的混合之说，而亚里士多德有"平民"与"寡头"混合而得"共和政体"之教。两位哲人出于不同的考量而提出了不同的混合之道，然而亚里士多德在这一点上与柏拉图保持了完全的一致：混合政体绝无可能是最佳政体！最佳政体必须是遵行"德位一致"原则的政体，而混合政体只能说明该城邦已然出现了两极分化与社会分裂，这也意味着以德性为目的的王者与贵族已难以保持其政治地位，而寡头派与平民派之间经过步步升级的利益斗争已不再有信任可言。在这种分裂的情况下，为了首先维持住城邦表面上的政治统一并再造真正"上下相得"的一统，亚里士多德提出了"混合政体"或"共和政体"的建议，这一建议并不主要体现在制度安排的"平衡"上，而是在于对两派提出的认知与态度方面的要求，即寡头派应当尽可能地在福利上照顾平民派，而平民派则应当尽可能地满足寡头派对荣誉的需求。必须注意的是，这个至关重要的条件恰恰不可能通过"混合"而达成！而一旦做不到这一点，混合的结果必然只能是"混而不合"。并且，这样一个"富者好仁"而"贫者知礼"的局面也绝不是目的本身，它只是城邦重建一统并进而向最佳政体发展的基础。

总之，根据城邦应当以善为目的的根本原则，我们完全可以确定，最佳政体绝不可能是"混合"出来的。波利比乌斯既然理解这个根本原则，就没有理由创出这样的"新说"，而既然创了新说，就难免有"为罗马制作"的嫌疑。因为，如果我们仔细审视波利比乌斯对罗马政体的解说，就不难发现所谓的采集众长在制度上不过体现为某种"制衡"的格局——执政官掌兵、元老院掌财而平民掌刑并有护民官。这样的"平衡"显然十分脆弱，因为在其中看不出"善"与"正义"的强有力的担纲者，能看到的只是三方——实际上是两方即巨富与平民——在力量与利益上的张力与裂痕。这种三方或双方只顾一己之私且能够保证己方利益的格局决不意味着各方都得到了应有的照顾，因为集体的自私也仍然是自私，它永远无法等同于"公共利益"。唯有正义之士能够照顾作为一个整体的城邦的公共利益。波利比乌斯提到理性原则应为主导,其义正是如此。

另外,波氏提到的一些事实所揭示的却是罗马体制的严重弊端。在《罗马帝国的崛起》第一卷中,他记录了罗马与迦太基之间为争夺西西里而开始的一系列战争,罗马在"被迫"开始建立海军之后,竟然迅速从海上强敌迦太基那里取得了一些惊人的胜利,而当罗马分兵直捣北非迦太基本土之际,执政官雷古鲁斯却由于"制度原因"而产生了不应有的关于个人得失的考虑。由于一年任期将至而征服迦太基的大功又近在眼前,为防止功劳旁落,雷古鲁斯急切地与迦太基开始了显然缺乏通盘考虑的和谈。由于罗马执政官开出的条件过于苛刻,迦太基决心一战,并最终在斯巴达佣兵赞提帕斯的建议和指导下成功地完成了绝地反击,致使罗马功败垂成,损失惨重。① 这个事例至少暴露了罗马体制的一个结构性缺陷:它无法令执掌兵权者安心所职。比这更严重的问题则是,兵政一体的安排必将使罗马成为一个以军事扩张为生命线的军国主义国家。"好战必亡"绝非危言耸听,罗马共和国最终的结局——波利比乌斯未及亲眼目睹——同时证明了这两个缺陷的致命性。② 对于这样一个不难发现的问题,波利比乌斯竟然视而不见,他总结出的直接教训竟然是:不可"拒绝给被征服者任何怜悯或慈悲"。③ 这显然不符合常识,因为即便着眼于个人得失,雷古鲁斯的教训也至少应当是:时刻以国家利益为先,方可保一身不辱。

此外,关于罗马共和国的有关基础设施建设与各项公共服务事

---

① [古罗马]波利比阿:《罗马帝国的崛起》,翁嘉声译,社会科学文献出版社2013年版,第一书:31—34。
② 参见[法]孟德斯鸠《罗马盛衰原因论》,婉玲译,商务印书馆1962年版,第一、二、六、九章。
③ [古罗马]波利比阿:《罗马帝国的崛起》,翁嘉声译,社会科学文献出版社2013年版,第一书:35。

业，亦即购买服务领域，波利比乌斯是这样描述的："在整个意大利，有相当庞大数量的契约，多到不可胜数，是由监察官发包出去，以进行公共建筑之修建及维护，除此之外，尚有河流通航、港口、花园、矿区、土地之收入的征收，换言之，每一项在罗马政府控制之下的交易，都发包给承包商承揽。所有这些活动都是由人民执行，而我们或许可以说，几乎没有一个人不从这些契约以及利润中获得一些利益。一些人事实上向监察官买下契约，另一些人则成为他们的投资伙伴，又有其他人则为承揽契约的人提供担保，或是有人为契约而将他们的财产抵押给国库。所有这些交易都列入元老院的权力之下。它有权在一些无可预见的意外下，允许将契约时间延长，减少承包商损失，或是在无法履行契约时，让其完全解套，安然脱身。因为在实际上，元老院有许多方法来对那些承揽经营公共建设之人，或是施加极大困难，或是减轻负担，因为所有案件都需上诉元老院。"[1]

这完全就是一个公然腐败的体系。元老院凭借这样的腐败特权究竟是能够赢得"人民"的认可、敬重、爱戴与服从，还是会导致结党营私的纷争局面呢？长此以往，执政官、元老院与人民大会之间的"平衡"如何不最终让位于利益集团，而共和国的道德风尚如何不必然被上下合谋的骄奢淫逸所取代呢？这种局面下，除了共同的敌人与共同的利益，还有什么能够"团结"共和国呢？——三种成分"能够彼此协助或互相伤害；其结果是联手时，其强大足以抵挡所有的紧急状况，所以不可能发现比这一系统更佳的宪政体制。因为无论何时有共同外敌威胁时，都会强迫这三者团结起来，同心

---

[1] ［古罗马］波利比阿：《罗马帝国的崛起》，翁嘉声译，社会科学文献出版社2013年版，第六书：17。

第一章　马基雅维里的道德革命

合作，那时国家所发展出的力量变得格外强大"。① 这样的论述除了说明军国主义与永不止息的对外扩张是罗马唯一的生存之道之外，还能说明什么呢？再结合波利比乌斯对西庇阿·埃米利亚努斯的记述中对罗马共和国巅峰时期的批判②，以及这无比微妙的一句话——"命运女神是嫉妒凡人的，而且最会在凡人认为他在人生最受祝福以及最成功的那一刻，展示出她的神力"③——我们无法不去猜测，来自希腊的数十载亡人，波利比乌斯对罗马的歌颂式论证或论证式歌颂必定另有深意。

唯有从此处回观马基雅维里，我们才能更准确地察觉出其对于前人的继承与改变所包含的讯息。

马基雅维里继承了波利比乌斯对斯巴达"先王"吕库古的推崇、罗马结合三种正态政体之优点于一身的说法、政治社会产生的原因与过程、政体变迁的逻辑以及对于"命运"的某种特殊关注等等。④

然而，波利比乌斯关于善和正义的坚定主张、对于"团结"的强调以及对作为品质的德性的关心，马基雅维里都未予理会。对于"根本目的"这样的主题，马氏没有进行任何讨论，马氏激切、慌忙而促迫的文风也从未给这样的讨论留出任何空间，这种气氛只适

---

① ［古罗马］波利比阿：《罗马帝国的崛起》，翁嘉声译，社会科学文献出版社2013年版，第六书：18。
② "西庇阿要过高贵生活的心愿，最先表现在他赢得自律自制的美名，而他在这方面超过当代之人所恪遵的标准。这是一个高尚但通常困难的愿望，但在那时候却是相当容易，因为绝大多数人在道德上堕落……他们很快学习到希腊人在方向的淫荡习惯……老加图有次公开演讲宣布说……任何人都能看到共和国正在走下坡路。这种奢侈铺张在我所描绘的这段时期里，已经变成无耻的炫耀。"［古罗马］波利比阿：《罗马帝国的崛起》，翁嘉声译，社会科学文献出版社2013年版，第三十一书：25。
③ ［古罗马］波利比阿：《罗马帝国的崛起》，翁嘉声译，社会科学文献出版社2013年版，第三十九书。
④ ［意］尼科洛·马基雅维里：《李维史论》，冯克利译，上海人民出版社2005年版，第一卷，第2章。

合讨论"获得"与"保持"权位这样的话题。马氏对波利比乌斯最为惊人的"修正"出现在关于"团结"问题的新见解上。历来被认为是国家不幸的分裂与内斗第一次被说成了国家的幸运。马基雅维里宣称，罗马在其诞生之初的重要时刻虽然不幸而未遇吕库古，但是元老院与平民之间的不和却带来了同样的效果——某种"自由的生活方式"。

如此惊世骇俗的立论，若能得证，对于人类的自我认知岂非一件幸事？然而可惜的是，马基雅维里并未完成这个证明——哪怕只是一个纯粹文字游戏式的"证明"。从制度的角度看，元老院与平民之间斗争的最终成果是"护民官"的设立；从历史过程看，是塔昆的被逐打破了双方之间的平衡，元老们失去了君主的压力之后变得肆无忌惮了，于是需要护民官"以收塔尔昆在世之功效"[1]；从"玄学"角度讲，"共和国皆有两种相反的气质，即民众的气质和大人物的气质，凡是有利于自由的法律，皆来自于他们之间的不和"[2]。其中的问题十分明显：既然护民官——而不是执政官！——不过是填补君主的空缺，为何不恢复终身君主制呢？既然有君主时三方能够保持平衡，为何不将王政时代的罗马也说成是融合了三种政体之善于一身的体制呢？作为元老院与平民双方仲裁人的护民官，有什么机制能够保证其能够化解双方的矛盾呢？又有什么机制能确保护民官不会背叛平民呢，毕竟短暂任期结束后还可另谋其他职位——比如行政官？为什么两种不同的气质不能和合而最终只能在"法律"之下达成某种共存呢？在波利比乌斯稍微提及的购买服务机制之下，"平民"如何避免被"挑拨离间、分而治之"呢？以

---

[1] ［意］尼科洛·马基雅维里：《李维史论》，冯克利译，上海人民出版社2005年版，第3章。
[2] 同上书，第4章。

及，怎样才能保证"不和"带来的是繁荣富强而不是亡国灭种呢？马基雅维里十分清楚所有这些问题的答案，而我们也清楚波利比乌斯的看法——古罗马共和国实际上就是一个由于无法解决内部矛盾而不得不走向对外掠夺的、毫无正义可言的问题国家①。

因此，马基雅维里只能用另一个说法来粉饰这个无可辩驳的逻辑与铁证如山的事实，这个说法就是：与斯巴达或威尼斯不同，罗马从一开始就是"一个希望成为帝国的共和国"，而不是"一个只想维持自身的共和国"。②仿佛罗马是由于对帝国的追求才故意给平民以更多的尊严和权利的，而这也正是造成平民桀骜不驯并敢于对抗元老院的原因。马基雅维里称，威尼斯不征用平民当兵，斯巴达不接纳外来移民，而罗马两者兼有，从而使得平民数量增大而又无须为国效命因此力量大增。这个说法首先明显不符合常识，同时也与波里比阿的记录不符③，以罗马的好战，怎么可能不征用平民当兵？其次，明显与其关于"自由"与"公正"的讨论相冲突，因为马基雅维里在讨论"共和"的时候确曾将"自由"定为其独有的好处，并且还是一个正当的好处，尽管自由的内涵并不清晰。而在讨论元老与平民两派何者目的更正当时，无论是在《君主论》还是在《李维史论》中，平民似乎都是更公正的一方，尤其在后者中，平民更是成了"自由更可靠的保障"。于是就出现了一个有趣的局面：似乎能够成为某种正当目的的"自由的生活方式"更需要平民来分享权力并参与政治，然而共和国又不应当由能力不足的平

---

① ［古罗马］波利比阿：《罗马帝国的崛起》，翁嘉声译，社会科学文献出版社2013年版，第三书：4，10。
② ［意］尼科洛·马基雅维里：《李维史论》，冯克利译，上海人民出版社2005年版，第一卷，第5章。
③ ［古罗马］波利比阿：《罗马帝国的崛起》，翁嘉声译，社会科学文献出版社2013年版，第六书：19，20。

民来统治，故而平民只能拥有两位护民官；但是，这一制度设置似乎又不是为了"自由"与"平衡"，而是为了"帝国"。对此，马基雅维里只能采取"搅浑水、出难题"的办法，他宣称："对于人类的一切事务……断难做到避免此一弊端而不引发另一弊端。"[1]根本不存在完美的情况，因此必须要有所取舍。那么，为了创建一个伟大的帝国，举国上下尤其是民众就必须具备与帝国相应的"品质"，马基雅维里认为，这必然是一种"难以掌控"的品质，因为便于治理的民众必然是软弱且没有武备的愚众，他们会让国家"变得不堪一击"。如此展示利弊得失，这不是"逼迫"人们"选择"帝国又是什么呢？然而，这只是马基雅维里的又一欺人之谈。军事能力的确是扩张的基础，但是，对于军队而言，给养充足、训练有素、纪律严明、赏罚得当等"软件"才是军队战斗力的根本，而众多"软件"之中，优秀将领的领导与指挥才是关键中的关键。要想有这样的军队，就必须有团结一心服从指挥的一国上下，一心想要与元老院争权的民众与一心维护自身利益的元老院根本不可能支撑起这样一支强大的军队。

  仅凭着这个"偷换"及其不堪一击的"理由"，马基雅维里声称："欲建新共和国者，务必拿定主意，他是打算让它像罗马那样扩张领土和实力，还是局限于狭小的畛域。若是前者，就要建立如罗马一般的制度，尽量给骚乱和无处不在的纷争留出余地……如果是后者，他可以为它建立斯巴达和威尼斯的制度。扩张乃这种共和国的毒鸩……这种拿弱小的共和国做本钱的征伐，无异于自取灭

---

[1] ［意］尼科洛·马基雅维里：《李维史论》，冯克利译，上海人民出版社2005年版，第一卷，第6章，第62—63页。

第一章 马基雅维里的道德革命

亡。"① 从这段话我们可以看到，再一次的马基雅维里"忘记"了斯巴达和威尼斯曾经的强大，他试图通过展示这两个共和国灭亡时的"迅速"来"证明"这两个共和国的弱小。然而，罗马共和国的灭亡又何尝不是如此呢？连年战争与不断扩张必然导致军阀坐大，内外失衡，在罗马共和国最后的日子里，罗马仅能依靠恺撒、庞培与克拉苏之间脆弱的平衡而维持，随着克拉苏东征而死，三足鼎立的均势立刻崩溃，而庞培最终败于恺撒之手，"三头政治"最终变成了"一家独大"，共和国彻底宣告死亡。即便元老院侥幸刺杀恺撒成功，也已经无法阻挡恺撒家族的庞大势力。倘若史书称"克拉苏一死而罗马共和国亡"，又有何不可呢？"好战必亡"本就是所有有识之士的基本共识，马基雅维里对此显然心知肚明，然而他却试图让斯巴达和威尼斯饮尽这杯毒鸩而不愿给罗马留下哪怕一滴。

如此拙劣的手段如何可能奏效呢？马基雅维里只得图穷匕见，亮出"虚无主义"的"王牌"。他试图以"同归于尽"的方式将所有的治国方略统统夷为平地，然后再废墟上重新建造起"荣誉"的海市蜃楼。

他宣称："人间事变动无常，总有兴衰荣枯；许多事情纵使没有理性的引导，却有必然性促你完成。所以，即使共和国的制度能使它不事扩张，却有必然性促其扩张，这会逐渐毁坏它的基础，使它很快覆亡。所以，假如上苍有眼，没让它从事征伐，也会因此而生怠惰之风，使它变得羸弱或分裂。此两者，或其中的任何一种，适足成为其灭亡的肇端。职是之故，我以为，既然人们无法保持事务之间的平衡，也无法恰当地保持中庸之道，那么在为共和国创立

---

① ［意］尼科洛·马基雅维里：《李维史论》，冯克利译，上海人民出版社 2005 年版，第一卷，第 6 章，第 63 页。

制度时，就必须看重更加荣耀的方面，在设立制度时假定，必然之势肯定引导它进行扩张，如此方可保住它将要获取的东西。接着上面的话题，我认为，应当采行罗马的制度，而不是另一些共和国的制度，因为我不相信能在两种方式之间找到一条中庸之道；对于人民和元老院之间的不和，只能予以忍受，将其视为取得罗马的伟业所必要的困扰。"①

这段近乎疯狂的文字最终揭露了马基雅维里"辩无可辩仍要强辩"的智术士本质。他有意将读者的思绪引向死亡问题，而任何人只要在这个问题上稍有感慨，就不免堕其术中。马氏的"逻辑"是：无论是由于弱小、保守而陷入怠惰、分裂，还是由于强大、激进而亡于军阀纷争，反正一切国家与一切人的最终结局都无非是终结，与其平淡地走向死亡，不如辉煌灿烂一番然后归于寂灭。为了荣耀地欺凌他人，就要容忍人民的不逊、元老院的贪婪与军队的狂暴。这与撒坦纳帕罗"吃吧喝吧"的叫嚣有何分别？马基雅维里难道忘了，这样的虚无主义将使得他此前所有关于公正、自由以及共和的"论证"统统化为江湖骗子口中吐出的莲花么？

仅仅揭示出诡辩者的自相矛盾是不够的，重要的是有理有据的严正批驳。马基雅维里似是而非的诡辩中至少有两大逻辑"硬伤"：首先，有可保万世太平的治国之道而不必能保之，道者为大，国家其次，人弘道而非道弘人，故而国可失道而亡，但却无损于道之分毫。古典哲人明其道而知其理，既汲汲于探讨治国大道，又不忘提醒世人，此举并非是寻找长生不老之"灵药"，而是要让治国之人与执掌文教之士时刻警觉于执政队伍与人才队伍的建设，此乃为政之大要。唯有如此，才可使一国一族虽遭丧乱败坏而仍能否极

---

① ［意］尼科洛·马基雅维里：《李维史论》，冯克利译，上海人民出版社2005年版，第一卷，第6章，第64页。

泰来，虽万世而"其命维新"。马基雅维里则昧于此理，竟以国之丧亡而废道理之正，妄想以诈巧持国，可谓诡道。马氏之诡道，小邦用之则非但不能兴反将速其亡，强盛大邦用之则必致衰亡而不能益其强盛，三则无论大邦小邦由其道必至于一亡而万劫不复；其次，明于治乱兴衰之理，则可知所谓"必然性"或"命运"之论纯属荒谬。造此二词者无非是有感于世事之无常而人力之不足恃，然而却不知人力之足与不足至少要分三个层次来区别对待：有文教之"本"、政纲之"干"与政策之"末"。若其失在本，虽智巧万端则必不能救分毫；其失在干，则乱象频出，城中大户东裱西糊，惶惶不可终日，若无大敌，则亦可勉强维持；其失在末，则如小痛小痒在身，治之不难，不治亦为可忍，决不至有亡国之虞。柏拉图所画"理想国"，以德教为本，而立贤能理政之纲，诸般立法皆一以贯之，可谓本固而强干，若能得行，虽则哲人王不世出，其纲纪之教却不可废，其政虽不免有衰颓，却必在可复可救之范围。罗马则从生至亡，从未立德教之大本，终日在"平衡"与"失衡"之间往复，若无王政时代打下的基础，罗马共和国根本没有成长为大邦的机会，马基雅维里不识罗马大本之失，而胡言"必然性"、"命运"云云，乱开虎狼之药、取死之方，其罪不小。

四　爱国主义现实主义诸问

马基雅维里的虚无主义及在此基础上的帝国主义本色非但宣告了自由、共和、公正以及"人民"性的破产，所谓的"爱国主义"与"现实主义"等标签也一并走向了破灭。

爱国主义是为马基雅维里最重要的"情感通行证"，其现实重要性与实际效果只在共和主义之上而不在其下，因为即便是对于君主主义者，爱国主义也能令人难以骤然拒绝——黑格尔都陷于其中，更遑论"朴素无文"的王公贵族、官僚循吏、豪侠之士与普通市民。

最能集中展示其"爱国主义"情感的文字应当是《君主论》结尾处的呼告。这一呼告的惊人之处首先在于它并非仅为佛罗伦萨而发，而竟然提出了统一意大利的倡议。其中的荒谬显而易见，这样一个近乎疯狂的构想对于佛罗伦萨而言简直不知从何谈起！它能以什么样的正当名义向意大利全境之内的各个政治实体——如威尼斯、热那亚、西西里、米兰公国、那波利王国、勃艮第以及伦巴底等等——提出"大一统"的要求呢？它又凭什么能成为这样一场伟大运动的领导者呢？它将如何"处理"罗马教会呢？依靠马基雅维里教导的"狮子"或"狐狸"的手段么？用这些手段建立国民军，然后凭借暴力与机诈一寸一寸地打下整个意大利么？以及最现实的，马基雅维里有什么理由寄望于美第奇家族、寄望于小洛伦佐呢？这个金融家族何曾考虑过政治伟业呢？以老洛伦佐的超群能力尚且不能合黑白两党之分而结一邦人之欢心，资质平平且刚刚回到佛城一切尚在未知之境的小洛伦佐，如何能担此大任呢？此外，以摩西、居鲁士与忒修斯为榜样而激励小洛伦佐，又是什么意思呢？尤其是摩西，马基雅维里在对未来的深情展望中借用了这位最重要的犹太先知领导以色列人前往应许之地途中见到的异象："现在我们还看见了上帝所作的绝无仅有的奇迹：大海分开了，云彩为你指出道路，巉岩涌出泉水，灵粮自天而降；一切事物已经为你的伟大而联合起来，而余下的事情必须由你自己去做。"[①] 但是，小洛伦佐的"祥云""清泉"和"灵粮"具体是些什么，又在哪里呢？凶

---

① ［意］尼科洛·马基雅维里：《君主论》，潘汉典译，商务印书馆1985年版，第122页。

暴未知的大海在哪里让出了通路,又通向哪里呢?……一句话,马基雅维里召唤乞灵的这三位伟大的古代领袖,尤其充满神性的摩西,所比拟的对象绝不是小洛伦佐,而是另有其人。因此,这个既无诚意又无可行性的诡异呼告实际上与其种种论述一样问题重重,但是,这样的爱国"大义"却为其在此之前提出的种种荒唐乃至恶毒的治国之策提供了足够严实的掩护。

于是,接下来的一个问题就是:这些策略或技术真的能用来治国么?

《君主论》中推荐的"治国之术"大致有:争夺君位时当慷慨,当上君主之后则不可;被人爱戴与被人畏惧,能兼得当然最好,若无把握,则应当选择后者,因为前者在人,而后者在己;要懂得掩饰兽性,要显得慈悲为怀、笃守信义、合乎人道、清廉正直、虔敬信神,但是要懂得随时一百八十度大转弯;不可使自己受人憎恨或鄙视,为此必须时刻表现伟大、英勇、严肃庄重、坚忍不拔,要让人不敢欺瞒自己,为了结民众欢心,一定要把得罪人的事情让别人去做,施惠卖好的事情留给自己;如果不能避免受到人民的怨恨,就尽最大的努力避免受到最有势力的人的怨恨,尤其是军队;为了赢得尊敬,应当赢得荣誉,公开地毫无保留地帮助朋友反对敌人比保持中立效果更好,不要与强国结盟进攻他国,不要陷入仰人鼻息的境地,要有危机意识和防范措施,要让人知道自己很重视才能,要常给人民举行节日欢庆活动;为防止谄媚之人,必须明智,好的建议来自于君主的明智,而不是反过来。

这些建议当然也不至于一无是处,然而毫无涉及大纲大法或制度法令之建设的内容。对于马基雅维里而言,谈论这类问题具有极大的风险,因为这必然导致与古典传统的正面交锋。这是马基雅维里所无法承受的,他哪里敢与柏拉图、亚里士多德争论政治的目的、正义、善、德性以及政体这样的话题呢？使用这种逃避策略的代价就是，他只能如同无头苍蝇一般毫无统绪地谈谈"权术"，因为纲常名教不立，则君位必不固，上下必无序，如此则治国根本无从谈起。马基雅维里的言语不可谓不狠毒，其用心不可谓不"良苦"，然而这些权术对于基本秩序的建立根本无能为力，并且其中的大部分要么是基本常识，要么毫无指导意义，最重要的是，这些都不是真正的贤明君主所当采用的。

最后一条是唯一一则涉及君主应有德性的建议，然而其中却有"孤立君主、隔绝忠良"的意味。其余诸条，不是建议君主假作德貌，便是权衡利弊得失，然而马基雅维里似乎没有考虑过一个问题：德性是能"装"得出来的么？即便能暂时骗过人民，能骗得过身边的宫娥、卫士与臣子么？世上岂有不透风的墙呢？宫墙恰是世上最透风的墙，还有什么事是比本国国君的德性更让一国上下关心并需要清楚了解的呢？一旦做下"狮子"或"狐狸"之行，一人知则失一人之心，三人知则失一国之望。取亡之道，马基雅维里如何而敢效卞和之诚？类似的，岂能建议君主逃避重任而专事邀买人心呢？此乃政客之所为，君主如若行之，人必知其暗弱，如此则国家岂有宁日？君主必须按照"惟辟作威、惟辟作福"的明训行事。同样道理，一国之内岂能有令君主惧怕之势力存在？君主一旦需要讨好军队或某一私党，则早已君非其君、国非其国了，岂有不牢牢掌握兵权的一国之主？事已至此，不建议君主积蓄力量铲除逆党，反而要一国之主去结悖逆之欢心，这也能算良谋？

《李维史论》中的治国之策又如何呢？其基本指导思想与《君主论》毫无二致，然而实际情况却更加糟糕。其主要建议包括：要有自己的军队；关键时刻要大权在握；为了防止谣言，应当为指控广开门路；要让国人保持虔敬的信仰；要赏罚分明且得当；既要懂

第一章 马基雅维里的道德革命

得如何行善,也要明了怎样作恶;在谦卑与傲慢、仁慈与残忍之间转换时不可太突然;被迫行动时,也要装出主动自愿的样子;新恩难解旧恨,既然发生了共和革命,就应当将前君主斩尽杀绝以绝后患;搞阴谋必须要保密,不要落下文字,发生意外也不要轻易改变计划,欲谋刺君主,万不可懦弱,不要同时谋刺两个首领,不要谋害深得人心的君主等等。

如果说,对于君主制,马基雅维里只是"忘记"了讨论基本大纲大法的问题的话,则对于共和国而言,这个基本秩序问题根本连"忘记"的机会都没有,因为根本无从谈起。其根源乃是马基雅维里对古典德性原则的拒绝,唯有这个原则能够支撑起共和国的基本结构,罗马的所谓"德性"(virtù)则无法担当此任,因为它们是依附于共和制的,并且,它们本来就不是统治者的德性。由于这一基本语境的局限,本就生于妥协的罗马式共和体制,本身就有着权威不明的先天不足,它的生命线始终完全系于各方势力的"平衡"与"妥协",因此罗马共和国的治理问题本身就是一桩无头案。在西方语境下,从波利比乌斯起直至今日,共和国治国理政的责任主体问题始终都处于无处求解的"抽象"状态之中。以罗马为模板而谈共和国的治理,如何可能做到"言之有类"?即便其中有些建议勉强可算不无道理,它们也一则与共和制本身毫无关系,二来也丝毫看不出马基雅维里有何具体指导能够让其真正实现,试问:谁能从《李维史论》中学到合理进行赏罚的门道呢?谁又能弄明白具体情境下如何行善或作恶呢?因此,在该书的最后,马基雅维里终究还是要请出"高明的人"来解决问题[①],只是,既然已经肯定了人性的恶劣与不可信任,既然肯定了人间万般的虚无,即便高明如马

---

① [意]尼科洛·马基雅维里:《李维史论》,冯克利译,上海人民出版社2005年版,第三卷,第49章。

基雅维里，又能有何作为呢？

因此，马基雅维里的"意大利之梦"纯属无稽，其治国策论亦纯属误国。其"爱国主义"是假，以"患失之情"惑乱人心以售其奸为真。

同样不必再提的还有一个"现实主义"。

所谓的"现实主义"最"理论化"的表达出现在《君主论》的第十五章，马基雅维里称："许多人曾经幻想那些从来没有人见过或者知道在实际上存在过的共和国和君主国。可是人们实际上怎样生活同人们应当怎样生活，其距离是如此之大，以至一个人要是为了应该怎样办而把实际上是怎么回事置诸脑后，那么他不但不能保存自己，反而会导致自我毁灭。因为一个人如果在一切事情上都想发誓以善良自持，那么，他厕身于许多不善良的人当中定会遭到毁灭。"① 这就是"著名"的所谓"实然"与"应然"之别。

这两者之间的确有差别，然而，马基雅维里的这段话里没有一句能够成立。

首先，谈论"理想国"或最佳政体的人当中，的确不乏幻想者，但是马基雅维里写下这些语句时心中所想的柏拉图与亚里士多德却并非如此，古典哲人只是为了阐明立国为政的基本道理，他们没有高估也没有低估所谓的"人性"，他们的理想国家也不要求人性发生根本的改变，比如需要所有人都解除任何不必要的欲望从而变得十分"圣洁"。他们只是要求让人群之中的杰出者出现在重要的位置上，并通过制度建设与机制建设保证具有德性潜能之人能够实现之并能不断补充到运转良好的政府系统中来。

其次，"实然"与"应然"的差距并没有马基雅维里希望人们

---

① ［意］尼科洛·马基雅维里：《君主论》，潘汉典译，商务印书馆1985年版，第73—74页。

第一章 马基雅维里的道德革命

认为的那么大，任何具备正常理智的人都不会不清楚两者之间的差别，即便有人由于缺乏经验而高估了他人的善意，接受一两次教训也就足以明白为什么古典哲人要把几乎全部的良苦用心用在教导"审慎"上。古典哲人认为，不能迅速而准确地看出他人之品质的人，是不能被称为"好人"的。所以，严格古典意义上的"好人"是根本不可能受人欺负的，更不用提"毁灭"。

最后也最重要的，是一个理论问题："实然"根本不能被用来直接否定"应然"。"应然"与"实然"，其实是"名"与"实"，而非"理论"与其"实际应用"之间的关系。"实"并非"名"的应用状况，因此古人云"循名责实"，而无"循实责名"。以理想国为例，则"名"指的是"统治者""护卫者"（或"辅助者"）与"生产者"三个品类名称，它们所指代的三类人之间有明确的相互关系，对这三类人也分别有不同的德性上的要求。这个品类系统还可以再继续细化，但是必须保证各类人之间关系明确与各项要求明确。并且，这个品类系统是经过了理性的检验的，其标准就是无人能够反对的"德位一致"原则。因此，这个系统可以用来检验、评判一切类型的共同体以及其中任何的一类人。即便是马基雅维里所处的最腐败、最糟烂也最不幸时代的城邦或国家，也完全可以按照柏拉图的标准进行认识与评价，看看其中的统治者与护卫者是否合格，其中的生产者是否本分，倘若都不合标准，那也只能说明佛罗伦萨实在不堪，岂能反诬柏拉图名教有误？柏拉图早已为那些失政之国与乱政之人定好品级，"寡头（制）""僭主（制）""智术士"云云是也，马基雅维里岂可逃脱？马基雅维里之伎俩，乱教而已。真要论"现实主义"，则古典哲人才是真正的典范——既知现实之丑恶，又知丑恶之缘由，还知美之善之之道与术。是为"循名责实"。

· 47 ·

马基雅维里以"爱国"为名戏弄人心,以"现实"为义欺惑愚众,以古罗马共和国的"辉煌"为诱饵激起一世之人的贪残暴虐,终陷数十代人百亿之众于虚无主义的帝国游戏之中,然而其本人却并非饕餮之徒,也不是野心勃勃的弄权之人。据其本人所述,他时常沐浴更衣、礼仪周全过后,盛装而入于密室之中请出典籍认真与古之贤者"交谈",俨然一位淡然物外的"文化人"。如此反差,究为何意?

其喜剧名作《曼陀罗》可助一观。

这是一部独一无二的出自名家之手的著名黑色喜剧,它讲述了一个好色公子猎艳人妇的故事:主人公名叫卡利马科,是一名在巴黎行商的佛罗伦萨青年商人,某日与人争论起风月之事,偶闻故乡有一位绝色女子名叫卢克蕾佳,已嫁为人妇,其夫尼洽老爷乃是城中一名富有的律师。据介绍,卢克蕾佳持身极为端正,几乎无从下手。卡利马科因此愁苦万分,然而他又有三个"好消息",一则其夫愚笨好欺,二则二人正苦于无子嗣以继承家业,三则卢母出身风尘。有此三条,更辅以满腹计谋的食客李古潦,此事并非不可为。果然,李古潦很快就拿出了方案并迅速付诸实施:接近尼洽,告知得子秘方;串通修士提莫窦,以"香火"之大义解除卢克蕾佳的"道德包袱"与"宗教顾虑";至于卢母,她非但丝毫不是问题,反而几乎是"主动"入伙,因为她深知女儿无子的危险并早已对此事焦虑万分。于是修士与其母共同从"神恩""妇责"以及"利害"三方面对卢克蕾佳形成"全面包围"之势,使其既别无选择,又无须有任何顾虑——除了不知前来"送死"之人是否合心意之外。最后,使风流公子扮作乞丐,被选去"解毒"。除去尼洽自作聪明的一番检查之外,此计划没有碰到任何意外。卡利马科非但是如愿以偿,还有意外收获,在其奸谋得逞之际,他竟难忍"锦衣夜

第一章　马基雅维里的道德革命

行"的煎熬从而将事情原委对着卢克蕾佳和盘托出，孰料妇人知道堕其术中之后竟毫无羞愤，反而口称"天意"，"无奈"接受，并表示愿意结成长期地下关系，卡利马科也称愿在其夫死后娶其为妻。全剧最终以所有人都"各遂所愿、心满意足"步入教堂同唱颂歌、共做弥撒的"大和谐"结尾。

从戏剧创作的角度讲，这是一部失败之作，因为其中有一个致命的硬伤：它缺少足够有戏剧性的冲突与意外。整部剧竟然真的就按照剧中人物最初的谋划"顺理成章"地获得了成功。

但是，这不重要。

重要的是，这个世界上从来没有也不可能有比这更恶毒的"名家名作"了。文艺表演从来都是教化世人以兴政教法度的工具，而此剧却将天道人伦一网打尽而无一幸免。此剧中所展示的并非马基雅维里所"热爱"的祖国佛罗伦萨之一隅，而是其眼中的整个世界——这是戏剧创作的基本要求。这个世界里有错置野心的野心家、道貌岸然的腐败教士、"精明"而得时得势的有钱人、诡计多端的策士"雇佣军"、为老不尊的老妇、一众乞丐以及一个美艳绝伦的"贞洁"妇人……就是没有任何正义的影子。剧中的佛罗伦萨仿佛一座没有政府、没有法纪也没有一个"义人"的罪恶之城，这里只有按照纯粹形式主义"交换正义"原则进行的种种交易——什么都可以成为交易的对象。这位与罗马共和开端那位著名女子以及马基雅维里一名情妇同名的卢克蕾佳，代表了这个世界中最值得追求的目标，因为其他那些令天下人熙来攘往拼命博取的诸如钱财、权势、荣名以及智巧等等，最终也都只是为了得美人之一顾。并且，对于这样的美人而言，美德非但不能加其美，反而成了马基雅维里式的野心家"正当"欲望的阻碍，不过没关系，在马基雅维里式的技术面前，这些"困难"都是可以"克服"的。而美人也将发现，身体之乐才是人生真谛，少了它，再多的荣华富贵也只是牢笼，而遵守伦理贞洁自持就纯粹是虚掷华年……这是一个没有丝毫光明与温暖的世界，马基雅维里"创造"的世界。

需不需要检视一番其中的政治寓意呢？大可不必。因为其中除了对肉欲之大善与技术之大用的默默宣扬之外，并无任何政治的教诲。倘若有人认为这只是在讽刺教会，批评它的腐化堕落，正如薄伽丘之《十日谈》，或者更深一些，这是在批评它所教导的只能导致"伪善"的基督教的"道德"，那么这也只能说明马基雅维里的巧计又获成功了。因为《曼陀罗》没有呈现出丝毫的悲哀或义愤，这是它与《十日谈》的根本区别所在，而且其中也没有提出任何的替代物或更好的道德教化，所以，我们完全可以确定，马基雅维里对教会的讽刺批判只是个幌子，它提供了一个极具迷惑性的掩护，而他所真正要戏耍嘲弄的，乃是一切道德甚至道德本身。

或者有人会认为这是在讽刺他祖国或当时普遍的"德不配位"的政治状况——尼洽这个蠢物"不配"得到卢克蕾佳。然而，这也是无稽之谈，因为无德无行的卡利马科根本不能拿来喻指一个德可配位的政治家，甚至情爱之事就不配拿来讲述为政之道，况且剧中这位好色小人的最终"成就"也不过就是与美人结成了"奸夫淫妇"的危险关系。马基雅维里之所以十分"明智"地让此剧终结于此，完全是因为该剧情节已无法再继续稳定地按照喜剧的方式进展下去。这种地下关系的危险性首先在于肉欲本身的不稳定性，无论柔情蜜意时如何许愿，都无法保证任何一方的"忠诚"，一旦翻脸必然后果难料；其次，由于知情者过多，且都是居心叵测的小人，一旦反目则此事必然败露；最后，一旦二人情到深处难舍难分或者怀上孽种而至再无退路，则除了铤而走险谋害亲夫，再无其他出路。

愚众不识此中重重机关，只知将自己代入剧中而"意享"卡利马科之艳福，并暗喜于己智之高于尼洽老爷……稳定的大多数的稳定的欣赏水平致使此剧竟尔常演不衰，所到之处均是场场爆满，而我们可以想见马基雅维里躲在台侧看着被他戏耍的整个世界时的表情——他的嘴角闪过一个尼科洛的微笑……

如此冷静的恶毒，不称"魔鬼"而何？

五　小结

马基雅维里并没有"创造"出任何新的道德准则或政治原则，也没有将道德与政治"分离"开去——这两件事都不是人力所能为。马氏在思想史上的特殊地位并非来自其之"所加"，而是由于其之"所减"或"所蔽"，并且为他所减所蔽的内容，恰恰都是野心家及其奸党最为惧怕的宪纲。如果当时欧洲的政教法度没有那么多的漏洞与硬伤，如果马基雅维里没有如此超群的智商与高超的修辞技巧，如果欧洲的善男信女不是如此的容易欺瞒，则马基雅维里那根本不曾超出市井言谈水准的错漏百出的政治"理论"就不可能获得它在当今世界范围内的地位与影响力。

这个偶然的事件深刻地改变了西方文明的体质，它非但没有使这个庞大的病体恢复健康，反而用帝国主义与虚无主义的春药使其进入了一种疯狂支取其历史积淀并透支未来的歇斯底里状态，这一状态历经四百余年至今未息。其原因千头万绪，然而后世西方一系列政治思想人物——培根、霍布斯、卢梭与康德是其中最重要者——在此错误基础上一步又一步犯下的错误却是其中最为重要者，如果我们能够理解思想文化的根本重要性的话。

第二章　培根的技术世界

　　现代科学技术早已成为现代世界最引人注目的标志物与重要组成部分，四百年来一代又一代的科技人为其升级换代而不断努力，这样的努力被习焉不察地认为是为了人类更便利、健康、舒适而美好的生活，而这一特殊类型的人也被广泛地认为是全人类最大的造福者。甚至，在科技尤其是技术的发展似乎已经超过某个界限并开始与人类的正常生活产生矛盾之际，这一看法仍然保持了压倒性的优势，批判的锋芒所向往往是政治人，较少是经济人，而绝少是科技人，更不必提科技本身。

　　这样的态势并非毫无道理，而科学技术也确实不缺回应批评的、成体系的免责理由或说辞。其中最关键的一条就是科学技术本身的"中立性"与"工具性"——功过皆不自我，我不过是加强与延伸了人类的能力；其次则是其中基础理论部分的"求知"理由，这是一个从道义上几乎无法指责的理由，以法律、习俗或政策的方式限制人类对知识的追求，早已被认为是野蛮黑暗的"旧世界"才有的事；如果再加上一个"功劳簿"的展示与对美好未来的展望，这几乎就是一份无可指摘的辩词了。

　　但是，我们仍有问题：在全世界各大文明古国中，既不乏天赋异禀的技术能人，也不少利国利民且水平极高的技术发明，但却没有一个文明曾发展出现代世界的科技机制。即便在为西方世界奠定了学科分类体系与基本概念框架的古希腊——那里邦国林立、战乱频仍，各国早已深知"技术"对于国力的重大意义，并且那里也不存在严格禁止"知识"的法律与宗教——也从未出现过对科学技术的狂热。显然，必须有相应的基本条件，人类对于技术的热情才能成长起来。马基雅维里在道德领域造成的颠覆性影响已经使得对于"力量"与"权势"的追求达到了一个前所未有的高度，这样的情势与某种新颖的"技术文明"之间还有一段不长不短的距离——是培根完成了这必不可少的最后一步。

一　科技乌托邦的政情

培根在政治思想史与科学技术史上所起的作用与其所取得的地位十分相似：他既不是一位里程碑式的政治哲人，因为他并不曾提供对人性与人类文明生活的最深刻的体察，也没有为人类文明更高的可能性指明方向[1]；他也不是一位划时代的科学家，因为除了某种仍然十分粗糙与初级的科学研究"方法"与科学分类表、对于组织化科学研究团体建设重要性的论证以及对控制自然之于人类福祉的重要意义的鼓吹之外，他并没有任何实质性的具体科学技术成果方面的贡献，他对哥白尼与伽利略等人物视而不见的态度甚至让人无法确定他对科学究竟有多重视。总之，就科学而论，培根的贡献远不及笛卡尔[2]。

---

[1]　[美]霍华德·怀特（Howard B. White）：《弗朗西斯·培根》，载列奥·施特劳斯、约瑟夫·克罗波西主编《政治哲学史》（上），李天然等译，河北人民出版社1993年版，第414—424页。

[2]　[美]伯纳德·科恩（I. B. Cohen）：《科学中的革命》，鲁旭东等译，商务印书馆1998年版，第185—190页。

现代道德话语的形成

然而，培根却几乎最大限度地塑造了现代人对政治与科技的基本态度。能取得这样的结果至少有两个重要的原因：其一，尽管在善与道义的境界方面并无创见，培根对人类未来世界的规划在规模和细节方面却都超过了以往任何一位人文主义的思想家，我们由此而将其视为一位革命者也并不为过；其二，培根在修辞术方面惊人的机巧[①]，这样的机巧既反映出了该工程获得当时诸种权威之认可的艰难，也使得培根本人在其事得遂的同时尽展其中委曲而不必负良心之责——因为培根确实不曾隐瞒其种种主张的弊端。

培根的政治谋划最为集中地体现在了《新大西岛》之中，这部玄机重重的未竟之作极尽巧妙地展示了一幅技术统治的图景。这部奇书最惊人之处在于，它一方面模糊了科技与统治这两种技艺之间的自然界限，另一方面却又将这个界限展示得更加深刻。

本撒冷是作为一个"理想国"而塑造出来的。但是，这个闻所未闻的新型国家在政治制度上却似乎了无新意，并且培根显然也无意将读者的注意力引向其政治制度——他需要创造出一个更加宏大的叙事来转移人们自然而然的关注点。还有什么是比历史哲学或比较文明史更宏大的框架呢？因此，培根第一个惊人的"创造"就是关于历史的——既有本撒冷的历史，也有相应的人类的历史。本撒冷被塑造成了一个已有超过三千年历史的君主国，而人类的历史也被"改造"成了一个"失落的文明"的故事。根据"外乡人安置处总管"在"保密法"条款约束下的讲述，三千年前的远古时代反而是一个技术水平比现在更高的时代，一个原因是那时各国之间的交往程度更高，另外一个"总管"没有明示的理由则是，那时还没有出现各种错误的哲学思想。那时最著名的三个大国是提兰贝尔

[①] ［英］弗朗西斯·培根：《新工具》，许宝骙译，商务印书馆1984年版，第4—6页。

第二章 培根的技术世界

（即墨西哥）、哥亚（即秘鲁）与大西岛，这三个大国衰亡的过程与原因均颇多牵强。提兰贝尔据称是由于远征雅典失败而亡——不过是一支远征军全军覆没，何至于亡国呢？哥亚入侵本撒冷，败在时任本撒冷的"哲人"国王阿尔塔本手下，然而由于阿尔塔本的仁慈，哥亚远征军被悉数遣返——既然连伤亡都没有，就更加不应就此灭亡了；大西岛的情况更加离奇，它并非亡于传说的"大地震"，而是亡于一场"局部的洪水"，"总管"称为"神的报复"。① 本撒冷是所有文明古国中的一个例外，它取得了古文明时代的各项成就，却没有遭受其他古国的不幸。

本撒冷何以能有如此成就呢？根据"总管"的介绍，其原因在于一千九百年前亦即公元前三四世纪之交前后本撒冷又一位圣明君主所拉门纳制定的两项新法。其一是所谓"人道主义"的新移民法；其二便是最引人注目的"萨罗门学院"（House of Salomon），也称"六日工程学院"；其三则是航海法。第一、第三两项与对外政策有关，第二条似乎更是内政。根据"总管"之前提到的"保密法"，以及他在最后提到本撒冷对外贸易不为金银财宝而是为了传播上帝第一天的创造物"光"时便戛然而止的反常表现，② 我们可以断定，他的讲述中必定含有外交辞令，而本撒冷也必有不足为外人道的另一面，否则，光明正大、一心只为国人乃至全人类谋福祉的国家，又有何必要吞吞吐吐、欲言又止呢？尤其是对于培根这样一位以"崇尚实际、不务虚文"鸣世的绅士，如何能够允许本撒冷的外事要员仅以毫无基础的"道德"原因来解释本国的先进经验呢？

---

① ［英］弗朗西斯·培根：《新大西岛》，载弗朗西斯·培根《论古人的智慧》，李春长译，华夏出版社2006年版，第122—124页。
② 同上书，第126—128页。

这些疑点十分有助于理解萨罗门学院对于本撒冷政治上的作用与意义——它们并不是显而易见的。培根十分令人不解地没有安排任何人物描述该国"理应"十分优裕的民生状况与十分强大的国防状况，这与他有意不谈该国政治制度一样令人费解，因为除了尊卑有序、君臣相得、吏治清明、物阜民丰、国富民强以及风俗淳良等等之外，还有什么能够证明萨罗门学院的奇效呢？然而最应该讲述这些内容的"院士"——培根用的词是也可译为"神父"的"father"——却丝毫没有提及这些事关国计民生的大事，他所讲述的内容除了一些能够改进民生的项目之外几乎无一能与治国理政、敦风化俗联系起来。当院士介绍理、工、农、医各类实验室与实验项目时，只有一句稍稍提及了各类项目的应用情况[①]，而唯有在谈到最后一个最特别的实验室时，院士提到了与政治相关的内容，然而却是以否定的方式。这个实验室被称为"迷惑感官实验室"，它几乎与前面提及的"光学试验室""声学试验室"以及"气味实验室"等均有关联，这令人不得不怀疑这最后一个或许是之前多项技术的综合运用项目，并且它也的确最与马基雅维里式的"政治"手段密切相关。大概是考虑到听者对"迷惑"二字可能的敏感——毕竟这是摩西"十诫"反对之事——院士立刻加上了一些解释："我们也憎恶所有的谎言和欺骗行为，严厉禁止我们的人搞欺骗，不准他们渲染或夸大自然事物，不要带有任何异国情调，只能保持天然的纯洁，否则会遭到羞侮和罚款。"[②] 既然憎恶，何不严禁，或者

---

① "这儿的商店一些出售民用物品，另外一些出售非民用物品……上面提到的很多东西已在本国广泛应用。"［英］弗朗西斯·培根：《新大西岛》，载弗朗西斯·培根《论古人的智慧》，李春长译，华夏出版社2006年版，第142页。这里令人不解的地方在于，既然非民用，为何要在商店出售呢？

② ［英］弗朗西斯·培根：《新大西岛》，载弗朗西斯·培根《论古人的智慧》，李春长译，华夏出版社2006年版，第145页。

第二章 培根的技术世界

干脆不提呢？既然是反对欺骗，又关"异国情调"何事，何故禁绝？既然科学技术如此有益，从事此项事业的人又是如此尊荣显贵，为何偏要让众人去"保持天然的纯洁"呢，又如何可能让崇敬科学的众人保持纯洁呢？另外，十诫所禁绝的罪过，其量刑结果就只是"羞侮与罚款"么？这样的处置办法难道不是只会让人变得更加狡狯而不是恢复纯洁么？

院士讲述中的种种疑点使我们不得不回到《新大西岛》的开篇处，在此处我们看到，从一开始培根为"我们"这些外乡人与岛上人之间设定的相互信任的基础，乃是基督教。[1] 也就是说，本撒冷的政教之基不是科学技术而是基督教这样一个对现世政治生活并无太多顾念的宗教，并且从历史上看，这一宗教对于欧洲的政治统一与秩序的积极作用十分有限——培根为什么要为其理想的国家选择这样一个宗教呢？避免直接冒犯教会权威是一个解释，但是这个充满消极意味的解释有一个困难：本撒冷也许是一个政教合一的国家[2]，但是培根却将最崇高的地位赋予了一个科研机构。这表明在培根的未来蓝图中，教会的政治地位是要大幅下降的。这一点显然是难以令教会满意的。不妨采取另外一种更加积极主动的解释：萨罗门学院之所以选择基督教，是因为后者具有某种无法超越的优势与不可替代的作用。

为什么说是萨罗门学院"选择"了基督教？因为它的地位与能

---

[1] "最重要的是，羊皮文书的十字架标志令我们欢欣鼓舞，它毕竟预示着善意。"［英］弗朗西斯·培根：《新大西岛》，载弗朗西斯·培根《论古人的智慧》，李春长译，华夏出版社2006年版，第112页。十字架本是至为残酷的刑具，它之成为一个重要的标志物也是意在让信众不忘救世主作牺牲为世人赎罪时所承受的痛苦，预示善意之说，着实令人费解。

[2] 外安处总管在作自我介绍时称："我在行政上是外乡人安置处的总管，我的职业是基督教神父。"［英］弗朗西斯·培根：《新大西岛》，载弗朗西斯·培根《论古人的智慧》，李春长译，华夏出版社2006年版，第117页。

現代道德話語的形成

量么？院士有这样一句充满玄机的话："我们还要做下面的事情：讨论我们做出的发明和获得的经验那些应该公开，哪些不能公开；我们有时会把有些秘密披露给国家，但我们要发誓保守我们认为应当保守的秘密。"[①] 这番令人不寒而栗的公开言论表明：第一，萨罗门学院不是本撒冷公开的最高权力机关；第二，它远不是一个"纯粹"的科研机构；第三，它也不是一个政治上隶属于本撒冷王室或政府的机构，这位院士甚至都不提"国王"；第四，它控制了本撒冷几乎全部的资源并垄断了全部的技术力量；第五，它最初由国王所拉门纳建立，而如今已成为一个"有秘密"的机构与组织。除了某种幕后统治，我们还能怎样去揣测这样一个机构存在的目的与方式呢？

这个建于公元前三四世纪之交前后的机构在耶稣升天约二十年后亦即公元 50 年左右选择了基督教，此举比罗马帝国正式以国教的形式认可基督教早了二百五十余年。他们让岛民接受基督教的方式十分特别，根据外安处总管的介绍，是岛的东部沿海小城伦福萨出现的"奇迹"、一部圣经以及圣巴多罗买的信共同产生的巨大推动力使得该岛杂居的来自各族的人们一下都被从无信仰的状态中"解救"了出来，其中竟然还包括了希伯来人、波斯人和印度人。在这一过程中，至关重要的是一位院士，他"碰巧"出现在那片水域中的一条船上，当他在众目睽睽之下做完了那番决定性的祷告——他"确认"这是上帝行的奇迹并"论证"了科学研究与崇拜上帝的和谐关系——之后，他所在的那条船成了唯一一条能够驶向光柱与十字架的船，他划过去拿到了那盛有圣经与信的箱子。根据总管所提及的三千年前人类在科技方面已

---

① ［英］弗朗西斯·培根：《新大西岛》，载弗朗西斯·培根《论古人的智慧》，李春长译，华夏出版社 2006 年版，第 146 页。

经达到的水平、本撒冷岛未遭劫难的幸运以及萨罗门学院长达三百五十余年的技术积累，伦福萨的"奇迹"完全是可以"安排"的。

那么，为什么要为岛民选择一个刚刚诞生的外来宗教呢？本撒冷已经傲然挺立三千余年，在选择基督教之前也已经至少保持了一千四百余年的强盛。如此伟大的政治成就，为何会产生对宗教的需求呢？唯一可能的解释就是，本撒冷并没有解决根本的政治问题，也没有宣传的那样美善，所拉门纳王设立科学院是为"救弊"，而科学院择立基督教也是一样，只可惜，基督教并没有给本撒冷带来根本的改观。否则本撒冷大可不必为外乡人精心挑选一场"家宴"以壮国威。

只是，这场盛典非但没有显示出本撒冷的教化之盛与风俗之美，反而折射出许多问题。

第一，作为国家的一项重大荣誉，家宴不是为了奖掖家风醇正、德高望重或满门忠烈之家，而竟然是只为奖励生育而设，岂不令人齿冷？况且，子孙后代足三十人即可享此礼遇，标准也未免偏低，一人而有五孩，五孩复各有五孩，便可足数。倘若政治安定，衣食无忧，此事并不难见。面对同样的情景，韩非子是为耕地不足而犯愁的①，如何在本撒冷竟然还能享受如此荣耀呢？

第二，获此殊荣的家庭竟然需要当地行政长官动用公共权力来解决其家族的内部问题。这位光荣的家长（即"提桑"）竟然要在典礼上"现场办公"——其中居然包括了"平息争吵""化解纠纷""救济穷困潦倒的家庭成员""劝告批评从恶或走上邪路的家庭成员"以及"解决婚姻问题"等有碍观瞻的内容。并且，"行政

---

① 韩非子著，王先慎集解：《韩非子集解·卷十九·五蠹第四十九》，载《诸子集成》（第五卷），上海书店1986年版，第339页。

长官通过自己的权力实施提桑的决定和命令,以免有人违反"。这是一种什么样的政风民俗呢?

第三,国王派来颁发特许状与各种奖励的传令官,竟然要"鞠三个躬"然后再行事,而特许状的开头竟然是"尊敬的朋友和债主",并且这种毫无王室威严、不伦不类的称呼,其理由竟然是"国王本人只有在繁衍后代上才受益于臣民"。一国之主,何以竟卑微至此?

第四,无比尊贵的院士在家宴上的礼遇也不过是提桑众子嗣的陪侍——"把他面前桌上的饭菜夹给他吃"。而这已经是最高的待遇了,其他身份的人均无权享受。

第五,如此力度的励生政策,数千年而下,本撒冷人口竟然仍不出本岛,完全不合情理。

综合以上五个疑点,合理的解释看来只能是:这样的提桑乃是国中显赫门阀而非寻常人家的家主。加上《新大西岛》中几无一语述及岛上寻常百姓的生活,我们完全可以猜测,本撒冷的民生状况并不足引以为傲。而提桑现场处理的种种"家丑"也表明,该国的民风民俗也并无可矜之处。

犹太商人约邦的出现更加重了本撒冷气氛的诡异。在介绍约邦时,培根称此处信仰自由,但是此处的犹太人与其他地方不同,他们认可并赞美耶稣,同时还热爱这个国家。然而,根据前面的介绍,当初皈依基督教时,是全岛人一起皈依的,为何一千五百余年而下,犹太民族仍旧没有与其他民族走向融合呢?他们如果不是还保持着自身独特的宗教与律法,如何能够保持住"犹太"的血统与身份呢?而如果他们始终仍是犹太人,他们又如何能够与其他地方的犹太人不同呢?实际上,犹太人之所以能接受本撒冷,是因为当地犹太人的一个特别之处:"根据当地犹太人的传统,他希望当地人相信，他们是亚伯拉罕的后代……摩西秘密制定了他们现在使用的本撒冷法律；弥赛亚降临后坐在耶路撒冷的宝座之上，本撒冷的国王会坐在他的旁边，其他国王则靠边站"。① 培根这句巧妙的"解释"给出了问题的答案，也彻底推翻了前文关于"此地犹太人"的所有说法——他们对基督教和本撒冷的认同是且只是策略性与礼节性的。并且，其策略不可谓不刁钻狠毒，因为当地犹太人是根据"传统"而去重述当地人的历史的！"欲灭其国，先亡其史"，这样的手段远比明火执仗要"高明"，因为如果无法最终取得文化上的胜利，则军事、经济与政治上的任何胜利都只是暂时的。

约邦与外乡人之间唯一的一次谈话充满了十足的讽刺意味。他们谈论的话题是"伦理"。约邦十分不客气地评论了当时欧洲的享乐主义风气，他认为这是导致了婚姻家庭的工具化、荒淫无耻的蔓延与十分危险的生育率下降的重要原因。那么，培根是在针砭欧洲或英格兰的时弊么？也许是。但是，对基督教欧洲或基督教英格兰的批评为什么要通过一个外乡的犹太商人之口来表达呢？欧洲的这个状况难道基督教没有责任么？犹太族群从未出现过这些问题。并且，约邦是全书中仅有的四个有名字的人物——另外三个是使徒巴托罗缪、本撒冷的先王阿尔塔本和所拉门纳——和唯一一个被公开宣称具有统治者德性的、当代的人物形象——睿智（wise）、学识渊博（learned）、做事慎重（of great policy）。② 以及，智慧的化身所罗门乃是犹太人的王，重视繁育也是《旧约》中最为醒目的特征之一……那么，培根是在批判基督教么，就像马基雅维里那样？看

---

① ［英］弗朗西斯·培根：《新大西岛》，载弗朗西斯·培根《论古人的智慧》，李春长译，华夏出版社2006年版，第132页。
② 阿尔塔本有"哲人"与"斗士"之称，而所拉门纳有"神"与"立法者"之称。［英］弗朗西斯·培根：《新大西岛》，载弗朗西斯·培根《论古人的智慧》，李春长译，华夏出版社2006年版，第133页。

来是的，但马氏公开树立的榜样是共和时期的古罗马，而培根的理想类型却不明显。既然批判，为何还要留用呢？合理的解释应当是：改造后继续留用。我们可以看到，《新大西岛》中所有与基督教有关的内容中都不再有与圣礼、异端、末日审判、肉身复活等"具体"教义，而只剩下了抽象的"主"的至尊地位、爱、仁慈、纯洁与善意——培根已经对基督教进行了初步的"人道主义化"或"道德化"。

但是，培根的"宗教改革"并不是在主张任何一种既有的理性主义传统，比如古希腊的雅典传统或神秘难解的中国政教。对于后者，《新大西岛》中仅有的四处提及中国的地方，无一处有正面的评价；而对于前者，情况显然要复杂一些，首先《新大西岛》的写作明显带有与柏拉图讲述了"旧大西岛"故事的《克里提亚篇》竞争的意味，这种竞争也体现在政治、哲学、文化、经济等几乎所有方面的立异上，但是这些并没有直接体现在《新大西岛》中。

培根只是"让"约邦提到了一本书——托马斯·莫尔爵士著名的《乌托邦》。约邦称该书中描述的那个国家规定男女双方婚前观看对方身体的办法不受本撒冷人的欢迎，本地的办法更文明——委托朋友去看。但是，显然这两种办法都难以称善。以色取人一则于德性宗旨有亏，二则有百害而无一利。莫尔的这一失误确实是无法回护的，然而，培根专选此处下手，也难称高尚。并且，本撒冷的新办法并不见得有更好的效果。

因此，这个恶作剧的比拼背后，必然是这两部作品之间在政治理念与意图上的巨大差别，否则这个情节就是一个毫无意义的败笔。

两位思想者之间的差别有多大呢？大到几乎完全不同。政治思想方面，莫尔几乎毫无掩饰地表达了对柏拉图政治理想的向往，并以柏拉图式的政治哲学为纲重新整合了罗马与基督教的优点；在现

第二章 培根的技术世界

实关怀方面，莫尔对英格兰政治现实问题与亨利八世的宫廷风气的柏拉图式的诊断可谓是鞭辟入里、精准到位；在个人的政治实践方面，莫尔一生光明磊落，既不畏权势，也不阿附俗流，处世圆融而又不失胸中矩矱，既无愧于柏拉图的教导，又颇有中国历代名臣的风范，可谓是忠君爱国、无愧臣节的典范，最终死于暴君之手，固非其丑，殊为可叹。相形之下，培根显然大为逊色，作为一位政治人物，他有着无法掩盖的德行污点。然而，对我们的考察而言，更重要的是，他的这些污点与他的政治、哲学与道德等一系列主张恰巧也大有相通之处，其中最根本处在于，培根拒绝了莫尔"以德为本"的根本政治主张。因此，对于一国上下的德育问题，培根几乎未予任何思考，而莫尔则几乎一以贯之。

那么，培根有办法应对莫尔提出的问题么？《乌托邦》是从盗窃成风这一社会问题开始讨论的，这一不大不小的问题是最能检验政治头脑的问题之一，因为无论是宗教还是法律，显然都是无力解决的，它需要一个真正完善的、真正能够保护共同利益的系统。这意味着从理论上对治国的指导思想、政治体制、人才培养到民生百业的一次重新论证与安排。莫尔的思考展示出了唯有大理论家才有的博大与精微，而培根却将全部赌注都押在了"科学院"上，似乎只要能保证科学院的正常运转，所有的问题都将得到圆满的解决。莫尔深以为忧的贫富对立以及由此而导致的"为富不仁"与"贫而无耻"的分化格局，培根毫不在意；莫尔借拉斐尔之口提及的废除私有制、以农为民生之本、以文化为核心提升全邦生活品质等措施，在培根这里也是一应俱无。新大西岛中完全没有民众的位置，培根似乎只关心"精英"阶层——科学院与豪门——的存在方式。并且，根据培根的文字，人们很难得出这样的结论：只要科学院与豪门地位稳固、诸事顺遂，则邦中平民的福利与安宁也就能自然而然地实现。一句话，二人之道，根本殊途。

既要屏退民众，又要让民众安于现状，还不愿劳心劳神去富民、教民，培根似乎正是为此才选定这种特殊的由科学家做神父的、最简版本的基督教的。培根真的相信这个办法能够解决莫尔提出的问题么？显然不会——约邦刚刚谈到作为"第二信仰"的"自尊"时立刻就陷入了沉默。①

对于培根而言，只要能解决精英层的问题就已足够。培根似乎认为，解决问题的关键在于"荣誉"。但是培根并不信任"自然"的或"未经改造"的科技研究者——这是一种特殊品类的人，他也不可能相信仅用被动讨好的方式就能够解决这类人的问题。培根以对希腊神话中"代达罗斯"这一形象的重新解释表达了其对于顶尖艺匠（而非普通技工）的判断："嫉妒强烈地支配着伟大的工匠们……只有他们这类人嫉妒成性，常常因为嫉妒而耿耿于怀。"②他们极易陷入拉帮结派、党同伐异的旋涡——代达罗斯"谋害了自己的同学兼对手"，这个现象说明的是业务能力或专业才能与政治能力之间的根本不同——任何技艺本身都无法解决安身立命的根本问题——这并不是什么惊人的发现，只是由于培根对科学院的政治地位安排过当，他对于这一基本常识的"清醒"才引起了我们的注意。无论如何，既然"天性"如此，则仅仅"让"萨罗门学院建制的创立者所拉门纳设立"两条长长的画廊"来尊显重要的发明及其发明者就必定是不够的。③

---

① ［英］弗朗西斯·培根：《新大西岛》，载弗朗西斯·培根《论古人的智慧》，李春长译，华夏出版社2006年版，第134页。

② ［英］弗朗西斯·培根：《论古人的智慧》，李春长译，华夏出版社2006年版，第49页。

③ 朗佩特低估了培根建议的驯服手段。［美］劳伦斯·朗佩特：《尼采与现时代》，李致远等译，华夏出版社2009年版，第35—39页。

二　代达罗斯问题

对于"天性"或"自然",培根从根本上拒绝了古典政治哲人的深刻理解,[①]并将它降到了纯粹物理的层次,这也意味着培根对于"征服自然"的巨大热情与毫无妥协的坚决立场。但是,从技术层面讲,培根又不主张野蛮的强行压服,因为这将无法收到预期效果,培根也不主张"顺应"。他另有征服之术,既征服外在自然,也能征服人心的自然——这实际上将意味着"政治"的消失。

那么,如何征服代达罗斯们的天性呢?

首先必须建立某种新的"道义"话语,而不是新的道义原则,因为唯有前者才符合培根对技艺的期许。这套话语成立的关键是首先要在代达罗斯们之上设立一个特别的限定物,它必须一方面能够遏制技艺的狂妄,另一方面又能为之提供一个无法穷其奥秘的"自由"空间。培根选择了自然神论——后来的历史证明,培根的这一选择造成了无法估量的巨大影响。自然神论本身的特点决定了它的诸多优势,它似乎是"自然"与"神"、古典传统与基督教或技艺与道义和谐共存的最好方式,但是它真正能够实现的显然又不是真正的和谐,而仅仅是某种妥协或言辞上的"和谐"。这显然与培根所处的一时一地的具体情势密切相关。

在"普罗米修斯和人类的状况"中,培根在接近末尾处提到了普罗米修斯被扣上的"试图强奸智慧女神米涅瓦"的罪名,他的解释是:这是技艺和知识造成了人的忘乎所以以及感觉和理智对神性

[①] 对于古典而言,"自然"既包括物理之自然,也包括道义之自然。[古希腊]柏拉图:《理想国》,郭斌和、张竹明译,商务印书馆1986年版,444D;[古希腊]亚里士多德:《尼各马可伦理学》,廖申白译,商务印书馆2003年版,1103a24—25。

的僭越。① 这并不是最好或最合理、更不是唯一的解释，原因有二：一则这项罪名本身就是强加的不实指控，它完全可以被解释为僭主对关爱民生的俊逸之士的迫害；二则即便罪行为真，也完全可以理解为技艺对智慧的僭越。培根有意忽略了僭主的迫害并将米涅瓦偷换成了基督教的上帝，并最终将问题变成了"神性和人性"与"理智和信仰"的区分问题。②

那么，这个区分仍然只不过是一个技术问题么？或者，培根对"信仰"或"神性"究竟有多严肃呢？在另一则同样关于"强奸米涅瓦"的神话解释中，培根用米涅瓦比拟的对象却是"自然"，而意图不轨的火神伏尔坎则代表了"技艺"，培根的教导是：不要与自然厮打，要用足够的细心和观察赢得自然的芳心。③ 如此明显的前倨后恭，凸显的只能是培根修辞术的"纯技术性"——这其实意味着修辞术的失败。

同样的情况也出现在培根对普罗米修斯形象的解释中。"普罗米修斯明显表示神……神的工作有一项比较独特，那就是创造了人……人的本质在于理智，而后者是神性的居所……必须先有伟大的神，然后根据神的安排和许可，人的精神才被赋予了神性……人似乎应当作为世界的中心。"此处培根对普罗米修斯的定位很明确：神。但是，接下来，人类在朱庇特面前状告普罗米修斯的情节却被解释为"人类以健全的理智控诉了自己的本性和技艺"，作为"神"的普罗米修斯又变成了"人"的本性和技艺的代表。那么，

---

① ［英］弗朗西斯·培根：《论古人的智慧》，李春长译，华夏出版社2006年版，第69页。
② 同上。这个区分在康德哲学中获得了最清晰的框架与论述。而在这里，培根似乎还在前后四个概念的对应关系中做了手脚。
③ ［英］弗朗西斯·培根：《论古人的智慧》，李春长译，华夏出版社2006年版，第51页。

人为什么要自诉呢？因为现有的技艺"自认为已达到事物的顶点"，这体现了"人性"的"骄傲自大"和对"神性自然"的不尊重。只有永远"谦虚""积极向前"追求"新的发现"的技艺才是能体现良善人性的技艺——培根竟然将亚里士多德式的"节制"与"思辨"说成了傲慢与僭妄。只是，按照培根的这个说法，拒绝窥视上帝秘密的正统派教士与信徒——他们拒绝使用他们身上或灵魂中的"神性"之物——究竟是敬神，还是渎神呢？最后，在分析潘多拉的寓意时，培根提到了"普罗米修斯的追随者们（the followers）"，他们是审慎（prudent）、小心（wary）并有远见卓识的人。这说明，人是应当追随神的。因此，在培根这里，人一方面具有神性，另一方面又应当追随神；普罗米修斯一方面是神，另一方面又只是人的神性的代表。这样的处理方式并没有使得"神"与"人"这两类存在者之间的界限变得清楚。在这种模糊的情势之下，技艺与信仰两者之中，何者将获得更大的益处呢？一句话，所谓的神或信仰，对于培根自己而言，只是一个必不可少的"名义"，没有这样一个公开的"限制"，就无法保证技艺的"谦卑"与"自由"。

这意味着培根自认为他的智慧是在"代达罗斯"之上的，而这又实际上回到了培根一再批判的亚里士多德的基本立场——政治学才是王者之学。古典哲人的理由很明确——技艺无法决定自身究竟为何种目的服务。而技艺的"无限性"也具有两面性：一方面它使得科学技术的事业永远都有发展余地，另一方面它也会为其追求者带来虚无、不安与焦虑。因此，为减轻乃至克服这些有可能带来严重后果的弊端，在上帝之外，培根还必须为代达罗斯们树立起其他的带有"职业道德"色彩的信念。

信念的基础必须包含与"真""善""美"相关的内容。科学技术的探索似乎正是一项同时具备这三项要素的事业，它一方面以认识外在自然界（包括有机体）中物理与化学意义上的真理为最高追求，另一方面又以此为基础为富国强兵、改进民生为用，两方面的结合共同为科技工作者的身份增光添彩，他们在各个具体而有限的领域与问题上的奉献与牺牲也由此而具有了事关全人类的普遍意义。但是，需要特别注意的是，其中最重要的第一条，仍然只是纯粹并且有限的信念，因为它只以外在的和物理与化学意义上的"必然性"为"真"，因此这样的"真"本身就是打了折扣的，它必须要有第二条关于应用的原则来为其正名，但是这第二条仍然只是一个没有保障的"道德"要求，因为这并非科学技术本身所能够决定的。

因此，培根还需要为技艺家设定更加具体的职业伦理，其最重要的基础是培根关于"方法"的主张。

培根主张一种"真正的归纳法"[①]，这种方法实际上在任何时代都非但是极为朴素而不足为用的"笨"办法，而且还有破坏学风的副作用。前者可由其在科学史上的命运来证明，据考证，气象学是完全按照培根主张的方法发展的一门学科，然而与地质学、生物学等类似学科相比，其"科学性"最低，它既没有发展出理论体系，也无法准确预测或改变天气。[②] 培根对数学和假说的拒绝是其归纳法陷于琐碎"事实"之中无法自拔的重要原因，这将不可避免地导致研究活动的低效率与低水准。这只是对于后来的科学史而言的弊端，笛卡尔对研究方法的改进为科技的爆炸性扩张提供了最大的助力，但是即便如此，科学技术或技艺本身道义指向不明的根本

[①] ［英］弗朗西斯·培根：《新工具》，许宝骙译，商务印书馆1984年版，第20页。

[②] ［美］伯纳德·科恩：《科学中的革命》，鲁旭东、赵培杰、宋振山译，商务印书馆1998年版，第188页。

第二章　培根的技术世界

问题仍未得到解决——因为它不是一个技术问题。

另一个重要的问题则是：以如此简陋的"方法"颠覆前人的几乎一切知识成就，培根的做法是否公正呢？

培根将阻碍人类获得"知识"——而非"意见"——的各类障碍总结为四类"假象"：族类的、洞穴的、市场的与剧场的假象。① 这四类原因包括了西方乃至人类文明史的一切内容，因此完全可以看作一份"革命"檄文。

第一条直指"人性"，然而培根并没有直接挑战著名智术士普罗泰戈拉的名言——"人是万物的尺度"，而是将主语换成了"人的感官"，这是令人费解的，因为培根主张的实验方法正是要用可感的实验结果来进行证明的，即便是通过仪器放大了人类的感官能力，其结果仍然是要接受感官的最终评判的。② 普罗泰戈拉的这句话并非无懈可击，也并非没有人对此提出过批评与修正。亚里士多德指出，这句话的好处是为人类的各项追求与事业确定了一个正当的伦理目的，其缺点则在于不够精确，因为人的品类不一，故而亚里士多德建议将主语改为"好人"。③ 培根对此"巧妙地"采取了避而不谈的办法，尽管亚里士多德是其集中力量进行挑战的权威——《新工具》的书名正是针对《工具论》而取的。

第二条使人直接联想到的是柏拉图著名的"洞穴"比喻，然而柏拉图用法中所包含的复杂而丰富的政治哲学内涵在深察政治事务的培根这里却没有丝毫的体现，培根再次"巧妙"地将问题引向了

---

① ［英］弗朗西斯·培根：《新工具》，许宝骙译，商务印书馆1984年版，第20页。

② 培根也很清楚这一点。［英］培根：《新工具》，许宝骙译，商务印书馆1984年版，第20页。

③ ［古希腊］亚里士多德：《尼各马可伦理学》，廖申白译，商务印书馆2003年版，1113a32—33。

研究活动的形式。于是"洞穴"不再意味着人类政治社会的自然境况，而是被转换成了个人的生存境况，即每个人都是一个"个体"。这种情况导致每个人都难免有所"蔽"，或是蔽于个人局限，或是蔽于所交，或是蔽于所闻。那么，人如何才能解蔽呢？培根不知所据地借用了赫拉克利特的权威，称求知应当求之于"公共的大天地"。这也并非惊人创见，自古而及培根的时代，世界范围内已有的各项技艺，何人敢称完全而彻底的"独创"呢？即便是有了培根鼓吹的新方法与新体制，最终仍然是要由具体的个人进行操作、记录、检验以及解读——个人的洞穴仍然无法彻底解决。

  第三条不免令人联想起在雅典城中随处与人展开对话的苏格拉底，然而培根竟然由此而将责任归给了日常语言，为了迁就"一般俗人"的理解力，日常语言沦为了制造混乱而不是相互理解的工具，它总是将人们"岔引到无数空洞的争论和无谓的幻想上去"。前一条刚刚主张的"公共"立刻被接下来的这一条否定了。非但是否定了"交往"，连人类基本的交往工具即语言本身都否定了。只是，如果水都脏了，还能拿什么来洗呢？柏拉图的《克拉底鲁篇》已经展示了语言学的根本问题，维特根斯坦的语用学转向也表明，一门没有歧义的精确语言是不可能的。实际上也是没有必要的。我们无法想象，有人能够证明人类语言对于人类的文明生活"弊大于利"或"功不抵过"。这样的基本常识培根当然不会不懂，之所以作此惊人之语，是因为其真正的目的乃是颠覆古典式的"形而上学"。①

  最后一条挑战的是"一切公认的学说体系"，其中也包括"经

---

  ① ［英］弗朗西斯·培根：《新工具》，许宝骙译，商务印书馆1984年版，I.59，第32页。

验派哲学"①，它们中充满了哲学的教条和错误论证法造就的偏见。这类充满了夸张手法的颠覆性论调是西方现代性的重要特征之一，以至于有"弑父"情结之说。培根并未深入探讨古代诸多学说体系之间的具体争论，他从未提出或建立一个新的"真正"的"知识"体系，因为这种正面挑战的方式难度大、风险高，但是这些都可以通过并不复杂的言辞机巧加以规避。

四类假象之中，对于培根的科技革命而言，真正的"阻碍"实际上只有一个，即产生于以柏拉图、亚里士多德为代表的古典传统。教会的威望早已式微，表面上的尊重便足够应付，而所谓人类感官、语言等方面的天然缺憾等均非重点。

必须颠覆古典传统的权威！这既是培根获取"成功"的根本，也是我们析解培根修辞术的关键。

培根选择的突破口是"科学技术的停滞及其导致的人类福利的止步不前"。这个"精心"的选择具有极高的策略性，因为"福利"问题历来是激起公愤的利器，它能够迅速制造出一种广泛的"被剥夺感"。但是关于这个作为目的的"人类福利"，培根并没有展开详细与清晰的论述，它被理所当然地理解为生活的便利与丰足。关于"目的"，培根的具体说法是这样的——"科学的真正的、合法的目标说来不外是这样：把新的发现和新的力量惠赠给人类生活"②。对于"目的"这样的根本主题而言，如此疏漏百出的一句话是远远不够的。能够高效奴役他人、致人死亡甚或足以毁灭地球的发现与力量惠赠给人类做什么呢？惠赠给哪些人可以算作惠赠给了人类生活呢？科学如何防止其成果落入不义之手呢？

---

① ［英］弗朗西斯·培根：《新工具》，许宝骙译，商务印书馆1984年版，I.64，第39页。

② 同上书，I.81，第63页。

现代道德话语的形成

对于这类不难想到的问题,培根的终极应对办法是这样的:他提出了一种"野心"的分类法,他将"人类野心"分为三种(同时也是三等),最低级的第一种是"在本国之内扩张自己的权力",稍高一级的第二种则是"在人群之间扩张自己国家的权力和领土"。很明显,前者是僭主的野心,而后者是帝国的野心。培根认为前者"鄙陋""堕落",后者"虽有较多尊严,却非较少贪欲"。第三种则更为健全(wholesome)和高贵(noble),那就是"有人(a man)力图面对宇宙来建立并扩张人类本身的权力和领域",这样一个"对万物建立自己的帝国"野心,只能靠培根鼓吹的科学技术才能实现。① 我们可以看到,培根并没有正面回答问题——因为他确实无法回答——但却集中暴露了这项事业的根本问题:它归根结底是一项"野心的事业"。培根对"野心"概念的滥用与马基雅维里毫无二致,他也像后者一样不讨论君主与僭主的区别,而这恰恰是思考政治问题的关键所在。

在将人类的追求统统贬低为追逐权势的"野心"之后,培根声称不必担心科技遭到滥用的问题,"因为若是那样说,则对一切尘世诸善(all earthly goods),如智巧(wit)、勇气、力量、美丽、财富、光本身以及其他等等也莫不可同样加以反对了"。② 培根的机巧在此一展无遗,他一方面并没有胆大到把作为灵魂之善③的诸种德性(virtue)也放进来,因此,这句话本身并没有错,但是,这个重要的逃避也使得这句反驳失去了作用。神学话语为培根提供了

---

① [英]弗朗西斯·培根:《新工具》,许宝骙译,商务印书馆1984年版,I.129,第113页。
② 同上书,第113页。译文根据詹姆斯·斯佩丁(James Spedding)1858年英译本有所更正。
③ [古希腊]亚里士多德:《尼各马可伦理学》,廖申白译,商务印书馆2003年版,1098b12—20。

掩护，征服并统治自然被解释成了"神的遗产"（divine bequest）——培根已经不声不响地"杀死"了上帝——而如何使用"自有可靠的理性（sound reason）和真正的宗教（true religion）来加以管理"。① 归根结底，关于科学技术的目的或使用问题，培根只是一味蒙混，尽管过了事实的关，却始终没有过道义的关。

仅凭着"惠赠""理性"与"宗教"等说辞，培根"正当化"了人类征服宇宙的野心与征服自然的科学技术事业；仅凭着这项问题重重的事业，培根"推翻"了一切既有的权威。培根毫不留情地将西方文明史重新描绘成了一部科学与真理的"受难史"，罪魁祸首当然就是希腊的古典哲人。"我们所拥有的科学大部分来自希腊人。罗马的、阿拉伯的或后来的作者们所增加的东西是不多的，也没有多大重要性；而且不论所增加的是什么，也是以希腊人的发现为基础。"——这样的事实非但不是古希腊文明伟大成就与高水准的证明，反而成了其"罪证"，原因在于苏格拉底之后的全部古希腊智识人，在培根看来都是诡辩家（即智术士，sophists），就连专门深察哲人与智术士之大分的苏格拉底、柏拉图与亚里士多德也包括在内。培根将他们的智慧一概贬为学究式的（professorial），其功能主要是用来争论。尽管柏拉图等人不像典型的智术士那样是"漫游的、图利的"，而是"高自位置（pompous），表现尊严，有固定的寓所，开设学校来讲授他们的哲学而不收取报酬"，尽管有这些不同，"却同是论道式的（professorial），同是把事情弄成争辩，同是树立哲学宗派以至异端邪说而为之哄斗"。培根特意引用那个侮辱了柏拉图的叙拉古僭主的话，称他们的学说"大部分只是'无聊老人对无知青年的谈话'"。唯一值得缅怀与惋惜的是所谓"前苏

---

① ［英］弗朗西斯·培根：《新工具》，许宝骙译，商务印书馆 1984 年版，I. 129，第 113 页。译文根据詹姆斯·斯佩丁（James Spedding）1858 年英译本有所更正。

格拉底"的哲人("神秘主义者"毕达哥拉斯除外),他们"都不曾开办学校,而是较沉默地、较严重地和较单纯地(more silently, severely and simply)——也就是说,带有较少的虚矫和炫示的意味——投身于对真理的审究",培根也因此认为他们"比较成功",但是,"他们的事功却在时间进程中被那些有较多东西来投合流俗能力和嗜好的琐屑之辈所掩蔽了:时间有如河水,总是把轻的、虚胀的东西流传给我们而任有分量的东西沉没下去"。①

这样过分刻薄且不合理的言论被培根一再使用,最近的重复仅在几页之后:对于当时的欧洲而言,最负盛名与权威的柏拉图与亚里士多德的体系之所以能够经历"野蛮人泛滥到罗马帝国使人类学术遭到沉溺之祸"而得以留存,只是因为它们像"几块较空、较轻的船板漂浮于时间的浪头","绝大多数"人们之所以特尊亚里士多德,只是由于"先入为主的判断和依于他人的权威",因此只是"苟从与附和"。在此培根又一次表示了对"人们"的不屑,他十分不恰当地"把弗雄(Phocion)关于道德问题的话语移用于知识问题上"——"人们如果得到群众的赞同和喝彩,就应当立刻检查自己可能已经犯了什么错误"。②

培根用移花接木的手法和不留余地的极端言论对待古典哲人,其直接理由是且仅是科学技术的发育不良。"在人们的记忆和学术所展延到二十五个世纪之中,我们好不容易才能拣出六个世纪是丰产科学或利于科学的发展的……算来只有三次学术革命也即三个学术时期是可以正经算数的:第一期是在希腊人,第二期是在罗马

---

① [英]弗朗西斯·培根:《新工具》,许宝骙译,商务印书馆1984年版,I.71,第50—52页。
② 同上书,I.77,第58页。

人，第三期就在我们西欧各民族了。"① 其他时代均无足论，很明显，其他时代主要是指基督教教会稳居权威的时代。在这屈指可数的几个世纪中，"人们也只是以最小部分的苦功用于自然哲学方面。而其实正是这个哲学才应被尊重为科学的伟大的母亲。"培根对"自然哲学"的青睐与其更偏向"前苏格拉底"哲人是完全一致的，但是即便如此，古希腊属于自然哲学的时间也还是太短，并且，"所谓七哲，除泰利斯外，都是投身于道德学和政治学的；而在后期，当苏格拉底把哲学从天上拉到地上以后，道德哲学就更空前的流行，从而使人心对自然哲学背离得愈远了"。② 从这里我们可以看出，培根已经在直白地表明，他之所以紧抓科学技术或自然哲学并非是为了它们本身，而是还有更大得多的企图——解除人类"野心"的一切"软"约束。古典的道德哲学是其中最大的束缚，不推翻古典的道德哲学——它与政治家的治国之术是融为一体的——的精神权威，就无法推翻传统式的政治权威以及伦理权威，某种新的自然科学就无法获得自由发展的空间。柏拉图、亚里士多德是最大的道德哲学权威，这是他们遭到培根最猛烈攻击的原因。

在谈及自然哲学遭到虐待的第三个重要原因时，培根称，它"始终不曾拥有一个摆脱一切而全力从事的研究者，而一直是被仅仅当作通到其他事物的便道或桥梁来对待的。这样，这个伟大的科学之母就因横来的侮辱而被贬黜到仆役的职务上，只去伺候医学或数学的业务"。培根似乎是要让科学成为目的，这显然是不可能的，也与其关于人类福利与人类野心的说法相矛盾。但是可以确定的是，培根希望大大提高技术科学在学科体系中的地位，尽管不可能将它提到最高

---

① ［英］弗朗西斯·培根：《新工具》，许宝骙译，商务印书馆1984年版，I.78，第59—60页。
② 同上书，I.79，第60—61页。

位置上，但却能够将其重要性增至最大。培根声称，科学的发展将决定其他一切学科状况，"实在来讲，除非把自然哲学贯彻并应用到个别科学上去，又把个别科学再带回到自然哲学上来，那就请人们不必期待在科学当中，特别是在使实用的一部分科学当中，会有多大进步。因为缺少了这个，则天文学、光学、音乐学、一些机械性方术以及医学自身——还不止此，人们将更觉诧异的是连道德哲学、政治哲学和逻辑科学也都在内——并都将缺乏深刻性，而只在事物的表面上和花样上滑溜过去。"① 这条理由表明：首先，培根的主张非但是为了科学的进步，也是为了全门类哲学包括政治哲学等在内的整体进步；其次，哲学的全面进步这项伟大事业的"题眼"在于技术科学的升级，而不是古典理性主义的复兴。但是，这项过分自信的许诺非但未曾在培根的"理想王国"中得到体现，后来的欧洲的历史以及世界历史也都无法证明培根此番豪言的实在性，培根造成的影响反而还被欧克肖特视为现代诸多政治灾难的根源。②

但是，对于代达罗斯们而言，这项事业已经足够伟大以至于可以完全满足他们天生的嫉妒心了。如果可以认为，犹太教或基督教式式一神论是将"神"这一概念抬高到了因果链的起始处与人类可以想象的力量——而非道义——的顶峰，则培根为代达罗斯的事业——关于因果与力量而非道义的事业——确定的"位格"岂不要与"神"几近平齐？事实也"恰巧"如此。培根在解释其对"方法"问题的专注时称："我开始暂时是寻求光的实验，而不是寻求果的实验；我这样做时，我常常说过，乃是仿照上帝创世时的榜

---

① ［英］弗朗西斯·培根：《新工具》，许宝骙译，商务印书馆1984年版，I.80，第61—62页。粗体为笔者所加。

② ［英］迈克尔·欧克肖特：《政治中的理性主义》，张汝伦译，上海译文出版社2004年版，第13—23页。

第二章 培根的技术世界

样,那是在第一天仅只造出了光,把整整一天的工夫都用于这一件事,并没有在当天插进任何物质的工作"①;在鼓吹科学"发现"时,培根称:"发现可以算是重新创造,可以算是模仿上帝的工作"②。

人类最高荣誉破天荒地第一次被颁给了代达罗斯的事业,并且这一选择似乎是出于无奈,因为代达罗斯们难以餍足的妒忌心。无论这种妒忌何等强烈,培根已经拿出了人类文明世界所能给予的最高褒奖。

解决了荣誉这个政治问题,还需要进一步解决具体内容问题。代达罗斯们究竟要将全部的聪明才智应用到何处并不是一个不需要说明的问题。

新大西岛的那位无名院士(father)的介绍十分重要,其内容看上去并不像是四百年前所写,也不像是充满想象力与童趣的科幻文学。参照 4 世纪以来的科学技术史,我们有理由认为,这份介绍更像是一份严肃的计划书,其中有新材料、永动机、转基因、器官移植、人造天体以及长生不老。这些研究目的并非全然是出于利国利民之想,其中有很大的反教会权威的成分③,同时从历史经验来看,有很多项目已被攻克,有些项目则被证明为不可能(如永动机),但至少有一个从技术上讲难度极高的"项目"确实能够保证不让科技人的陷入无聊,那就是征服死亡。同时这份口头介绍也告诉我们,培根也忽略了很多非常重要的项目,例如环境保护技术,或各类垃圾的处理技术,它本应当是跟新材料的开发相伴而生的。

---

① [英]弗朗西斯·培根:《新工具》,许宝骙译,商务印书馆1984年版,I. 121,第102页。
② 同上书,I. 129,第111页。
③ 达尔文的进化论之所以遭到教会的禁绝,就是因为进化论挑战了上帝创造物种不可变改的"规定",而培根这里早已有这样的谋划。

这一缺失表明培根并不懂得"循环往复"四字中所包含的大义，正如他"不懂得"关于技术的根本问题乃是：它应当为谁所用以将负面效应降到最低。

三　营销大师

从《新大西岛》来看，技术统治的世界并非如善良的人们所想象的那般美好，其背后始终有一个巨大的阴影——一个机关重重、更接近于寡头制的幕后统治体系。毕竟，如此炫目的各类实验设施——深井、高楼、天体模拟以及人工湖等等——和庞大的海外交流网以及"院士"们随手撒出的大把金币，对于一个"非营利"机构而言，如此巨大的花销绝非依靠"自力更生、自负盈亏"可得，从其王室的卑微来看，国家财政也绝非所望，放眼全岛，唯有以约邦为代表的犹太商人有此"实力"，否则区区一个商人怎能担任如此重要的外宣工作之重任呢？

这样一个问题重重的全新体制并不像这部宣言式的"科幻小说"的写作时间顺序所显示的那样似乎是培根晚年的构想，《新大西岛》只是培根由来已久的成熟想法的运用了最高修辞技巧的表达。早在二十多年前，培根就完成了对科学体系的基本构想并于1605年向英王詹姆士一世发起了公开"奏请"，尽管这本书看上去完全不像是一份"奏折"。

从"本撒冷"的体制来看，君主的权威显然不在培根的未来计划之中，但是在《学术的进展》中，詹姆士一世得到的待遇却似乎超过了历史上的绝大部分君主："暂且不提陛下美德和幸运中的其他方面，但是陛下身上具备的哲学家们称之为智慧的德行和才干，以及能力的广博、记忆的准确、领悟的迅捷、判断的深刻、论辩的敏捷和条理分明,都使臣敬慕不已,惊叹万分。臣常常想,在臣所认识的人中,陛下完美地体现了柏拉图的观点……您秉承正教之慈悲心肠,致力于和平,而邻邦的王子们也都襄助盛举。陛下在智慧方面同样才学兼备,您禀赋优异,而又学识渊博,完美无缺。自从基督降生以来,还没有见到任何一位国君或尘世的国王像你这样在文学、博物、神学及人性诸方面都精深广博(so learned in all literature and erudition, divine and human)……如果一个君王喜爱并赞助学问和研究学问的人,真正吸取学问的精华,甚至于自己本身就是学问的源泉,这对一位君王,以为生在帝王之家的君王来说简直可以说是一种奇迹……所以您同时具备了广被人推崇的赫尔墨斯具有的三种奇才:王者的权势和幸运,教士的知识和睿智,哲学家的求知欲和广博。陛下天生的禀赋和独特的品德不仅值得当代及后世宣扬,而且需要用不朽的著作、坚固的纪念物和传世的纪念碑来铭记。"①

这一大段的赞誉看上去似乎只是某种标准的客套,然而其中却充满了培根一贯的言辞技巧。

第一,培根所称赞的品质都不是与"治国理政"或"为君之道"的根本内容密切相关的德性,记忆、领悟或论辩等方面的出色与"咨诹善道""选贤任能"以及"陟罚臧否"等核心要务之间并没有直接的关系。培根在对国王的赞誉中提到了柏拉图,这会令人十分自然地联想到"哲人王"这个对君主的近乎极致的赞誉称号,然而培根却令人惊奇地话锋一转:"柏拉图认为,所有的知识都来

---

① [英]弗朗西斯·培根:《学术的进展》,刘运同译,上海人民出版社 2007 年版,第 1—2 页。引文中的"王子"当译为"大公"或"君主","人性"则当译为"属人的"。

源于记忆。"① 也就是说,培根是以"纯粹"技术角度对詹姆斯一世的"记忆力"提出了表扬,他似乎不知道柏拉图"回忆说"中所包含的深刻的政治哲学含义,并且似乎也"忘记"了,如果只是从技术角度来谈记忆力,则柏拉图的说法完全可以适用于任何人。因此,培根对柏拉图的这次使用,既不包含对詹姆斯一世的赞美,也没有体现对柏拉图的崇敬,而只有对"技术"的信任。这与他后来贬抑君主权威与古典政治哲人的基本倾向完全一致。

第二,培根在时间范围上的选择也大有讲究。"基督降生以来"的限定实际上将几乎所有伟大的君主——忒修斯、罗穆路、吕库古、居鲁士、亚历山大、摩西、大卫以及所罗门等——都排除在外了,这使得培根的此番赞美一方面失去了"过誉"甚或"谄谀"的色彩,另一方面也似有批评基督教之意——是因为基督的降生而导致西方世界再也不能产生那样伟大的君主了么?另外,培根似乎无意中也冒犯了罗马帝国的五贤帝、君士坦丁大帝、查理曼大帝或英国的亨利八世与伊丽莎白一世,但是,由于培根称赞的只是些无关紧要的方面,所以这似乎也并不构成真正的"冒犯"。

第三,在赞扬了詹姆士一世在基督之后无出其右的"渊博"之后,培根竟然令人费解地举出了独裁者恺撒与马可·安东尼这两个在基督诞生之前的"非常博学的人物",并将基督之后的希腊或西方世界的皇帝以及法国、西班牙等国的王室贬为只能拾人牙慧、装点门面的假学问家。② 这一方面似乎是在证明以"基督"作为分水岭的"科学性",另一方面却不免令人产生联想,基督之前的君主,培根只提到了三位,其中所罗门并未直接称其名,称名的只有

---

① [英] 弗朗西斯·培根:《学术的进展》,刘运同译,上海人民出版社 2007 年版,第 2 页。
② 同上书,第 2—3 页。

恺撒和安东尼,这两人实际上并未获得君主的称号,并且结局都甚为悲惨,留下的历史形象也难称光彩。前者死于元老院的秘密策划并被定性为埋葬共和的"独裁者",后者则为形势所迫而不得不选择了自杀,并且没有获得任何称号。培根将詹姆士一世与这两位同列,恐非善意。① 同样的问题也体现在培根对"赫尔墨斯"的使用上,他为这位身世复杂、亦正亦邪、位列奥林匹斯十二主神之一的神总结出了类似于"三位一体"(trinity)的"三种奇才"(triplicity),并将"君主""教士"与"哲人"这三类人身上最"中性"的品质结合到一起"敬献"给了詹姆士一世。不择取君主的勇毅与仁爱、教士的虔敬与奉献、哲人的智慧与审慎,反而将君主"抽象"成了"权势与幸运",将教士与哲人"同化"成了仅仅在知识与求知上具有优势的一类人。这三类人恰恰是培根技术世界理想的三大阻碍。再看看赫尔墨斯的特别之处:他是商人与旅人的保护神;他是盗窃术与欺骗术的发明者;他是舌辩或修辞术之神;他还是众神的使者。这为培根的"赞颂"又增添了一层神秘色彩。

第四,培根对詹姆士一世的总体要求当然是保护、支持与赞助,具体要求则是改革大学体制。然而,培根丝毫不提君主重视科教事业发展对于国家民族前途命运的重要性,而只说这项事业对于君主个人声望具有重大意义。这一方面与培根的思想倾向有关,根据前文所述,可以确定培根并无家国情怀,也并不关心任何层次的良善文明生活应有的样态,尤其是基层普通人的生活。关于其技术理想,培根只是笼统而模糊地说过它可能给人类生活带来的"便利",并且也仅此而已;另一方面,培根将科学技术的发展成果说

---

① 在另一个地方,培根称,古人会将"伟人或半神的尊号"授予一些人,其中包括"铲除暴君者"。[英]弗朗西斯·培根:《学术的进展》,刘运同译,上海人民出版社2007年版,第36页。

成了君主个人荣誉最坚固的纪念物,这几乎直接剥夺了"政治"或"治国理政"万般辛劳本身的全部荣誉,参照《新工具》中极尽荒谬的"野心"论来看,培根早已开始试图以偷换前提的方式贬低政治的生活并剥夺统治者的荣誉。

因此,这绝不是一份正常的奏折,它的开场白也绝不是符合任何礼法统绪的敬辞或总纲。这份奏请的根本目的是要在王权与教会权力所构成的三重"阻碍"——教会权威中包含了神学与亚里士多德哲学两种权威——之下"解放"科学。直接向教会进行"申请"是没有任何成功的可能性的,因为无论从宗教、哲学还是利益的角度,教会都没有任何责任或动力去支持培根的事业。因此,君主是唯一的突破口,并且,由于政治统治本身必然要承担的全面责任——伦理秩序、民生百业、文明品质以及强国强军等——君主恰恰还是一个绝佳的突破口。一旦取得世俗政权的支持,培根所代表的某种特殊的社会力量就能够获得国家所提供的人财物力的滋养,并能在削弱教会的同时,也削弱君主的权力。

从后来的历史来看,培根的"所拉门那宫"构想的确是在查理二世的支持下成为现实的。1660年英国皇家学会成立,这是一个与《新大西岛》中所描述的"所拉门那宫"极为相似的独立机构,它享受政府补贴与慈善机构特权,但不向任何政府部门负责。其前身是1645年由十二名科学家成立的"无形学院",这个组织曾在克伦威尔的压力之下于1658年解散,第二年护国公死,紧接着查理二世复辟并于当年签署同意皇家学会成立的许可证,科学的独立王国第一次出现在人类历史上。今天的人们会理所当然地认为这是一个属于真理与全人类的伟大时刻,一个新纪元的起点,从此以后,人类幸福而光明的未来的将会随着科技的不断进步而一天天变成现实。然而,这个独立王国所同时昭示的真正的王国在政治上的失败

第二章　培根的技术世界

却能够完美地解释此后三百五十年间世界范围内的一切危机与灾难。这一点可以参考亚里士多德指出的一个根本事实，即：政治是所有技艺门类中唯一一个与其他所有门类都密切相关的技艺，并且唯有这门技艺能够决定城邦中哪些人应当学习和掌握哪些技艺以及各自到什么程度。也就是说，政治技艺的重要性可称是"悠悠万事，唯此为大"。政治的技艺如果衰败了，则天下万事都必将陷入混乱无解的局势之中而永无出头之日。科学技术如果不能为政府之权威与政治之清明做出贡献，则必不能称善，这也是科学院必须受政府管辖的根本原因所在。以诸如"权力导致腐败"这样的理由来反对政府管制，纯属无稽之谈。从现实来看，政府的确常常受到腐败问题的困扰，但是，人们对此问题的深恶痛绝恰恰说明唯有政府才是最不应当腐败的地方，而所有的有识之士与正义力量都应当竭尽全力用于使政府免遭此患的努力，而不是借机劫夺政府的权力以建造自家的独立王国。

由此而回看培根的奏章，方能更好地"领略"其借助政治权力杯葛精神权力的技巧。

培根认为科学事业遭到反对的根本原因是"无知"，而造成无知的原因则有三："宗教家（divines）的狂热和猜忌""政治家（politics）的严酷和傲慢"以及"学者本身的错误和不成熟"。[①] 这三个原因的措辞十分讲究。对教会，培根用语分量最重，然而也没有提出毁灭性的批判，例如斥之为"愚昧"或"迷信"，从《新大西岛》中的安排来看，培根的"本撒冷政体"非但不拒绝，反而非常"需要"某种简约版本的基督教；对政治权力，培根只提出了宽容和尊重的要求；对"科学界"这个还未成形的"圈子"，培根

---

① ［英]弗朗西斯·培根：《学术的进展》，刘运同译，上海人民出版社2007年版，第3页。

则以总代表或领导人的身份提出了提高组织水平与科研水平的要求与具体的规划。对于培根的根本目的而言，解决知识界本身的问题是为本，赢得政治权力的外部支持是为要，而去除教会的道义压制则是当务之急。并且，对于这三大任务，培根并没有完全分开处理——这三件事之间本来就关系复杂——而是统一采用了"以爱为名、立足于真、大彰实用"的基本策略。尽管培根对科学界内部问题的处理占篇幅最大，鉴于前文已有分析，故而本节的关注重点将放在前两项上。

教会的反对理由当然首先来自圣经，培根举出三处常被用来反对科学研究的经文："创世记"中关于偷食知识之树果实事件的部分；所罗门的警告；圣保罗的告诫。此外，还有教会历来宣扬的科学研究将导致无神论或信心受损。

对以上四条，培根开列地巧妙，应答地更加巧妙。对于第一条，教会称过分追求知识就是"原罪"，培根则称，根据经文，过分追求辨别"善恶"的知识从而颠覆上帝戒律的权威才是"人类堕落的本质"，追求"关于自然与宇宙的纯粹知识"则无妨；对于后三条，培根则作了统一回复，其中培根对所罗门言行的使用十分关键，毕竟本撒冷的科学院就是用这位犹太王之名命名的。培根称，所罗门制定了一部历法，这是以人的智能发现自然事物普遍规律并使之有益于民生的重要例证。而人之所以能够做到这一点，是因为上帝将人的心灵造成了这样，它如同一面镜子，能够接受万事万物的影像并发掘其背后的原因。培根认为，所罗门暗示了"自然规律"的存在，而他说人类无法探知这些规律只不过表明这件事情并非轻而易举，所罗门并没有贬低人类认识能力的意思。只要有了"仁爱"（charity），并关心"人类的公益"（the good of men and mankind），知识越多，世间的善也就越多。"至于所罗门关于过多著述和阅读的弊端,以及知识带来烦忧,还有圣徒保罗关于我们不要被虚空的妄言扰乱心灵的警告,我认为人们应该仔细地玩味(let those places be rightly understood)。不错,它们确实极好地阐述了人类知识具有的确切限度和局限,并未有意加以缩小或压缩;不过它们并没有说,人类的心灵不可以领会万物的普遍性质。"①

培根认为重要而有益的限制有三:不可忘死;知识是为安逸而非相反;不可鲁莽地窥探上帝的秘密。第一个限制其实毫无意义,第二个在所罗门那里并无根据。第三个限制十分关键,教会的用意并不是窥测上帝秘密这件事本身,而是"上帝的秘密可以测知"这个观念对平信徒心灵之"纯洁"与信仰之坚定的危害。培根却将其做成一个纯粹的"技术"问题并宣称:"上帝支配万物运转,确实是靠第二动因……只有对哲学一知半解的人才可能会变成无神论者,继续深入钻研就会把他带回到宗教。"② 因为,从感官可察的现象出发,按照因果律不断回溯,则在可追溯的因果链之尽头必然要面对不可知的"神"的问题,培根引用了一句包含有罗马异教神名的诗句——"自然链条的最后节点必定是系在朱庇特座椅上的。"③ 最后,培根提醒人们一定要分清楚"两本大书"——作为上帝之言的《圣经》与上帝的造物。学习前者是要学习仁爱(charity),研究后者则是为了"应用"。④

这是标准的"自然神论"解决方案,更准确而形象的表述则是"科学家与神重分宇宙":科学家"允许"上帝永久保留其不可知的"神意",而"科学家"则可以自由探究因果链所能延伸到的任

---

① [英]弗朗西斯·培根:《学术的进展》,刘运同译,上海人民出版社 2007 年版,第 5 页。
② 同上书,第 6 页。
③ 同上书,第 7 页。
④ 同上。

何地方，并将上帝的意志"规定"为"仁爱"。这实际上也同时意味着在"人"的品类中将新增加一个特别的高端科属——"科学家"。他们将不仅从神那里划走整个自然界，而且还将领走所有跟随"神"的普通人们，因为自然神论将成为他们的新宗教。对于这种极简版本的"抽象"宗教而言，神只是一个影子或一个造物巨匠，它可以叫任何一个名字，也可以"有"任何内容的意志，甚至还可以"被允许"继续行"奇迹"，但是这丝毫不影响人们"认定"神满心所有的一定全是对此世之人的"慈爱"。这就是科学家"深入钻研"之后必然找到的"宗教"。这种"敬而远之"的办法对于"文艺复兴"肯定尘世生活的"初心"而言的确是近乎完美的落地办法了。但是，对尘世生活进行肯定并不值得讨论，需要认真讨论的是：应当肯定什么样的尘世生活。

正是在这个重大问题上，所罗门王以及培根对他的使用方式才更需要引起人们的特别注意。实际上，《传道书》所呈现的所罗门并不能支撑起培根的自然神论，这位以"智慧"著称的犹太王反而处处呈现出虚无与厌倦的非正常情绪。

所罗门所经历并感叹的世界是"二元"的，在其"彼岸"世界中并不存在"仁爱"，而只有严厉的"审判"，在此世则只有虚空的神的"赐福"，无论其中有多少喜乐、智慧与守义："已有的事，后必再有；已行的事，后必再行。日光之下，已无新事……已过的世代，无人纪念；将来的世代，后来的人也不纪念""神叫世人所经炼的是极重的劳苦。我见日光之下所做的一切事，都是虚空，都是捕风""我又专心察明智慧、狂妄和愚昧，乃知这也是捕风。因为多有智慧，就多有愁烦；加增知识的，就加赠忧伤""我又为自己积蓄金银和君王的财宝，并各省的财宝；又得唱歌的男女和世人所喜爱的物，并许多的妃嫔……我的智慧仍然存留。凡我眼

第二章 培根的技术世界

所求的，我没有留下不给他的；我心所乐的，我没有禁止不享受的……谁知都是虚空，都是捕风，在日光之下毫无益处""智慧人和愚昧人一样，永远无人纪念……可叹智慧人死亡，与愚昧人无异""我所以恨恶生命，因为在日光之下所行的事，我都以为烦恼，都是虚空，都是捕风……故此，我转想到我在日光之下所劳碌的一切工作，心便绝望""人莫强如吃喝，且在劳碌中享福，我看这也是出于神的手。论到吃用、享福，谁能胜过我呢？神喜悦谁，就给谁智慧、知识和喜乐，惟有罪人，神使他劳苦……这也是虚空，也是捕风"。——这似乎是所罗门王在领悟到"神意"之前的人生感悟，他的智慧、权势与幸运显然并未给他带来喜乐。

"凡事都有定期，天下万物都有定时……神造万物，各按其时成为美好，又将永生安置在世人心里。然而神从始至终的作为，人不能参透。我知道世人，莫强如终身喜乐行善，并且人人吃喝，在他一切劳碌中享福，这也是神的恩赐。我知道神一切所做的都必永存，无所增添，无所减少。神这样行，是要人在他面前存敬畏的心……我又见日光之下：在审判之处有奸恶，在公义之处也有奸恶。我心里说：'神必审判义人和恶人，因为在那里，各样事务，一切工作，都有定时'……'这乃为世人的缘故，是神要试验他们，使他们觉得自己不过像兽一样……人不能强于兽，都是虚空。都归一处，都是出于尘土，也都归于尘土'。"——有了"神意"的维度，所罗门王的问题得到解决或缓解了么？无论如何，总算是得到了一种"解释"，尽管这解释似乎并不足以令人重获喜悦。

"我又转念，见日光之下所行的一切欺压……我赞叹那早已死的死人，胜过那还活着的活人""贫穷而有智慧的少年人，胜过年老不肯纳谏的愚昧王……我见日光下之一切行动的活人，都随从那第二位……他所治理的众人，就是他的百姓，多得无数。在他后来的人,尚且不喜悦他。这真是虚空,也是捕风""你到神的殿前要谨慎脚步,因为近前听,胜过愚昧人献祭,他们本不知道所做的是恶"。——所罗门似乎开始重新"确信",由于神的偏爱,智慧还是远胜过愚昧的。

那么,有智慧的人的幸福人生又是什么样呢?"我所见为善为美的,就是人在神赐他一生的日子吃喝,享受日光之下劳碌得来的好处,因为这是他的份。神赐人资财丰富,使他能以吃用,能取自己的份,在他劳碌中喜乐,这乃是神的恩赐。他不多思念(He seldom reflects)自己一生的年日,因为神应他的心使他喜乐。"——以这样的人生为善为美,令人不得不对所罗门的心境产生不好的联想。难道有智慧的表现是尽量不要去反思人生,好好工作,然后被动地等待神用喜乐填满他的内心?相比之下,那些"积存资财""生一百个儿子""不知足"甚至"行义过分"与"过于自逞智慧"的人,都是愚昧而不幸的:"唯独智慧能保全智慧人的生命。这就是知识的益处……智慧使有智慧的人比城中十个官长更有能力。时常行善而不犯罪的义人,世上实在没有""世上有一件空虚的事,就是义人所遭遇的,反照恶人所行的……这也是虚空。我就称赞快乐……我将这一切事放在心上,详细考究,就知道义人和智慧人,并他们的作为都在神手中……人不能知道。凡临到众人的事都是一样:义人和恶人都遭遇一样的事……活着的人知道必死,死了的人毫无所知……智慧的未必得粮食,明哲的未必得资财,灵巧的未必得喜悦;所临到众人的,是在乎当时的机会……我见日光下有一样智慧据我看乃是广大。就是有一小城,其中的人数稀少,有大君王来攻击……城中有一个贫穷的智慧人,他用智慧救了那城,却没有人纪念那穷人……那贫穷人的智慧被人藐视,他的话也无人听从……有一件祸患,似乎出于掌权的错误:就是愚昧人立在高

第二章 培根的技术世界

位,富足人坐在低位……酒能使人快活,钱能叫万事应心。你不可咒诅君王,也不可心怀此念,在你卧房中也不可咒诅富户"。——这些愤世嫉俗的"箴言",倘若翻译成古典政治哲人的语言,其结果将是无比惊人的,因为说这些话的人,乃是一位君王。连君王都不敢鼓励、团结、使用并恩赏国中的正义力量以改善国家的情况,连君王都称为国操劳无人纪念终为虚空,家族兴旺子孙绵延终究不免一死从而这一切也都是捕风,检验智慧人的唯一标准便是观其能否自保,而自保最重要的就是不要引人注目,决不可得罪君王与富户……如果不是金钱与社会力量彻底扭曲了一国上下,还能有什么原因能让所罗门发出如此怨气冲天的厌世感慨呢?

在《传道书》的最后,"传道者说:'虚空的虚空,凡事都是虚空!'……著书多,没有穷尽;读书多,身体疲倦……总意就是敬畏神……因为人所做的事……神都必审问"[①]。这最后的落脚点,丝毫不能拔高所罗门的立意,"敬畏"与"必审问"只能更加凸显这位智慧之王的绝望与悲愤。

所以,培根是从哪里、又是怎样读出来所罗门王对自然神论以及科学事业的赞许的呢?哪里有对此世之人的"安逸"与"人类之善"的关怀呢?所罗门王对政治现实的批判又去了哪里呢?与这番痛苦愤世之言中所暗示的实际情况相对照,这位犹太王的智慧可还值得一提?培根的"解经学"可还值得信任?上帝完成创世之后,亚当被置于伊甸园中沉思默想是为了"运用智力尝试新事物"[②]?亚伯与该隐分别代表的是"沉思状态"与"行动状态"[③]?

[①] 以上引文皆来自《圣经·旧约·传道书》。
[②] [英] 弗朗西斯·培根:《学术的进展》,刘运同译,上海人民出版社2007年版,第32页。
[③] 同上。

现代道德话语的形成

圣经中关于辨别麻风病、日月星辰、好人坏人以及半好半坏之人以及奶饼凝结的内容体现的是当时人们对各类知识的掌握①?"约伯记"何曾强调其中所包含的"宇宙学知识"②?教会何曾要求灭绝一切技艺呢?培根难道不清楚"有没有"与"摆在什么位置"两个问题之间的差别?在天主教君主面前,岂可如此不按教法家法而随意解经?

政治的情况又是怎样呢?培根会在这个重要问题上减轻歪曲历史与逻辑的力度么?从纲纪混乱的本撒冷来看,没有这种可能。培根称,"政治"对"知识"的不公正的批评或担忧主要有:"软化人的心智","使人过分好奇或犹豫不决","过分专横和独断",总之,"毁损和扭曲了人的性情,使他们厌恶政府和政治",或者至少"把人的精力从战争和商业中转移开,引向了安逸和私利",以及"造成了国家的纪律松弛",等等。具体的代表人物则有古罗马的老伽图、诗人维吉尔以及控告苏格拉底的安尼图。③

我们可以看到,在面对"政治"时,培根毫不犹豫地将艺术、科学、哲学、怀疑论者卡尔奈德斯与古典政治哲学鼻祖苏格拉底强行"统战"到"知识"的大旗之下,并与"政治"对峙起来。这是没有道理的,老伽图建议驱赶怀疑论学派在罗马城不节制的传播并非没有道理,有良好政治意识的诗人维吉尔批评其他政治意识模糊的诗人也没有什么可奇怪的,苏格拉底也在《理想国》的对话中驱逐了那些惑乱人心的诗人与演出队,这些被反对的对象的缺陷与危害性都十分明显,它们的确能够导致前面所列的那些问题。因

---

① [英]弗朗西斯·培根:《学术的进展》,刘运同译,上海人民出版社 2007 年版,第 33—34 页。
② 同上书,第 33 页。
③ 同上书,第 7—8 页。

第二章 培根的技术世界

此，这些都是再正当与正常不过的现象，它们与反对"知识"甚或"蒙昧主义"完全没有任何关联。培根并不希望读者深入其中查考究竟，尤其是对"苏格拉底事件"。此事件可以有多种解释，但却唯独不能解释为"政治"对"知识"的严酷或傲慢。一方面，因为雅典的政情绝非良善，而无道之乱政并不能说明什么问题；另一方面，苏格拉底从不拒绝思考或参与"政治"，因此他绝不是死于"政治"之手，而是死于不懂政治、妒贤嫉能的荒政、政客以及暴民之手。这些都是培根要极力避免提及的。

培根对此的回应是：关于军事，"不论是对个人或是对一个时代，文治（learning）和武功（arms）都可以互相补充，相得益彰"，其"人证"有亚历山大大帝、独裁者恺撒、底比斯将军伊巴密浓达以及苏格拉底的学生色诺芬，"国证"则有埃及等等，在这些国家，"往往在军事强盛的时候也是学术最繁荣的时代，因此最伟大的作家、哲学家和最伟大的统帅、统治者往往生活在同一时代"；关于政府，"几乎找不出这样的例子，由博学的统治者掌管的政府会带来灾难"，尼禄统治的早期，由于学究塞内卡的实际统治而获得了人们的称赞，亚历山大·塞维鲁即位之初的数年甚至仅仅由于受过教育的妇人主政就能使国家强盛，两位"书生"罗马教皇庇护五世和赛克斯图五世完全不需要意大利式的所谓"治国方略"；关于人心会远离政府、归于安逸与退隐以及削弱法律和政府等"弱"指责，培根轻而易举就完成了反击。[①]

可以说，培根在这里使用的每一个例证都是经过精心挑选的，并且都有明显的对历史进行过度简化的痕迹。"知识"本身的复杂

---

① [英]弗朗西斯·培根：《学术的进展》，刘运同译，上海人民出版社2007年版，第9—12页。

》》 现代道德话语的形成

性已经决定了对它进行的任何辩护都必须以对其本身的区分为前提，因为谁都知道并非所有的"知识"都有利于家邦，也并非所有的传播知识的方式都一样有利于政风民俗。但是，培根却坚决将"知识"当作一个整体，而且不讨论其传播方面的问题，反将"政治"支离为"军事"与"政治统治"两部分，以便于单论军事则举亚历山大与恺撒等，而单论统治则举尼禄、戈尔迪安三世皇帝[①]和塞维鲁的"摄政"以及两个教皇。这样的做法本身就是不合理的，更何况培根还有对实例的使用技巧。他称亚历山大"精通"亚里士多德哲学，而恺撒之雄辩堪比西塞罗，但是，这与培根所主张的"自然科学"知识有什么关系呢？培根不是认为亚里士多德的哲学最是无用么？雄辩与知识是一回事么？这些"知识"与两人的军事能力或军事成就有多大关联呢？由于普鲁塔克所作"伊巴密浓达传"佚失不传，致使这位著名的忒拜将军的故事无人能够确知，培根又是从哪里知晓这位将军很有"知识"的呢？色诺芬的情况就更加复杂，这位其实应当厕身古典政治哲人之列的苏格拉底的高足，岂可降格为一个"也懂点儿哲学"的军事将领？尼禄早年的善政并非塞内卡一人之功，其母阿格里皮娜、元老帕拉斯、近卫军长官布鲁斯以及他们共同作出的与元老院重新合作的重要决定才是根本原因，在培根这里，如何就变成塞内卡一人之功了呢？亚历山大·塞维鲁情况与尼禄早年大有相似，只是这位皇帝年仅二十六岁便死于军人之手。戈尔迪安三世在位也仅仅六年时间，其中，"学究"米斯图主政不过三年，米斯图一死，其后继者阿拉伯的腓力立刻行了"大事"——弑主夺位。两位教皇俱是培根科学理想最恐怖的敌人，前者在清除异端方面毫不手软，专门增设机构查处禁书，并曾发动

---

① 即书中"小戈丁纳"，但是培根提供的史实有误，这位皇帝在位仅六年。［英］弗朗西斯·培根：《学术的进展》，刘运同译，上海人民出版社2007年版，第9页。

· 92 ·

一次东征，后者的主要政绩是改革主教制度，整顿教会重树权威，其中当然也有打击异端，两位教皇任期都不长，前者六年，后者五年。再一次的，培根以一连串不祥之人为例，其心难测。并且，在这些例证中，"知识"的作用远不如"思路"或"政见"来得重要而明晰。

最重要的是，老伽图们担心的是广大普通青年或普通士兵一旦爱上"学问"是否还能保证强大的战斗力，普通公民一旦染上怀疑的思考习惯是否还能为国家提供令人满意的服务，谁会反对军事将领努力学习并掌握有关战争的知识呢？同样，关于统治，老伽图们担心的也是民心，谁会担心国士知道太多有关治国的知识呢？

培根不只是掩盖了"什么人应当学习什么以及学到什么程度"这个问题，还试图混淆"知识"与"德性"。苏格拉底似乎有"德性即知识"之说，然而从《美诺篇》来看，苏格拉底与美诺的讨论显然不仅仅是关于"是抑或不是"的逻辑问题的，其中"什么是德性"与"什么是知识"才是更加重要的问题。退一万步讲，即便仅仅从形式逻辑上看，"德性即知识"也不能等同于"知识即德性"。知《论语》"吾必谓之学矣"之义，便能明了其中的根本差别。培根对柏拉图"哲人王"主张的"精心"处理集中体现了其歪曲圣训、淆乱视听的目的，他没有直接对"哲人王"的主张进行任何理论的论证，而是竟然摆出一副为其辩护的姿态，仿佛在向所有认为柏拉图此说有偏袒"哲人"之嫌疑的"人们"解释其中的"合理"之处，那就是：从历史上看，"一个国家由博学的国君和官员执政的时候往往是这个国家最好的时期。无论国君在情欲和习惯上如何有缺陷，如果他们接受学问的照耀，了解宗教、政治、道德的观念，就可以防止和限制他们犯下毁灭性的、无法补救的错

现代道德话语的形成

误和暴行"①。这里面最关键的偷换就是将"有德的国君和官员"换成了"博学的国君和官员",其中的荒谬可以从培根近乎迷恋的恺撒那里得到证明,这位一再被培根当作博学典范的军阀,在其影响下的罗马令爱国之士可忍一观?其次,史不绝书的失德昏主可有一个是由于丝毫没"听说"过基本道义法则、宗教戒律与政教法度之种种"观念"而致凶顽残暴的?同样道理,罗马帝国"五贤帝"——培根独称"六贤帝"——果真是贤在"博学"上么?他们的时代之所以"最幸福、最繁荣",其原因果真是由于他们"热心保护和促进学问发展"么?显然不是,例如涅尔瓦仅仅三年的统治,其基本纲要也只是恢复元老院之地位与功能,与民休息,同时紧握兵权巩固皇室以临天下,而培根则只抓住他写给其养子、大将军与下一任皇帝图拉真信中所引的一句诗而称其"博学",抓住塔西佗一句包含了"自由"的赞颂就称其奖掖学问。而关于图拉真这位获得元老院赠予的"最佳第一公民"称号的皇帝,从未有记载称其建立许多图书馆等行迹,这位皇帝被人称颂的仍然还是因恢复元老院之地位、对外扩张、与民休息、扶助贫弱以及修建浴场桥梁广场等公共设施……培根为达目的竟然不惜杜撰历史,然而这样不光彩的做法并不能改变历史的真相。关于这个"黄金时代",我们需要特别注意一下这个事实:这个时代最著名的文化人物小普林尼、普鲁塔克与塔西佗,他们最重要的学习和成长阶段都是在此前的暴政时代度过的,而这个所谓的文化繁荣时期仅造就了一位史家卡西乌斯·迪奥(Cassius Dio),此人的名望远在前几位之下,并且,所有这些"学问家"都不是哲学家,唯一有"哲学家"之名的竟是这个时代的"末代皇帝"马可·奥勒留。关于这位哲人皇帝,我

———

① [英] 弗朗西斯·培根:《学术的进展》,刘运同译,上海人民出版社 2007 年版,第 37 页。

· 94 ·

第二章 培根的技术世界

们不得不说，忧郁感伤色彩浓厚的斯多亚学派哲学与皇帝之尊位并不相符①，而康茂德的继位也令人无法不对其智慧产生怀疑。实际上，与其他的著名时代相比，在任何方面，这个时代都没有可矜夸之处。最后，需要特别提请注意的是，培根的这番杜撰极有可能是对马基雅维里历史"创造"的一次模仿或呼应，在他之前从未有人称"五贤帝"时代是一个"人人皆能遵从个人的愿望，坚持和捍卫自己的观点"的"黄金时代"。②

种种诡谲手法，俯拾皆是，无须再复赘言。其目的都毫无例外地指向了《新大西岛》中若隐若现的"本撒冷体制"，这一体制需要一个秉持自然神论基本教义的"基督教"教会、一个主要处理日常行政事务并对科学充满"信任"的"政府"以及一个"独立"的"科学院"。这个体制的特别之处，乃在于它敢于将人类的第三种亦即征服宇宙的"野心"付诸实施。培根机关重重的"营销"工作尽管没有打动詹姆士一世，然而却几乎赢得了后世所有人的认可与赞誉，在其强大的修辞力量作用下，人们几乎都将"科技"看作了"真理的事业"与"人类的福音"，而没有人能够及时地指出

---

① "在人的生活中，时间是瞬息即逝的一个点，实体处在流动之中，知觉是迟钝的，整个身体的结构容易分解，灵魂是一涡流，命运之谜不可解，名声并非根据明智的判断。一言以蔽之，属于身体的一切只是一道激流，属于灵魂的只是一个梦幻，生命是一场战争，一个过客的旅居，身后的名声也迅速落入忘川。那么一个人靠什么指引呢？唯有哲学。而这就在于使一个人心中的神不受摧残，不受伤害，免于痛苦和快乐，不做无目的事情，而且毫不虚伪和欺瞒，并不感到需要别人做或不做任何事情。此外，接受所有对他发生的事情，所有分配给他的份额，不管它们是什么，就好像它们是从那儿，从他自己所来的地方来的；最后，以一种欢乐的心情等待死亡……死是合乎本性的，而合乎本性的东西都不是恶。"——一切皆为虚空，而哲学不过宇宙间唯一之避难所，其功能不过是让人被动地"理解"并"接受"这一切。这绝不是"哲人王"的哲学。[罗马帝国] 马可·奥勒留：《沉思录》，何怀宏译，中央编译出版社 2008 年版，第 21—22 页。

② [英] 弗朗西斯·培根：《学术的进展》，刘运同译，上海人民出版社 2007 年版，第 38—39 页；[意] 尼科洛·马基雅维里：《李维史论》，冯克利译，上海人民出版社 2005 年版，第 76 页。

其逻辑与修辞"罗网"的根本疏漏。人们很容易被"真理"所感动，而竟至于忘记了，培根甚至从未隐瞒过"野心"与"权力欲"。

那么，除了第三种野心之外，"本撒冷体制"又将如何对待人类的前两种野心呢？

四　小结

心中不念道德仁义、天下苍生与千秋万代的野心家们的世界，从来就是一个不进则退的残酷世界，其中有两个基本的魔鬼逻辑：首先，汝若不想争取更多，则已有的也将失去；其次，而无论汝已得到多少，最终仍将失去全部所有。马基雅维里从未想过应当如何废除这两条恶法，反而劝世人不要计较最终结果，也不要担心身后之事，既然一切终将归于虚无，那就只管全副武装地全情投入到这场无休无止的先夺一国再夺他国的"事业"中去。然而，培根"创造"出的"第三种野心"却使得马基雅维里世界的物理学逻辑发生了革命性的变化。本来这个占据了史书绝大部分篇幅的战国游戏早已面目可憎而令人深恶痛绝，但是随着征服宇宙自然的野心的出现，情况却发生了天翻地覆的变化。这个全新的野心凭着其雅致、贵气与蓬勃向上的正面形象以及"真理"与"人类之善"等正当的名义而在人们心中注入了改天换地的巨大希望。它让人们相信，这种野心的"事业"是神圣的，为了它的成功，如果也不得不完成前两种旧野心的丑恶工作，那么也完全是可以允许的，为了进步与美好的未来，为了拯救与应许的福地，这些牺牲都是可以接受的。在培根技术逻辑与机制的"加持"之下，马基雅维里的事业不仅在道德面貌上焕然一新，还在手段方面获得了前所未有的利器。

而真正正当的古典式的德政理想则陷入了更加寂寥的境地。

"知识就是权力"是三种野心的一以贯之之"道",一旦机制粗备、力量积聚粗成,这台庞大的战争机器就会被"必然性"启动,它只还需要一个合适的战争借口。根据西方的历史经验,"圣战"恐怕是最完美的"理由"了。而培根恰好认真思考过关于宗教战争的几乎所有问题,未完成的《宣告一场圣战》中六位对话者的讨论看上是由土耳其的战争威胁而引发的一次具体而应景的会议,然而其中狂热的天主教徒西庇太乌斯讲述的混合了自然法、万民法以及基督教唯一正教论的全面而体系化的战争理由却使得战争对象"土耳其"早已变成了一个抽象名词,它可以替换成任何其他国家的名称。培根自然神论版本的基督教与这种新型帝国主义从任何角度看都堪称绝配。

第三章 霍布斯的政治科学

霍布斯对现代政治话语进行了主题明确的系统改造，并据此自诩为未来政治科学的创始人。就其实际影响而言，这样的自信看来不无道理，因为尽管其政治主张并未赢得历史的青睐，然而其对于后世的具体政治理论范式与概念体系却产生了几乎是决定性的影响。其中，个人主义、契约论、主权论、现代自然法、自然权利以及机械唯物论等概念或范式被广泛认为是霍布斯理论遗产清单中的重中之重。这些要素构成了现代政治意识形态的重要支柱，尽管霍布斯并不是自由主义者，但是自由主义却几乎完全由上述这些概念搭建而成，而与自由主义纠缠不清的保守主义、与自由主义针锋相对的社会主义、渴望更彻底的自由的无政府主义以及主张另外50％的人类平等权利的女权主义等等，也都未能跳出霍布斯的基本话语框架。这也许是一个令霍布斯始料未及的尴尬结果：他的概念体系与话语模式与其政治结论之间几乎失去了关联性。

"手里扔出去的石头，变成了魔鬼的石头。"——这早已不是人类历史上的第一次，非但如此，它还成为了后来西方现代文学批评与解释学的重要"始点"。对于中国而言，这个意蕴深远的现象应当引起学者乃至思想者更深更重的戒慎恐惧。霍布斯对于根本理论策略的选择导致了某种由来已久的思路——其信徒的长名单中包括了马基雅维里与培根等重要的姓名——获得了更加"科学"的形态并产生了更加深远的影响。

一 两可的主权论

霍布斯的政治主张仍是我们此番考察的起点。霍布斯曾被广泛认为是保王党分子，1640年，查理一世与国会之间由于税收问题而引发"内战"，战争期间，霍布斯因发表支持王权的言论而引起议会派强烈不满，惧而出奔巴黎。流亡十余年后在巴黎写成《利维坦》，然而却遭到查理二世以及众多保王党人士的一致反对，霍布斯再惧而奔伦敦，归顺护国公克伦威尔，获邀出任行政长官。霍布斯婉辞不受，复辟时期再遭谴责，再惧而焚烧书稿，最终在查理二世保护之下得以全身。

如果以某种传统的标准来衡量，则霍布斯显然并非堪与论"名节"的"士人"，以此而遭到怀疑与嫌弃也在情理之中。然而霍布斯尽管与"忠义"二字无缘——英国历史上本也难寻相关典范、更无相关理论探讨——却并非言行不一之人，因为霍布斯从来就没有表达过独尊君主之义。

霍布斯契约论的主要逻辑是，为了逃脱作为战争状态的自然状态中横死的威胁，所有人立约将全部自然权利一次性、永久性地委托给唯一的一个主权者，主权者通过其所立的法律保护所有立约者的生命以及幸福。就此而论，"主权者"的地位看上去的确是被提到了"绝世之贵"的程度，并且是以"法"而不是以"道德"的方式，这似乎都"超越"了汉儒"王者一爵"的规定。再加上霍布斯诸般看上去十足"极端"的言论，比如"唯有主权者能充当

现代道德话语的形成

立法者"以及主权者"不服从国法"等等,霍布斯对于政治权威之根本重要性的强调看上去已经到了无以复加的境地。然而,所有这些对于"主权者"近乎谀辞的崇奉之语却并非专为君主而设,因为霍布斯在几乎所有的"主权者"一词之后都加上了"无论是个人还是会议"。这样一个规定中出现的两类主体,恰恰就是霍布斯亲眼目睹并为之愕然的国乱中开战的双方。霍布斯恰恰在这个关键问题上采取了两可的态度,此举使得其全部的政治主张与论证都蒙上了吊诡的气氛。

霍布斯影响最大的主张当然是其有关国家的学说。根据这种新奇的学说,人由于其天然的特性,除了信约(covenant)之外,就唯有共同权力(a common power)能够巩固人们为了和平而达成的协议(agreement)了。于是,"如果要建立这样一种能抵御外来侵略和制止相互侵害的共同权力,以便保障大家能够通过自己的辛劳和土地的丰产为生并生活得很满意,那就只有一条道路——把大家所有的权力(power)和力量(strength)付托给某一个人或一个能通过多数的意见把大家的意志化为一个意志的多人组成的集体"①。这个人造的"统一人格"就是国家(Commonwealth)、城邦(*Civitas*)或大利维坦(great Leviathan,大海怪)。而就其同样也具有的"神格"而言,它是"不朽大神"(immortal God)之下的"有朽小神"(mortal god)——前者是人间和平与保卫(peace and defense)之所系,而后者却与前者没有关联,因为这个作为"小神"的国家是"根据国家中每一个人(every particular man)授权"才获得行使职能的资格的。

这一段话呈现的是霍布斯政治理论的核心逻辑。从中我们可以

---

① [英]托马斯·霍布斯:《利维坦》,黎思复、黎廷弼译,商务印书馆1985年版,第131页。

看到，霍布斯通过"统一人格"这一抽象概念完成了对一个有边界的政治共同体的理论建构。但是，这一建构的思想基础中既没有任何与人与人之间纷繁复杂的伦类之别密切相关的内容，也没有与外部其他类似共同体之间正当关系相关的内容。总而言之，霍布斯的"共同财富"（Commonwealth）内外两方面都缺少构建"人类文明"的重要维度或要素。我们也可以看到，在关于这个抽象人格的现实化问题上，"某一个人"或"一个集体"均可以成为这一抽象"统一人格"的"身体"，这一"安排"非但使得斯图亚特王室以及任何王室失去了对于主权的垄断地位，还使得主权本身从根本上失去了稳定性，利维坦所许诺的"和平与保卫"也终成泡影——这样的所谓主权并不能止息非分之想，一则不能止息王室与议会之间的争斗，二则议会内部并不存在平息争斗的有效逻辑或机制，永远处于"自然状态"中的种种势力反而更有了一个合法的庇护。

霍布斯并非不明了这些问题，否则他也没有必要对个人主权与集体主权进行一番比较。这番比较十分微妙。比较的对象本有三个，即君主制、贵族制和民主制，但是霍布斯以"代表"（representative）数量的名义将三者变成了两方，即主权者为一人的与多于一人的。

霍布斯认为"一人代表制"或君主制在六个方面胜过"集体代表制"：第一，"公私利益结合得最紧密的地方，公共利益所得到的推进也最大。在君主国家中，私人利益和公共利益是一回事。君主的财富、权力和尊荣（honor）只可能来自人民的财富、权力和荣誉（reputation）……然而在民主政体（democracy）或贵族政体（aristocracy）中，公众的繁荣对于贪污腐化或具有野心者的私人幸运说来，所能给予的东西往往不如奸诈的建议（a perfidious advice）、欺骗的行为（a treacherous action）或内战（a civil war）

给予的那样多。"[1] 这是至为关键的一点，对于君主而言，国家之衰败即为家道之衰败，反之亦然，乱臣贼子祸国殃民即为侵害君主私产，君主对于守土保民天然责无旁贷，君主于此无所用心甚至侵夺民财即是自败家门或将身家性命交付敌手。君主制的这个结构性的优势完全足以让霍布斯断言"君主制外无政体"，而实际上霍布斯提及的内战已然宣告了集体主权制的先天不足甚或彻底失败；第二条、第三条以及第四条呈现的是君主制在技术上的优势，其中包括君主制在听取意见上的便利、更少的自相矛盾以及对于嫉妒与私利的免疫——这最后一条实际上又是对第一条的补充或重复，并且在这一条中霍布斯再一次提到了"内战"[2]。

第五条与第六条则从反面论证了君主制即便也有弊端（inconvenience，亦可直译"不便"），那也会轻于集体代表制。这两个弊端是：一、可能出现暴君，二、可能出现暗弱昏主。前者会剥夺臣民财产"用以养肥君主的宠臣或谄佞人物"，而后者"运用权力便必须假手另一个人或多人组成的会议，这种人作为他的人格与权力的监护人和管理人，根据他的权利（right）并以他的名义治理朝政"。这两种情形皆为史不绝书的初级常识，但是霍布斯明确指出，这两个"不便"绝非为君主制所独有，也绝非于君主国为害最烈。集体主权者亦即议会"也具有同样的权力；同时正像君王听信谄佞一样，他们也会听信游说家的坏主意并受他们的引诱；他们还可能互相奉承，狼狈为奸，以各遂其贪欲与野心之愿"。另外，从数量上讲，君主的幸臣及其从属远少于议会的"嬖人"（favorites）。最后，君主的嬖幸未必不能有些许正面贡献，议会这边则"虽则有极

---

[1] ［英］托马斯·霍布斯：《利维坦》，黎思复、黎廷弼译，商务印书馆1985年版，第144页。

[2] 同上书，第145页。

大的权力来进行伤害,但却没什么权力来援救别人",原因是:"根据人类的本性说来,攻击别人比为别人辩护所需要的口才更少,而指控则比解脱更类似于正义行为。"① 这条颇具愤世意味的理由实际上显示出了霍布斯对于"无君"社会的深刻忧惧,无君则实无权威,人各行其是、各谋其利,即便多有联合,所为仍不过营私。某种意义上,霍布斯的这种忧惧与古典哲人有关最佳政体必须是王制的教导之间具有某种相通之处。

关于第二个"不便"的讨论占据了数倍于前的篇幅,因为这里涉及的是古今中外任何共同体之命运的、同时又几乎是无解的根本问题——主权的承续问题。根据截至霍布斯所处时代的人类历史经验,这一问题对于君主制而言特为难解——其中君主制占据了绝大部分的时间与空间因而令人印象深刻。

但是,霍布斯对此的看法却是:首先,这一不便并非产生于主权本身;其次,它也并非产生于君主制。

前一条重要性有限,并且霍布斯的表述有词不达意之嫌——"如果说将主权交给某一人或多人组成的会议运用的做法有流弊,那便等于说,一切政府比之混乱局面和内战都流弊更大。"论主的意思实际上是想要指出,无政府绝不是可考虑的选项,因为它直接就可以等同于战争状态,所以,正确的表达应当是,尽管有些许不便,主权本身从本性上讲仍然永远是不可或缺的善源。

后一条才是霍布斯论证的重点所在,霍布斯首先以世袭君主制中仅有的两种可能情形为例指出,无论在任君主是明确同意采取习惯办法为幼主指定监护人,还是完全没有做任何安排,受到考验并需要承担责任的都不是君主,而是相关臣子对自己义务的知识和对

---

① [英]托马斯·霍布斯:《利维坦》,黎思复、黎廷弼译,商务印书馆1985年版,第145—146页。

自身野心的克制，无论其为王亲、外戚还是权臣。对于君主制是这样，对于议会主权制也是如此。作为议会制必要条件之一的"多数决"制度并不是一个理想的制度，因为"多数"只是一个数量原则或形式原则，它与理性原则或实质原则尽管并不总是水火不容，但毕竟性质完全不同。因此，主权议会只能在"非重大问题"上仰仗"多数"，正如幼主依赖母后、摄政王等一样，而一旦遇到危机，则主权议会必然要将主权暂托一位"临时的君主"方可渡过难关，此种情形又与幼主相同。一旦所托非人——不合格的所谓"多数"或野心勃勃的"临时君主"——整个国家立刻就会回到战争状态。也就是说，在霍布斯眼中，集体主权制一则不能止熄觊觎之心，二则不能胜任日常事务，三则无力应对危局，简直就是一无是处。

那么，在权力交接的问题上，集体主权制情况又如何呢？它似乎远胜过个人主权制，然而似又未必。

在进行比较之前，霍布斯再次重申其关于三种政体或三种主权制度的理论前提，目的是要廓清概念、排除干扰。而可能引起淆乱的情况主要来自所谓的"选任的国王""权力有限的国王"以及罗马帝国时代派到外省的总督（president）。霍布斯指出，这些例子并不能推翻他以不可分割、不受限制的"主权"为视角的精确分类法，因为选任的与权力有限的国王都不是真正的"一人主权者"，因此根本不是君主，而罗马总督——例如派到中东统治犹太人、并留下了"看哪这人"这句名言的彼拉多——统治的地方也不能因为总督来自罗马共和国就被认为是采行了任何非君主制的政体。我们可以看到，霍布斯并不认可任何"混淆"三种主权制度的政体学说，包括所谓的罗马"混合政体"之说。

清除干扰之后，霍布斯承认主权继承问题是君主制的"专属问题"，因为集体主权制度很难出现突然间所有的贵族或议员同时需要更替的情形。需要注意的是，这里讲的情况并不是"法理"或理论上的问题，而是实际中出现"主权无主"情况的概率，这种情形对于霍布斯而言就直接等同于战争状态。因为，"在任何完整（perfect）的政府形式中，继承问题的规定都由现任的主权者掌管"，而无论哪种主权制度都必然以杜绝自然状态为底线，所以都必然"自有法度"以防出现权力真空——这被霍布斯理解为"人造的永生"（artificial eternity）。集体主权者的更替是分批分次进行的，因此作为一个集合的生命体，民主制与贵族制几乎是不可能遭遇集体死亡的，因此不存在继承问题。而一人主权制则由于人类天然的局限而不免在权力交接之际使一国上下面临危险。霍布斯认为，对于君主制而言，最好的办法是由在任君主提前以明确方式指定继位者，其次则是根据某种"充分的默认"（tacit signs sufficient），主要是一国上下都认可的"习惯"，无论以子、以女还是以兄弟为先。

两个办法中的后者看上去只是前者的补救措施，但是，以欧洲有限的历史经验而言，习惯的力量实际上远大于在任君主的意志。于是，霍布斯的"主权原则"在这里遇到了一个无法克服的困难："习惯"的执行者是谁？执行"习惯"难道不意味着"择立"君主么？难道由于这个原因，该君主国就不是真正的君主国了么？这些问题霍布斯都无法回答。

他同样无法回答的问题还有很多，比如，何以在"既无遗嘱又无习惯"的地方，人们"应当认为"君主应当意愿保留君主制并意愿自己的子女或兄弟继任？这难道不正说明"人们"渴望安定平稳过渡的意愿远强于任何主权者的意志么？

前文所列君主制胜过集体主权制的种种优势，终于在"永生"

的问题上彻底归于崩塌，正如集体主权制在私利与公益之间的矛盾冲突问题上已经归于崩塌一样——所有形式的主权制竟然都各有致命缺陷。在这些缺陷面前，所谓难为后世论者所容的绝对主权论早已只是一具空壳。

二 被误解的"权力"

这让人们不得不重新回到霍布斯对主权"身世"的"想象"本身——"授权"的构思看来并不成功，一则所授有限，仅为自然法之"执行权"；二则目的过低，仅为和平以及多多益善的福利。由此两限，则所谓"主权"名为至尊，实则不然，在生死面前它瞬间就变得毫无威严，它由此而在一切利益面前也是一样变得无效：它只不过是另一种可能致死的力量而已。死刑犯可竭尽所能逃死而不为过，士兵临阵逃脱亦无可责之处。推而广之，则为了一己之私无论做出什么样的选择，在法理上都是可以辩护的，在身家性命、荣华富贵面前，君主、国家、国民、亲友，皆在可沽之列。无论何等伤天害理的乱臣贼子，对于霍布斯的利维坦而言，都至多是其身虽可杀，而其心不可诛，因为利维坦的法禁虽严，其理却不固。霍布斯本人对那些不忠臣子的怒斥也由此变成了色厉内荏的可笑表演。

霍布斯亲手建造了一座看似无比辉煌耀目的主权大厦，然而却在其基础上留下了一道致命的裂缝，它最终导致的正是主权本身在法理上的完全崩溃。

这个结果是霍布斯有意为之，还是出乎其意表呢？

我们不妨先从利害分析开始——这也是所有案情分析标准的第一步。谁将由于这样的理论而获得最大的政治利益呢？斯图亚特王室貌似得到了极大的尊崇,然而却被剥夺了对于主权的垄断地位,实为最大的受害者;克伦威尔确有受益,然而益处有限,因为克氏乃是行非常之事而获非常之位的"强人",其所深苦者在于其政治地位的模糊与不稳固,而霍布斯的理论并不能为其提供一个明确的说法;除克伦威尔之外的共和派或议会派收益巨大,因为他们得到的是对于主权的合法主张地位,就此而论,称霍布斯为"代表英国资产阶级与新贵族利益的思想家"并无不当,只是这个称号并不能充分展示霍布斯著述与行迹的负面影响;对于霍布斯本人以及诸多与之类似的保王党的"自我保存"而言,《利维坦》专门为之进行了并不光彩的辩护,一方面是试图为其免去罪责,另一方面则同时要为其免去良心上的负担——面对已经大获全胜的敌人摆在面前等待签字的"效忠书",那些荣誉感与求生欲兼有的保王党人心中矛盾重重。[①]

这个涉及立说者本人切身利益的辩护中最明显的不光彩之处,正在于《利维坦》最后"综述与结论"中抛出的关于"征服"的诡辩。

霍布斯称:"当一个人有自由服从征服者时……这个时候就是他成为征服者的臣民的时候……一个人对自己原来的主权者所承担的义务如果只不过是一个普通臣民的义务的话,那么对于他说来,有自由服从的时候就是他的生命处于敌人看守和防卫范围以内的时候。因为这时他已经不再得到原有主权者的保护,而只凭自己的贡献受到敌人的保护……但一个人如果除开臣民的义务以外还承担了一种新的士兵的义务,那么当原有权力当局还在继续战斗并在其军队或守备队中发给给养时,他就没有臣服于一个新的权力当局的自

---

① [美]A. P. 马尔蒂尼(A. P. Martini):《霍布斯》,王军伟译,华夏出版社2015年版,第16页。

由，因为在这种情况之下，他不能埋怨说，没有得到保护和没有得到当兵的生计。不过，当这一些也失去了的时候，一个士兵便也可以向他感到最有希望的方面去求得保护，并可以合法地臣服于他的新主人。以上所说的问题是：如果他愿意的话，他在什么时候都可以合法地这样做。"①

我们可以看到，霍布斯仅将"臣民"分成了几乎无法再简单的两类——普通臣民与士兵——而不是按照常理，将一国上下分为贵族、外戚、重臣、普通臣子与士农工商等类别，并分别确定不同类别臣民对于王权的责任。一般而言，农、工、商等非政治等级是无法苛求也不应苛求的，甚至对于低级官吏也无法严格要求"主辱臣死"。但是，对于宗亲王公等天然就对藩屏王室、拱卫京师责无旁贷的特权阶层而言，议法者无论如何也不应当"赋予"其臣服于"征服者"的"自由"。否则霍布斯何来的理由斥责那些不遵循前主权者生前遗嘱拥立新主的，并非士兵的那些臣民们的"野心与不义"②呢——死去的主权者已经不再能提供任何保护，而能否即位尚在两可之间的"新"主权者也同样无此能力？我们可以看到，"保护"与"服从"之间这种简单交换关系的单薄与不足为训。

霍布斯对"被征服"的重新定义更加重了这一辩解的诡辩性质——"征服并不就是胜利，而是根据胜利对一个人取得一种权利……一个人如果在允诺服从后由人家准许他获得了生命和自由，

---

① ［英］托马斯·霍布斯：《利维坦》，黎思复、黎廷弼译，商务印书馆1985年版，第569—570页。此段文字与第二十九章"论国家致弱或解体的因素"最后一段遥相呼应，且为《法律要义：自然法与民约法》与《论公民》两书所无。参见［英］托马斯·霍布斯《法律要义：自然法与民约法》，张书友译，中国法制出版社2010年版，第二十七章；［英］托马斯·霍布斯《论公民》，应星、冯克利译，贵州人民出版社2003年版，第十二章；《利维坦》，第260页。

② ［英］托马斯·霍布斯：《利维坦》，黎思复、黎廷弼译，商务印书馆1985年版，第146页。

那么他在这时便是被征服而成了一个臣民……这种允诺可以是明确表示的，也可以是默许的……如果一人的祖国被征服时他在外面，他便没有被征服，也不是臣民。但如果他回国时臣服于这个政府，他就必须服从这个政府。"①

作为一种现象，"征服"在欧洲历史上远不是什么超出常识理解范围的难解之事，某种意义上，"征服"几乎就是古典时代结束之后西方文明史的最高主题——其他文明从未有赞颂"征服者"的习俗——亚历山大大帝被树立为"征服者"的最高典范，罗马几乎完全以征服为生命线，英国文明史的开端便是由"征服者"威廉开启……但是，对于正常的理解而言，"征服"的主体从来都必须是外来者，而霍布斯却惊人地宣称"内战至今还没有充分地使人们认识到，在什么时候臣民对征服者负有义务"云云②——霍布斯竟然将"犯上作乱者"与"外来侵略者"混为一谈。更不可思议的是，书中竟然赤裸裸地为包括了霍布斯本人在内的那些流亡在外的英格兰人特别"量身"造作了"未被征服"并可以签字效忠新政府的说辞。难道仅仅由于"不在国内"，就可以与本国、与主权者无关了么？即便按照霍布斯本人"保护—服从"说，人在国外就不受到本国政府的任何保护了么？

由此可见，霍布斯非但不足与言"秉公持义"，就连基本的"知性真诚"都成了问题。若不是夹在新政府与保王党之间汲汲于苟免，何至荒唐如此？

霍布斯与保王党的切身利益不难理解，但是新兴"资产阶级"又是如何受益的呢？这个问题显然复杂得多，也重要得多。在谈到

---

① ［英］托马斯·霍布斯：《利维坦》，黎思复、黎廷弼译，商务印书馆1985年版，第570—571页。
② 同上书，第569页。

君主制在继承问题上的"不便"时，霍布斯指出了两个重要的因素——"遗嘱与习惯"。前者是其"绝对主权"论的自然延伸，而后者则是前者在非常情境之下的补充。两者的确都是为了个人主权制"人为的永生"而设的机制，但是，霍布斯似乎忘记了更加重要的一系列要素，比如在任君主与核心要员之间关系的融洽，包括教育、历练、选拔等内容在内的成熟的储君制度，王室对兵、粮、财、地等核心资源的掌控，知识文化阶层对现行体制的支持，等等。一旦缺少了这些要素，措辞再严厉的遗嘱或时间再久远的习惯也都将毫无作用。霍布斯既不曾将这些基本常识作为立论的基础，也不曾在利维坦的构建中将其作为立法的目标，反而全向"约定"上着力，难道霍布斯不知道，对于王权而言，失去了"实力"的基础，一切必成空谈么？这些在内战中取得成功的"征服者"所依靠的难道是"纯粹"的意志么？霍布斯当然不是如此的纯良书生。

所有的这些实力要素还具有一个不可忽视的特点，即倘若它们不为王权所有，便为贵族所有，而如若再不为贵族所有，则必为"新贵"所有。在英格兰，"新贵"正是所谓的新兴资产阶级——由此又可引出许多重大的历史社会学议题，例如，为何在英格兰经济实力能够转化为政治地位，而在其他君主制国家如当时的法国却不行？然而本书限于主题，不宜展开，仅需指出，对于从英格兰首度爆发的这场影响最为深远的革命而言，有一近一远两件史实需要特别关注：近者为都铎王朝亨利七世国王获称"商人的国王"；远者则是13世纪令英格兰王室蒙尘受辱的《男爵法案》《牛津条例》与"模范议会"，它们似乎早已为这场革命埋下了种子。

因此，霍布斯所面对的实际上是一个早已难与言治的政治局面，霍布斯本人无论在德行、见识、人望还是经验上也显然无法与轴心文明之缔造者相提并论，因而也不可能成为匡扶国运之人。尽

第三章　霍布斯的政治科学

管我们并无必要据此而认定霍布斯的全部理论都是低级矫作，但是我们同样不能对其降低要求，毕竟"文章千古事"，而求全保身也远不是霍布斯的全部追求。从其最终取得的历史影响看，为后世学人"立教垂范"才是其最高目标，这是一种文化上或思想上的追求，同时也是当时欧洲布衣文士赢得"永生"的唯一门径。

由霍布斯曾经的领导培根为之加持了巨大力量的"科学"话语在整个欧洲范围内营造出了一种特别的"自由"气氛，因为它可以使科学的追求者不必遵从于任何传统与任何权威，也不必在政治上向任何权力宣示效忠。这样一种超越于人间之事的地位与曾经的"第一等级"亦即教士极为相似，只是教士所尊奉的神早已被换成了看上去完全理性主义的"真"或"知识"。

霍布斯当然不会拒绝这样神奇的一袭法衣。

只是，即便是这件外衣，也无法遮挡霍布斯对政治事物之理解与表达方式的粗粝与蛮横。

以霍布斯对权力（power）的解说为例——权力永远都是观察政治社会生活的最佳着眼点之一。霍布斯将权力分为"个人的权力"与"集体人格的权力"——与苏格拉底先谈"大字"的做法相反，霍布斯先分析"小字"。对于"一人之权"（the power of a man），霍布斯称其"普遍讲来就是一个人取得某种未来具体利益（future apparent good：亦可译为'未来的显而易见的好处'）的现有手段。"[①] 这样的定义具有十足马基雅维利式的"现实"主义以及培根式的"中立"或"科学"的样貌。但是，如此重要的定义中竟然有两个似大有可玩的疏漏：一是权力竟然只是为了"显而易见"的利益，而非"真正"之善；二则"未来"所指亦不知是多

---

① ［英］托马斯·霍布斯：《利维坦》，黎思复、黎廷弼译，商务印书馆1985年版，第62页。

远的未来,然而,一年半载、三年五载、三五十年以及千秋万代之间,差别甚巨。

因此,这样的理论策略一经开始就注定要陷入"无道"的困境。对于个人的权势,既然不谈"道义",霍布斯就别无选择,只能站在"法权主体"的立场将人类社会生活中一切具备特定意义与功能的要素分为两类:"原始的"(originall)与"获得的"(instrumentall)。前者在个人主体之身,后者则是为其所有的外在资源;而对于集体人格的权势,霍布斯则称:"人类权势中最大的,是大多数人根据自愿同意的原则联合起来,把自身的权势总和在一个自然人或社会法人(one person, natural or civil)身上的权势。"① 也就是说,"主权者"的权势最大,因为它权势的来源是"大多数人"各类"个人权势"的总和,也就是说,要谈论"权势",归根结底还是要从"个人"谈起。并且,霍布斯要求所有人交出的,不是权利(right),而是实实在在的权力(power)!

霍布斯开列的这份个人权势来源列表并非没有包含对于政治事物、国朝掌故以及当前局势的细致观察与深入思考,然而,由于对"权势"或"争斗"措意过于急切而未能明辨大端,致使其观察思考所及的许多重要现象以及其中包含的重要机缘均遭白白丢弃。

霍布斯的"原始"权源亦即"身心官能的优越性"包括:"膂力、仪容(form)、慎虑(prudence)、技艺(arts)、口才(eloquence)、慷慨大度(liberality)和高贵的出身(nobility)等等"②。我们可以看到,除了膂力之外,其余六项均以已然成熟的文明社会生活为前提;所谓"获得的"权源则包括:"财富、名誉、朋友以

---

① [英]托马斯·霍布斯:《利维坦》,黎思复、黎廷弼译,商务印书馆1985年版,第62—63页。
② 同上书,第62页。

及上帝暗中的神助（即人们所谓的好运）等"。与前一类相似，除了神助（the secret working of God）之外，前三项也都来自社会生活，也就是已经有了"主权者"的共同体生活。这里体现了霍布斯对于纯由法权话语建立起来的"主权者"的不信任，因为这些要素都是争斗之具，而主权者或利维坦国家的出现并不能真正结束战争，就连从理论上终结都做不到。这个根本的不信任与霍布斯"有朽小神"（mortal god）的定位是完全一致的——既然"利维坦"随时可灭亡，则自然状态或战争状态随时可恢复。既然如此，则战争状态才是常态，而利维坦的状态（state）实则并不稳固。所以，一个永远危机四伏的政治社会才是霍布斯全部理论分析的出发点与落脚点。

霍布斯对各种权力来源及其组合配伍的分析正是从"党争"这一顽疾开始的。霍布斯指出，"总和"起来的权力"有时是根据自己的意志运用全体的权势……有时则是根据各分子的意志运用，如党派或不同党派联盟就是这样"①。这看上去似乎是对"一人主权"与"议会主权"的分类讨论，然而，以英格兰长期以来的内政格局以及当前已经发展到内战乱局的背景，这样的讨论早已无法视为分别而言了。君主与反对君主的党派都在全力争夺资源，因此，无论是"仆人"还是"朋友"，对于双方而言都是力量（power）——只是，作为"力量"的"朋友"，早已不是朋友而只是"盟友"，因此"朋友"之中所蕴含的丰富机缘也只得徒留遗憾了。②

接下来，"财富与慷慨大度相结合也是权势"的判断也否定了

---

① ［英］托马斯·霍布斯：《利维坦》，黎思复、黎廷弼译，商务印书馆1985年版，第63页。
② 如果霍布斯能够识得"友爱"与"正义""德性"之间的重要关联，则必不致有此赫然大谬。参见［古希腊］亚里士多德《尼各马可伦理学》，廖申白译，商务出版社2003年版，第八—九卷。

之前"财富"等"获得的"外物也是权势的简单说法。霍布斯指出，如果没有慷慨大度，则财富非但不能"聚人"，反而会引来妒忌与捕杀。这番观察颇近常识，然而霍布斯却没有继续指出，"慷慨大度"（liberality）也有可能导致入不敷出而家财尽失，有可能由于周济非人或多少不当而引来怨恨，还有可能引起权门警惕而招致打击乃至毁灭，等等。如果霍布斯能够抓住这些契机，则相关的讨论又可再提高一个层次。"声誉"的情况就更加复杂，霍布斯举出的声誉首先有"具有权力的声誉"（reputation of power）、"举国爱戴的声誉"（reputation of love of a man's country）。但是，接下来却是"使一个人受到许多人爱戴或畏惧的任何品质或其声誉"，此处加入了"品质"（quality）与由该品质而来的声誉两相并列，似乎是将关注点提升到了"灵魂之善"的高处，然而既然前面已提及受人"爱戴或畏惧"，也就是实际上已有了结果，则无论是真正的内在"品质"还是"徒有其名"，都已不再重要。霍布斯的这一观点，与格劳孔兄弟"人们只重正义之名"的说法并无二致。① 不过，既然指出了"实质"与"表象"的两个维度，霍布斯为何不对"服从""帮助""爱戴"以及"忠诚"等也同样作一番考察呢，因为所有这些也都有可能是矫饰伪装出来骗取"显而易见的好处"的？此外，对于主权的建设而言，就没有其他更加重要的"声誉"了么，例如"礼贤下士""敢于担责"等？

再往下，霍布斯只是加上了"成功"（Good Successe）、"和蔼可亲"（Affability）、"精明慎重"（Prudence）三项，其中"成功"可以是政治领袖的成功，也可以是商业上的成功，它之所以重要，是因为与"智慧"（Wisdome）和"幸运"（Fortune）有关——这

---

① ［古希腊］柏拉图：《理想国》，郭斌和、张竹明译，商务印书馆1986年版，357A—367E。

第三章　霍布斯的政治科学

两者可赢得"声誉""惧怕"以及"依赖",与前面"品质"情况相同,"智慧"与"幸运"都是普通人从"成功"这一确定的结果"联想"而来的原因;"和蔼可亲"可增加"爱戴","精明慎重的声誉"则可获取信任与托付。这些市侩气十足的分析统统是简单草率、流于表面而未敢深入,尤其是霍布斯对"审慎"(prudence)的处理,这个在古典哲人那里无比稀缺、无比重要、无比玄妙的王者之德在霍布斯这里竟然不过是一种基于"经验"与"联想"而对未来进行预测的能力①——霍布斯高调宣称要为科学"正名"却竟然混淆了"品质"与"能力"。② 既然"德性"只是"能力",则五"德"兼备的盗跖,也是值得信靠的明主了?

最后还有贵族出身、口才、仪容、学识以及公共事业的技艺五项。

其中贵族出身的作用在霍布斯看来并不普遍,"只是在这种出身具有特权的国家才如此。因为他们的权势就存在于这些特权之中"。这样的讲法对于贵族显然并不友好,然而霍布斯究竟是站在君主的立场上还是站在"新贵"的立场上对其不友好就不得而知了。③ 不过,仅就贵族问题本身而论,霍布斯的立场远不如他对"贵族"的理解重要。在霍布斯这里,无论对哪种主权者,贵族都只是招人痛恨的"特权"而已,这样的理解显然是不够的。霍布斯至少应当从历史与现实两个维度正面分析一下"好"贵族的政治功

---

① [英]托马斯·霍布斯:《利维坦》,黎思复、黎廷弼译,商务印书馆1985年版,第16页。

② 参阅亚里士多德《尼各马可伦理学》,廖申白译,商务出版社2003年版,1105b20。

③ 霍布斯在分析"国家致弱或解体"的原因时曾举征服者威廉儿子争权而致男爵势力坐大并最终导致"男爵法案"(即后世所谓"大宪章")签订之事以及查理一世既无力征税又无力驯服"新贵"而致败亡之事为反例。参见[英]托马斯·霍布斯《利维坦》,黎思复、黎廷弼译,商务印书馆1985年版,第250—251、258页。

能。贵族往往来自开国元勋，君主对其行封赏一则嘉德，二则赏功，而诸侯一则守土有责，二则要成为王权的藩屏。在对法国革命的分析中，托克维尔就指出，在革命爆发之后，从地方起兵勤王的恰是平时最不听话的那些贵族。对于理论家而言，霍布斯更应当做到的，是对"自然"贵族与"习俗"贵族的区分——贵族岂能仅仅是血统和特权？

口才可带来权势的原因是"外观的慎虑"（seeming Prudence），仪容则是由于"征兆着善"（a promise of Good），特得"妇人与陌生人"之心。如此解说着实令人哑然失笑，欺人之谈纵然能偶然骗得先机，但却无法逃脱检验，纵然偶尔也有人如同阿尔喀比亚德一般成功地欺世盗名一世，终究却也难逃史家的口诛笔伐；至于仪容，主权者倘若形容猥琐、仪态蠢笨，自然是非但有碍观瞻，也有可能损失人心，然而它终究无法与内在品质相提并论，倘若真是审慎务实、心系万民的教化之主或股肱重臣，不美仪容，又有什么关系呢？谈论权势而不谈贵族、官吏与文武之士，而只提及"妇人与陌生人"，着实有失水准。

更加令人费解的是其关于"学识"（Sciences）与"公共事业的技艺"（Arts of publique use）分析。霍布斯看上去是对其前雇主兼老师培根表示了异议，实际却并非如此。作为先驱人物的培根，其"知识即权力"的说法是一句意味深长的口号。在培根那里，它意味着国策、各项具体建制、常规化的巨大投入等要素的配合，如此形成的力量确实是十分可观，只是培根并未说明这样的巨大力量将为谁所用。霍布斯以政治生活为视角的观察更加现实，但是与培根的说法并不矛盾——知识人（Scientists）确实并非权势人物，甚至几乎不可能成为统治者。对于每个知识人本人而言，其学识只能为其带来极小的权势，然而这种情况有何必要讨论呢？应讨论的至少是其具备一定规模与建制之后的情况，而能够做到这一点的，若非君主、贵族或新贵，还能有何许人呢？霍布斯没有提及这一大问题，反而将其解释重点放在了科学知识的"难知难识"上：它"除开在少数人身上以外，连小权势都不是，在这些人身上也只限于少数事物。因为学问的本质规定（of that Nature）它除开造诣很深的人以外就很少有人能知道它"。具体而言，霍布斯这里讲的乃是今天所谓的"基础学科"，因为能带来"保卫""胜利"以及"权势"的实用之学的情况显然不是这样。一国上下几乎无人不知晓并崇敬技艺家的神奇，但是，对于这些技艺的根基之学就少有人知了。"公共事业的技艺"情况正是对这一现象的补充说明，与国防或战争有关的技艺，人人皆知其善，而这些技艺的"母亲"亦即数学却并不见重于世——"世人（vulgar）把接生婆当成产妇了"。也就是说，科学以及科学学人在权势上的卑微是"自然"造成的错误，这个针对"自然"与"俗人"的抱怨可以说是毫无道理。将责任推给自然与普通人，也就是所谓的"怨天尤人"，绝非绅士之所为，更何况霍布斯还忘了举出比数学更为基础的学科——哲学，并"要求"哲人与数学家像培根的代达罗斯们以及男爵或新贵们一样对权力充满渴望。

至此我们可以看到，霍布斯对于"权力"问题的处理并无太多超出市井闲谈水准的内容。它毫无统绪，混乱不堪，深陷于"实然"与"应然"、"整体"与"个体"、主权者与臣民、学者与非学者以及事实与意见等多重矛盾所形成的旋涡之中，既无法脱身，也找不到出路。

按照这样的理解，所谓的立国契约根本无法成立，因为"权势"根本无法凭"意志"实现转移与集中——谁能将自己的审慎、口才、仪容以及学识通过一纸或抽象或具体的契约而转交给政府呢？又有几人愿意为了主权者而放弃自己的朋友与财富呢？于是，对于"主权者"而言——无论是一人主权还是集体主权，这遍布朝野的"权势"如何能让君主放心？看来唯有像叙拉古僭主伯利安德那样扫清国中秀异之士之一途了。

对权力的这种理解制造出了一种粗野卑下的糟糕氛围，其中有权门式的傲慢、民粹式的粗鄙、法家式的冷酷、犬儒式的愤世以及伊壁鸠鲁式的无所用心……霍布斯的世界里不存在任何正面的事物。他拒绝了幻想，也拒绝了理想，还拒绝了希望，他甚至"诚实"到连马基雅维里伪饰的政治热情与培根虚张的求真意志都不愿模仿一下——霍布斯本可以博得一个好得多的名声。

三　被扭曲的正义

霍布斯对"权势"的解说分析呈现出了一幅特别景观：各类权势大小无定，此消彼长，变幻莫测，全无头绪，一派"万类霜天竞自由"的景象。在霍布斯看来，之所以如此，是因为自然本来如此，唯有以人意制之，否则秩序、安全以及幸福等都将无从谈起。

问题是如何制之。霍布斯显然对其所知的历史经验均不满意，无论古希腊、古罗马、罗马帝国、犹太人以及罗马教会的政迹，还是英格兰本土的各类创制——尽管除此之外霍布斯也不知还可以向何处寻找借鉴。

多方借鉴的结果便是众所熟知的"契约建国"。这也是某种"建中立极"，只不过这个"极"并非德位兼备的"人极"，而是某种人造的"权极"，因为它与人的自然禀赋、品质、功绩、祖德以及声誉等均无法理上的关联。这个"极"的出现，使得自然状态下的纷争局面有了向好的理论可能，因为霍布斯规定了，"主权者"只需得到"大多数人"的"授权"就可以。随着凭"默许"而加入的人不断增多，主权者的地位也将不断得到巩固，因此，即便是群雄并起，其最终结果仍然是归于一统。但是，这个过程显然与和平大异其趣，因为无法确定这个一统的边界在哪里。而倘若边界问题无法明确，则全地之主、一岛之主与一土围子之主，其差别又在哪里？他们之间又将如何相处？岂不是只能战至最后全球全人类一统？霍布斯写作此书时英格兰尚未能实现实质性的一统，以今日之势而言，这样的一统也仍是不可想象的景象。这一疏忽不是个小问题，也不是霍布斯独有的问题，它看上去很像是一个远比内政迂远的问题，然而它所反映出的却是西方文明理想在思想维度上的一个根本的重大缺憾。

这个几乎仅凭霍布斯的愿力而建成的国家，其根基是霍布斯发明的"自然法"，其施政治国之具则是作为主权者意志的民约法（Civill Law）。这样一个"高级法+实定法"的组合实际上是对于古典"自然+习俗"宪纲的又一次模仿，这一基本纲要本身展示了人与人类社会生活一个不得不然的基本属性。沃格林将其抽象为某种"在其中"（In-between）的结构，并且这个结构的重心在超越的那一极，而不在中间，更不在经验的下界。但是，仅就其抽象形式而言，则无论经历过多少流变，这一基本结构始终是无法撼动的。霍布斯这一版最引人注目之处在于他试图将这一结构改造成一个由法权话语构建起来的巨网并将其中心更定为"主权者"，使"权力"而不是带有超越位格的"道义"成为了这个新"超越—经验"复合结构的轴心。

这样的想法来源于某种自古以来就有的观念，它曾有许多或真实或虚构的著名代表人物，如色拉叙马霍斯、格劳孔兄弟以及以普罗泰戈拉为代表的智术士们等等。而在霍布斯的时代，其最著名的代表人物则是马基雅维里，该观念认为古典式的以"德性"为"中极"建立政教体系只是虚无缥缈的空想，力量、政权、国家等"实体"才是秩序的根本保障。作为第一位按照这一指导思想建构国家的理论家，霍布斯非但未能圆满完成这一创举，反而将这一理念的虚妄暴露无遗。

原因并不复杂，简而言之，唯道义可为政治生活之主。主权政府、法律规章以及伦理规范等都必须以道义为本，妄图以凿空造作的"主权"取而代之，必致错漏百出。

霍布斯在讨论民约法（Civill Law，亦即民法）时称："自然法和民约法是互相包容而范围相同的。因为自然法就是（consist in，亦可译为'正由……构成'）公道（Equity）、正义（Justice）、感恩（Gratitude）以及根据它们所产生的其他道德（morall Vertues, i. d. moral virtues）。"我们看到，霍布斯竟然认定，是"德性"构成了最高级的"法"。这个做法显然毫无道理，因为两者性质完全不同，"法"是客观的外在规定，而"德性"则为人之内在品质，两者之间可以有关联，但绝无可能形成相互构成的关系。这也正是霍布斯在下一句中自己表明的："这一切（即各种'德性'）在单纯的自然状况下都不是正式的法律，而只是使人们倾向于和平与服从的品质。"——品质与法律之间的本质区别，霍布斯展示得非常清楚。并且，德性的表现乃是有德之士在综合考虑恒常善道——它不是"自然法"——与具体情境之后做出情况所能允许的最佳选择，而绝不仅仅是为如此苍白简陋的"和平"与"服从"。这根本不能构成一个合格的"铺垫"，然而超越于"德性"与"民法"之上的"主权者"也只好这样强行"登场"了："国家一旦成立之后，它们就成了实际的法律，在这

第三章 霍布斯的政治科学

以前则不是；因为这时它们成了国家的命令，于是也就成了民约法，强制人们服从它们的乃是主权者。"① 也就是说，霍布斯要通过主权者的权势而让诸"品质"变成"法律"。

然而这个改变是不可能的。

以霍布斯所举的"公道"为例，这一品质在亚里士多德那里乃是既无法成为法律却又能够弥补法律之不足的德性。具备这种德性的人，既不会钻法律的空子，也不会凭借法律武器将他人逼至绝境，反而会时时处处想方设法法外行善甚至违法行善。这样的行为与人并不一定能得到城邦政府的鼓励与支持，尽管政府应当予以适度鼓励与支持。并且，政府的鼓励与支持也都无法成为正式的规章条款。② 霍布斯自己并没有对"公道"另下定义，而是粗野地将其"降格录用"了："主持公道而又蒙受损失的行为（Actions proceeding from Equity, joined with losse）是令人尊重的（Honourable），这就是豪迈（Magnanimity）的象征、而豪迈则是权势的象征。"③ 这句话也是不对的，并不是人人都可称"豪迈"——亚里士多德关于这一德性的讨论被广泛认为是专为亚历山大大帝而发——但是人人都可以为"公道"而遭受损失，有时甚至是巨大的牺牲，因此二者之间并无"象征"关系。公道行为是高尚品质的象征，而豪迈则是大人物高贵品质的象征。

再看霍布斯讲的"感恩"。感恩对于中国人而言并不陌生，天地君亲师，都是感恩的对象，这是中华文教中重要的基础内

---

① ［英］托马斯·霍布斯：《利维坦》，黎思复、黎廷弼译，商务印书馆1985年版，第207页。
② 参见亚里士多德《尼各马可伦理学》，廖申白译，商务出版社2003年版，1137b4—1138a3。
③ ［英］托马斯·霍布斯：《利维坦》，黎思复、黎廷弼译，商务印书馆1985年版，第68页。

容。然而对于霍布斯的世界而言，这件事情却不知从何谈起。西方人的古典传统中并无关于感恩的教导，在柏拉图那里，普通人对于德行卓著之士由衷的敬、爱以及遵从被定义为"节制"的德性；在基督教的传统中，旧约中主对其所造之人的要求是畏惧与服从（尽管所录却几乎尽为背叛与惩罚），而新约教导的则是信望爱、复活与末日审判（尽管所录尽是空言）。在这两个传统中，感恩都是其基本教化的意外的副产品。在既无文教又无神教的利维坦中，霍布斯能怎样谈论感恩呢？"从自己认为是同等地位的人处获得难以报偿的厚惠，使人表面上敬爱（counterfeit love），而实际上则隐恨在心（secret hatred）。这就像是使他处于一个绝望的欠债人的状况，由于不愿意见到他的债主，暗地里希望他去到一个再也见不着的地方。因为恩惠使人感恩，感恩就是羁轭（thraldome），无法报偿的感恩就是永世无法摆脱的羁轭。这对一个同等地位的人说来是令人生恨的。但从我们认为是尊辈的人（superiour）方面受惠则使人生敬爱之情（love，其中并无'敬'义），因为这时感恩已经不是新的压力，而是愉快的接受（cheerful acception）。愉快的接受就是人们所谓的感激，这对感恩者来说是这样一种尊荣，以致一般都把它认为就是一种报答（retribution）。恩惠虽来自平辈或地位较低的人，只要有希望报偿就使人生爱；因为在受惠者心目中，这种感恩是一种相互的帮助和服务，于是就产生一种在施惠上互相超过的竞争。这是一种最高贵和最有益的竞争，它使胜利者对自己的胜利感到高兴，而对方所受到的报复（revenged）则是承认这一点。"① 我们看到，从马基雅维利与培根打下的"道德"基础出发，霍布斯已经没有办法

---

① ［英］托马斯·霍布斯：《利维坦》，黎思复、黎廷弼译，商务印书馆1985年版，第74页。

第三章 霍布斯的政治科学

"以善言善"。除了这种魔鬼式的黑色幽默,霍布斯的确也找不出其他办法来为利维坦增加"高贵"与"有益"的因素了。然而,任何严肃思考问题的人都无法认可,"恩惠"竟然可以等同于"债务"与"羁轭"。人类社会生活中的确普遍存在"人情债"的说法,但是,什么人会真的将"人情债"与欠下的钱债相等同呢?受了他人的重大恩惠,比如往往也就在他人(往往是地位相等或更低之人)举手之间的救命之恩,什么样的人竟会因为这样的恩情无以为报而怀恨在心呢?对于地位更高之人所施予的无法回报的恩惠,岂可就"欣然而受",并且竟然就以此作为报偿?知遇之恩、传道授业指点迷津之恩、养育之恩等等,虽不能报,也务要尽心尽力,这恐怕才是通行寰宇的正途。全在一心之事,如何可称为"法"?即便按照霍布斯的撒旦逻辑,将其以法言法语表述出来也是无法想象的事情。

最后看"正义"。霍布斯"发现"的"第三自然法"规定:所定信约必须履行。① 并且,霍布斯认为,这包含了正义的起源。为什么要这样来讲呢?"互相信赖的信约当立约的任何一方有恐怕对方失约的畏惧存在时,便是无效的;所以正义的来源虽然在于信约的订立,但当这种畏惧的原因没有消除以前,实际上不可能有不义存在;而当人们处在自然的战争状态中时,畏惧的原因是无法消除的。这样说来,在正义与不义等名称出现以前,就必须先有某种强制的权力存在,以使人们所受惩罚比破坏信约所能期望的利益更大的恐惧来强制人们对等地履行其信约,并强制人们以对等的方式来维持通过相互约定、作为放弃普遍权利之补偿而获得的所有权。这种共同权力在国家成立以前是不存在的……没有国家存在的地方就

---

① [英]托马斯·霍布斯:《利维坦》,黎思复、黎廷弼译,商务印书馆1985年版,第108页。

没有不义的事情存在。"① 我们看到，霍布斯将人们的注意力完全引向了立约、履约与国家权力的存在，这些词语本来就远不足以定义"正义"，更何况他还给正义加上了一个"名/实"的分别。倘若正义能够仅仅作为一个"名称"而存在，则它的确可以承受任何一种定义与理解。但是，这只会让关于正义的思考与讨论变得毫无意义。因此，对于正义的讨论必须从"实"着眼并始终专注于此，也就是说，关于正义的讨论必须涉及各种各类之人在各种各类之事中在意愿、考虑与选择等方面的种种具体的"应然"。实际上，正义与不义的名称何时出现根本不重要，因为倘若不是为了正义，自然法、国家、实定法以及共同权力都将失去存在的意义，所以，绝不能说正义起源于国家权力、信约或任何其他事物。讨论正义，重要的是其根本内容，而非那无人可知也不必知晓的起源。

　　霍布斯似乎并不知道他对于正义的错误理解从第一步开始就已经无可救药，他仍然在进行无谓的努力以自圆其说。第三自然法乍看上去明显是一个过于简陋的法条，它需要很多的补充，例如前一章（第十四章）中关于信约的种种界定与解释。首先，根据常识，显然并不是所有的约定都有约束力。因此，霍布斯规定："信约的内容或主题始终是深思熟虑中的事物，因为订立信约就是一种意志的行为；它是一种行为而且是通过深思熟虑所决定的最后一次行为。因之，这种内容便经常被理解为未来的事情，同时也是立约的人判断为可以履行的事情。"② 我们可以看到，霍布斯十分清楚仅仅强调立约行为中"意志"要素的危险与不足，因此才如此着力地强调"深思熟虑"。但是他不知道，这一个"深思熟虑"又会引出

---

① ［英］托马斯·霍布斯：《利维坦》，黎思复、黎廷弼译，商务印书馆1985年版，第109页。

② 同上书，第104—105页。

第三章　霍布斯的政治科学

多少其他的问题。他只能继续增加规定："对已知其为不可能的事情的允诺便不是信约。"但是人们可能会许诺的事情显然比这种情况要复杂得多，因此，他还得继续："但如果原先认为可能的事，后来证明不可能时，信约仍然是有效的，而且具有约束力，这种约束力虽然不及于该事物本身，但却及于其价值。如果这样仍然不可能，就只能约束这人以诚实无欺的努力尽可能履行契约，因为超过这个限度以外，任何人便不可能负担义务了。"① 这些后续的规定实际上已经否定了之前关于"不可能的事情"的规定，而变成了关于一旦出现不合理约定应当如何处置的指导意见。本来关于可能或不可能就难以达成一致意见，更何况还是在一个强调信仰的国度——既然连"奇迹"都可以有，还有什么是不可能呢？我们需要注意的是，追加的规定中最重要且实在的事情是：事固然已不能成，损失的钱财仍然是要赔偿的，倘若数额过于巨大以至于无法偿还，也必须尽力偿还。霍布斯竟然还为此加上了"诚实无欺"四字。其态可掬。然而，并非所有无法履行的约定都是可以用金钱偿还的，超出此范围的事情又当如何处置呢？难道对于霍布斯而言，根本不存在钱无法解决的问题？

除了约定的内容，外部因素又当如何处理呢？关于显而易见的暴力威胁的情况，霍布斯宣称："在单纯的自然状态下，因恐怖而订立的契约是有约束力的。比方说，当我约许向敌人付出赎金或劳务以赎生命时，我就受到这种信约的约束。因为这是一种契约……因此，战争中的俘虏如果受人信赖将付还赎金时，就有义务付还。如果一个弱国的国王由于畏惧而和一个强国的国王订立了于己不利的和约时，他就有义务要遵守，除非是像前面所说的一样，因出现

---

① ［英］托马斯·霍布斯：《利维坦》，黎思复、黎廷弼译，商务印书馆1985年版，第105页。

现代道德话语的形成

了引起恐惧的新的正当理由而重新开战。甚至是在一个国家之中，如果我被迫允诺付与赎金而从强盗那里赎身出来，在民法没有为我解约以前，我就必须付与。因为我在没有义务时可以合法地从事的事情，也可以出于畏惧而合法地订立信约去做。"① 这段文字，着实令人发指。如前所述，霍布斯在下一章（第十五章）中称唯有建立国家之后才有正义，而正义就是履约。换言之，自然状态下，根本无须履行任何约定——因为没有正义。所以，霍布斯的这段文字只能说明他其实没有任何道德原则，因为他竟然赤裸裸地直接肯定了暴力在道德上的正当性，这实际上也将使得"利维坦"或国家与任何其他形式的罪恶暴力之间不再有根本性质上的差别——国家权力不过是特定区域内最强大的暴力而已。上述种种行为之中根本没有丝毫的"信义"可言，因为如果一定要谈信义，也应当与占据暴力优势的一方谈，因为对方是弱势方，倘若弱势方胆敢不交赎金或不履行"城下之盟"，优势方就可以毫不费力地毁灭对方，而对方即便履行了"约定"，优势方仍然可以"坐地起价"或"撕票儿"。即便这能够被理解为霍布斯建议的在"自然状态"之下更能够保全首领的理智做法，那么，其中关于"在一个国家之中"与强盗立约的讨论又是何为呢？在主权者已经产生、民法已经颁行的"公民状态"之下，受害者由于犯罪分子的胁迫而做出的承诺，被侵犯者也应当在取得国家司法机关有效保护之前"发自内心"地认可并遵守么，例如不许报警、不许逃跑甚或不许抵抗？

也许是为了避免这样的推论，霍布斯又作出了重要补充："不以强力防卫强力的信约永远是无效的……任何人都不能出让或放弃自救于死、伤或监禁的权利，避免这类的事情是放弃任何权利的唯

---

① ［英］托马斯·霍布斯：《利维坦》，黎思复、黎廷弼译，商务印书馆1985年版，第105页。

一目的。因此，不抵抗强力的允诺在任何信约中都不能转让任何权利，而且也没有约束力。因为一个人虽然可以这样订立信约——'除非我做某某事，否则杀我'，他却不能订立这样的信约：——'除非我做某某事，否则你来杀我的时候我不抵抗你'。因为进行抵抗而死的危险是小害；不进行抵抗目前就肯定地要死则是大害，人类根据天性会'两害相权，取其轻者'。这是大家都承认的一条真理。只要看一看囚犯判罪后虽已服法，但解赴刑场或送进监狱时还是要用武装人员，就可以知道。"①

这样的补充说明，非但没有丝毫的正面作用，反而彻底毁灭了信约。第一，第一句话就错误地将强力与有效性连接在了一起，这两件事物之间并无因果关系，一个信约是否有效只与其正当与否有关，而它是否能够最终得到保护与实现才与强力有关。对此，最简单的反问就是：难道一件暂时无法惩罚的罪行就不是罪行了么？第二，霍布斯显然想将"保命"原则或"生命权"树立为唯一的特殊原则或根本原则——这实际上也是他拒绝道义原则之后的唯一出路。然而，这是不可能成功的，因为保命根本不可能成其为"原则"，就像"利益"不构成任何原则一样，"唯利是图"恰恰是毫无原则的小人之行，"但求苟活"亦是如此。霍布斯承认，不以实力为基础的约定是毫无效力的——这实际上就已经肯定了权力原则，并同时否定了所谓的"保命原则"；第三，霍布斯对于"抵抗权"的想象也丝毫经不起审视，因为一方面不会有任何大盗会跟已入其牢笼的猎物订立任何信约——除非对其另有所图或另有所用，另一方面也不会有陷入如此境地的人还有资格与掳掠他（她）的强人订立任何信约——除非他另有筹

---

① ［英］托马斯·霍布斯：《利维坦》，黎思复、黎廷弼译，商务印书馆1985年版，第106页。

现代道德话语的形成

码或外援；第四，"否则杀我"的条款是不能与"拼死抵抗到底"的权利并存的，否则就是诈骗；第五，霍布斯忘了，同样是一死，却也仍然有痛苦程度、荣辱以及牵扯面等诸多重大的差别，有些抵抗会招致更加残酷的折磨、虐待与扩大化……需要指出的是，应对这类情况并无什么"明智"的处理原则，因其罪责全在施虐者，并且这样的血债与罪恶永远不能逃脱正义的追讨与惩罚，虽百世而不为晚。霍布斯几乎完全忽略了"正义"这一根本问题，所以他讨论的"抵抗"时都"忘了"区分正当与否。而对正当惩罚的负隅顽抗，则只能是罪上加罪，并为自己招致更多更重的惩罚、谴责与耻辱。因此，在凶残的敌人面前为了保住复仇的希望而放弃抵抗反而是必要的，而在自知罪在不赦的情况下选择认罪伏法、接受正义的惩罚才是唯一正确的做法。此外，对于不同等级的人，各种情况也有各自不同的要求，王公贵戚、文臣武将、农工商户在面对入侵的外敌或欲行不轨的罪犯时，其选择都能用同一条"两害相权取其轻"来指导与衡量么？所以，霍布斯最后关于罪犯的押赴刑场的解说正可谓达到了其愚妄的又一个高峰。行刑并非只是为了杀死罪犯，武装押送即便有防止罪犯抵抗或罪犯同伙劫法场之意，那也只是为了防止更多的罪行，而与所谓的"反抗权"毫无关系。查理一世最后出于王室尊严与体面的考虑而最终平静地接受了胜利者强加的不义，对此，霍布斯难道想说，他应当以暴力反抗以至于被乱枪击毙或乱刀砍死么？试图以生命权为始点来论证政治社会的产生逻辑，并为此造作信约重构正义，恰恰只能为信约与正义带来毁灭。

　　似乎是嫌其荒谬得还不够极致，霍布斯竟然还继续补充："没有获得赦免的保证而控告自己的信约同样是无效的。因为在自然状态下，人人都是法官，根本无所谓控告，而在文明国家中，紧跟着控告

第三章　霍布斯的政治科学

而来的就是惩罚，惩罚既是强力，人们就没有义务不抵抗；控告父亲、妻子或恩人等使之判刑后本人会陷入痛苦之境时，情形也是这样。因为这种控告者的证据，如果不是自愿提供的，在本质上就应当认为是不可靠的，因而也就是不足为据的；而当一个人的证据不可信时，他就没有义务提供。刑讯逼出的控告不能当作证据……因为一个人不论是用真实的或虚假的控诉来解脱自己，他都是从保全自己的生命这种权利出发的。"① 也就是说，无论何人犯下了何种罪行，他（她）都不应当承认或自控有罪，除非获得免罪的保证；同样，一个人的任何亲朋好友，无论犯下何种罪行，此人也都不能进行检举、控告或提供有罪证明，因为这类控告或证明将不获采信，而这又是因为霍布斯"猜测"这样做的结果必会为此人带来痛苦，因此必定是不情愿的；任何罪犯在被国家相关部门追捕时都必须极力拘捕，国家权力在审讯过程中绝对不能对罪犯的人身进行任何侵犯，而且判死罪或肉刑之后，罪犯也应当尽全力反抗——此处所展示的霍布斯与其给人的一般印象相反，似乎相比于对主权者权力与崇高地位的捍卫，他更在意的是罪犯的免遭痛苦与生命安全。至于遭到这些罪犯侵犯的受害者以及正义本身，霍布斯丝毫不以为意。霍布斯完全站在罪犯的角度思考正义与法的问题，着实令人难解，因为即便是担心公共权力遭到滥用，也不应当选择如此立场，而是应当站在文教之主的立场，本着正义与善的原则，对主权者、具体的执法者以及可能的当事人分别提出要求并订立轨范。

如此立论，必将为所到之处带来毁灭。既然肯定了信约对于政治社会的奠基性功用，除了强力之外，就不需要些其他的保障了么？显然不是这样。关于正义问题的讨论不可能脱离关于宇宙人生

---

① ［英］托马斯·霍布斯：《利维坦》，黎思复、黎廷弼译，商务印书馆 1985 年版，第 107 页。

现代道德话语的形成

的终极关怀。类似的或相关的主题也是如此，例如权力、人生追求、幸福或善恶等，如前所述，霍布斯在对"权势"的讨论中几乎是毫不掩饰地显露出了十足的第三等级的市侩气息，这股气息显然是其一以贯之的思想底色。在霍布斯看来，这最后的保障就是人情与宗教了——"语词之力太弱不足以使人履行其信约，人的本性之中，可以想象得到的只有两种助力足以加强语词的力量：一种是对食言所产生的后果的恐惧，另一种是因表现得无须食言所感到的光荣或骄傲（Glory, or Pride）。后者是一种极其少见而不能作为根据的豪爽之感，在追求财富、统治权和肉欲之乐的人中尤其罕见，偏偏这种人却占人类的绝大部分。可以指靠的激情是畏惧。"① 我们看到，基于保卫信约（而非捍卫正义）的主旨，霍布斯从"人性"中找出了一正一反两种力量，正面的是光荣或骄傲，而负面的是恐惧。即便我们能够勉强接受这种粗鄙的说法，接下来关于两种力量分布情况的分析与推论恐怕就令人无法同意了，因为霍布斯只粗略地指出了数量的对比，而未能深入考察其中更加复杂且更有意义的问题。比如，千差万别的约定内容，立约做小买卖与做大生意不同，立约做生意与立约结成社会同盟更是大有不同；出于荣誉或骄傲而不屑于逃避责任的行为，其中未必不包含恐惧，而出于恐惧而选择守约者也未必就是害怕来自对方或相关权力机构可能施加的肉体或利益上的惩罚；出于恐惧的人数量占优，并不意味着恐惧就更加可靠，因为胆小怕事的人尽管多，但却无甚影响力，追求荣誉的人尽管较少，往往具有更大的社会影响力；仅从恐惧的对象方面考虑，贪生贪利之辈往往既怕骄傲的强人，又怕公义之士，还怕不可知不可见的一切神秘力量；从恐惧的具体内容而言，害怕鬼神或强

---

① ［英］托马斯·霍布斯：《利维坦》，黎思复、黎廷弼译，商务印书馆1985年版，第107页。

人的侵害与害怕正义的惩戒不同,害怕正义的惩戒与害怕让自己尊敬的正义之士失望或鄙视更是迥异;最后,统治者以什么样的"道"来施教行政、颁行什么样的赏罚制度更是会造成天差地别的影响,一国之法度究竟是务在安一国上下,还是专为某些特定低劣群体的低劣目的服务,最终也都会体现在一国之人的"人性"上……所有这些复杂而重要的问题,霍布斯都一躲了之了。

正是循着其简陋不堪的"恐惧"的逻辑,霍布斯将这个对于欧洲或西方世界而言无比重大的宗教问题引入了关于自然法的论述。霍布斯认为:"(畏惧)这种激情有两种十分普遍的对象,一种是不可见的神鬼力量,另一种是失约时将触犯的人的力量。在这两种力量中,前一种力量虽然较大,但就畏惧感讲来,则一般是对后一种的畏惧较大。对前者的畏惧在每一个人身上讲来就是他自己的宗教,在文明社会出现以前就在人类的本性之中占有其地位;后者则没有这种地位,至少其地位之大不足以使人信守其诺言。因为在单纯的自然状况中,权力的不平等除了在战争的情况以外是无法看出的。所以在文明社会的时代以前,或在战争使文明社会状态中断时,除开各人对自己崇拜如神并看作在背信弃义时会对自己进行报复的那种不可见的力量所感到的畏惧以外,就没有其他东西可以加强通过协议订立的和平条约,使之不为贪婪、野心、肉欲或其他强烈欲望的引诱所危害。因此,不受世俗权力管辖的两造之间所能做的一切,便是彼此相约到所畏惧的神面前去发誓。这种发誓或誓言是附加在诺言之上的一种语言形式……其作用便是使人对背信的恐惧越发来得强烈。根据这一点就可以显然看出,除了根据发誓者所用的形式或仪式作出的誓言以外,任何其他誓言都是无效的,都不算是誓言,而且对发誓者不认为是神的任何事物也不能发誓。因为人们有时虽然出于畏惧或阿谀而往往用国王之名起誓……因之,不

现代道德话语的形成

必要地向神起誓便是亵渎神名……同时也可以显然看出，誓言不能增加约束力。因为信约如果合法（lawfull）的话，就不论有没有誓言，在神眼中都是有约束力的；如果不合法的话，则纵有海誓山盟，也完全没有约束力。"①

我们看到，霍布斯十足市侩地将神明简化成了无政府状态下的某种想象的"公证人"，并且认为其威慑力远比活生生的人要小，因此，人们在别无选择的情况下"发明"了誓言，用以增加立约各方的畏惧，尽管这种"语言形式"并无实际的用处。这似乎是对立约各方不去建立国家的惩罚，然而霍布斯嘲弄的却是所有的宗教，包括基督教在内。只是，霍布斯的这些说法都站不住脚。神明倘若只在这一件事上有用，并且又实际上如此无用，则这个世界上就不会有各种各样的宗教存在。罗马教会巨大权力的来源就是由圣彼得掌管的天国大门的钥匙，霍布斯大可将其斥为幻想，然而对于主的教导的尊崇、对于天国的向往与对于地狱的恐惧常常能够让信徒战胜对痛苦与死亡的恐惧，也能够让信徒否弃世俗的一切财富与名望，甚至还能让信徒藐视人间的一切法律与其他教派、宗教或文明中人们的正当权利。并且，神俗两道的殊途往往造成伪善（hypocrisy）的泛滥，这最后两条往往是宗教无法以其本身的逻辑予以解决的问题，因而也往往被视为是宗教本身固有的弊端，毕竟宗教本身的逻辑与理性的道德原则或政治原则在根本性质上有别，故而中国自古就有"恃鬼神不正"的明训，古希腊则有苏格拉底师徒对神话传说的批判。霍布斯似乎也在神道与理性之间理智地选择了后者，然而其理由却竟是如此令人大跌眼镜。实际上，所谓的"雅典与耶路撒冷"两者之间并非无法开展对话或辩论，只是双方对话的

---

① ［英］托马斯·霍布斯：《利维坦》，黎思复、黎廷弼译，商务印书馆1985年版，第108页。

基础必须是属人的"善与正义",而不能是其他,因为倘若不是为了人间的善与正义,则神的存在就没有意义,同样,不为天下人的善与正义,建立国家或社会也没有任何必要。没有人能够想象竟然可以不在乎善与正义的某位神、某个国家或某个社会。作为一位政治理论家,霍布斯毕竟没有彻底忘记或抛弃正义,但他犯下的一个根本性的错误乃在于,他没有理解透善与正义的本源性质,从而妄将"善"等同于欲望随时随地且随意获得满足的状态,并妄将"正义"说成是自然法的产物。然而,实情却是,倘若违背了正义,无论冠以什么样的名称——自然法、神法、永恒法抑或万民法——任何法律都将不成其为法律。

还需特别注意的是,霍布斯在这里还以法律的名义分别对神与作为两类主权者之一的国王各发了一番怪论。两番怪论都与誓言有关,对于国王,霍布斯称,不可以国王之名起誓,因为国王不是神。这个理由显然不能成立。因为之前提及起誓时,所说的情况是自然状态或无政府状态下,双方不得已只好请神来当双方契约的"担保人",而此时既然已有国王,按照霍布斯的"公共权力"逻辑,则必有民法,从而不再需要立誓。倘若霍布斯以此为理由反对以国王之名起誓,我们尚且可以认为他是前后连贯,然而他说的却是,双方不能出于"畏惧或阿谀"(Feare, or Flattery)而以国王之名起誓。霍布斯不声不响地将臣民对君主的正当情感如敬畏、爱戴、恩谊以及信任等统统一笔抹杀,这种切断君主与臣民之间情感纽带的做法与其两可的主权论在政治意向上是完全一致的。即便霍布斯似乎是以神的名义驱逐国王的,这一逻辑仍然不能成立,因为霍布斯又以法的名义驱逐了神。他在上述引文的最后一句话中宣称,只要信约合法,无须誓言,神也视其为合法,信约如不合法,什么誓言也都无用。这也就是说,法律的效力在神意之上,法律认可的，神必认可，因此对神不必有任何多余的礼敬仪式——神实际上也完全多余了。对于鬼神问题，圣人所主张的"敬鬼神而远之"是最好的处理办法，既不让人自高自大以致陷于狂妄，也不允许人自卑自抑而自绝于道义担当之正途。对于政治精英而言，需集敬天、爱民与弘毅三种相辅相成的品质于一身，方可称国之栋梁。相比之下，霍布斯只知"远之"而不知"敬"，如此岂能有利于公序良俗的形成，岂能有助于护卫者的成长？霍布斯对神安置不当，对人君就更加错误。制定、颁行并执行法律的个人主权者（国王）却不能进入到臣民的日常生活之中并得到臣民的感恩、敬仰与畏惧，如此主权者，权威何存？主权者得不到臣民的情谊，法律的权威又将如何维持？霍布斯强行拆除人类向善之情与天地之正气正理对于法律秩序的支撑，妄图只凭法的规定而为政治社会撑起一片低矮且漏洞百出的屋檐，岂不谬极？

此等穷阎漏屋之下，正义又将陷于何等窘境呢？首先，它被降格成了"守合法之约"，只是，既然如此，何不干脆简化为"守法"呢？这实际上是可以的，但是这必将引出古典式的关于"自然正义"与"守法的正义"或"习俗的正义"之间差别与联系的讨论，而霍布斯显然无法正面反驳亚里士多德的相关论述；其次，如此规定的正义已被去除了有机的政治功能，它不再能够在特定政治社会法令、制度以及习俗等重要方面的品质提升或维持上发挥作用。它不再能够激励优秀青年去追求更高的人格品质并施展抱负，也不再能够教化引导一国之民勤耕守法、尊老敬贤、忠孝传家。

霍布斯对此心知肚明，否则他必定不会讨论作为"行为"与作为"品质"的"正义"："正义与不义这两个名称用于人的方面时所表示的是一回事，用于行为方面时所表示的是另一回事。用于人时，所表示的是他的品行（Manners）是否合乎理性；而用于行为时，所表示的则不是品行（Manners）或生活方式（manner of life），而是某些具体行为是否合乎理性。因此，义士（A Just man）便是尽最大可能注意，使他的行为完全合乎理性的人；不义之徒（Un Unjust man）则是不顾正义的人。在我们的语言中，把这两种人称为有正义感（Righteous，亦即'正派'）与无正义感（Unrighteous，亦即'不正派'），比之称为正义与不义更为常见，只是意义并没有两样。因此，义士便不会由于一两次因感情冲动（sudden Passion）或是弄错了人或事所做出的不义行为而失去义士的称号（Title）；一个不义之徒也不会由于出自畏惧而做出或不做的行为而失去不义的品质（character），因为他的意志不是根据正义，而是根据他所要做的事情的明显利益形成的。使人们的行为具有正义色彩（the relish of Justice，亦即'正义的味道'）的是一种罕见的高贵品质或侠义的勇敢精神（Noblenesse or Gallantnesse of courage，其中并不包含'品质'与'侠义'两义），在这种精神下，人们耻于让人看到自己为了生活的满足而进行欺诈或背信。这种品行上的正义（Justice of Manners）就是以正义为德（Justice is called a Vertue）、以不义为恶（Unjustice a Vice）的地方所指的那种正义。"[①]

霍布斯在这段文字的表达中使用了一些技巧：

首先，正义之人与合乎正义的行为两者之间的区别并不是什么难以察觉或理解的惊人发现，而是几乎人人都有的寻常经验，谈及此话题往往意在提出并讨论"品质"（quality）与行为（action）之间的差别与联系。但是，我们看到，霍布斯极力避免触及"quality"，而始终以"Manners"（礼貌行为）来进行遮掩，并且试图将其解释为某种"符合理性而不受感情冲动左右"的行为习惯。这个解释

[①] [英]托马斯·霍布斯：《利维坦》，黎思复、黎廷弼译，商务印书馆1985年版，第113页。

现代道德话语的形成

距离正义之人的品质还有一定距离，一段霍布斯始终不敢跨越的距离，因为一旦跨越并努力去寻找"习惯"背后的成因，霍布斯就必然要跟随在柏拉图、亚里士多德之后进入关于灵魂结构的讨论，霍布斯此前费尽心机搭建起的理论茅屋也必将归于散架。所以，霍布斯必须死死守住"习惯"的底线，同时还要坚持不"落入"古典哲人关于"理性"的教导，古典的教导认为理性是灵魂中最高贵的部分，它的追求是关于最高善以及诸善的知识。因此，霍布斯必须要面对一个困难的局面——他必须一方面拒绝道义，另一方面又不能自陷于贪利忘义的深渊。于是霍布斯专门对那些根据"情况"决定是否守约的"理性"行为提出了"严厉"的批评。他称那些按照自我保存原则而不一定遵守信约的人为"愚昧之徒"（The Foole）[1]，理由是这种缺乏对神的畏惧的"理性"不一定能带来预期的结果。何以如此呢？第一，"不管一个人对任何事情能怎样地预计到并能有多大的把握性，当他去做一件足以导致他自身毁灭的事情时，那么不论会有什么他所不能预计的偶然事物出现使之有利于他，这种情况都不能使他做上述事情成为合理的或明智的"——这段繁复而空洞的文字显然不包含任何有力的理由；第二，"在战争状态下……任何人要是没有联盟的帮助便都难望依靠自己的力量或智慧防卫本身……因此，破坏信约之后又宣称自己认为这样做合理的人，便不可能有任何结群谋求和平与自保的社会会接纳他，除非是接纳他的人看错了人。"[2] 两条理由加在一起无非是以较长远的利益来反对只顾眼前利益的短视行为。我们可以看到，霍布斯非常明确地站在一个但

---

[1] ［英］托马斯·霍布斯：《利维坦》，黎思复、黎廷弼译，商务印书馆1985年版，第109页。

[2] 同上书，第111页。

求活命的弱者的立场上并以这样的人为国民的"标准模板"来教导人们要诚实守信以免获罪于人,而不是站在主权者的立场上去思考如何开创一个和谐有序、国泰民安的局面。

其次,霍布斯只谈"正义之人"与"正义行为"之间的区别而不探讨两者之间的联系。这样做的目的也还是要避免谈及"品质"。对于古典哲人而言,这两个方面固然都非常重要,但二者之间联系的方面更加重要,因为事实本就如此,正义的品质与正义的行为之间本就是相辅相成的关系,所以对于文教之主而言,两者之间的联系当然应当成为更加强调的方面,治国之人当然要鼓励正义之人多行义举、鼓励未及之人多通过行为实践而渐入于义人之列。霍布斯已经提到了不义之人做出正确行为的情况,但是却不敢循着"真正完满的正义行为当具备哪些要素"这样的问题继续深入。只是,既然已经到了这一步了,品质问题实在是逃无可逃了。

这就是霍布斯使用的第三种技巧——避实就虚。霍布斯从未试图谈论"正义"或任何品质本身,而始终是"正义之名"或"正义色彩",实在不得已要解释这种"色彩"时,霍布斯动用的最实在的东西就是"Noblenesse"(高贵)和"Gallantnesse"(勇敢)了,这两样事物仍然需要进一步的说明,但是霍布斯虚晃一枪,竟然拿"耻于让人看到自己为了生活的满足而进行欺诈或背信"对付了事。最不可思议的是最后一句话,霍布斯令人惊奇地提到"德性"与"恶",然而竟然以一个状语从句完成一个同义反复的文字游戏——都只为避免谈论那无法谈论又无法逃避的人的品质。

如此处心积虑地拒绝古典哲人关于"正义"的教导,必然使得"正义"受到折损:"但行为正义并不能使人获得正义之名,而只能说是无罪。行为的不义（也称为侵害），则只能使人获得有罪之名。"① 霍布斯在这里为了"守约"之说而公然断开了行为与名称（更别提品质）之间的联系，这实际上已经宣告了对"政教"思路的公然拒绝。无论德性与有德之士在善良正直的人们心目中占据怎样的崇高地位，也无论它们在一个健康的政治社会中是何等的不可或缺，仅仅为了其臆想的品质低劣的"大多数"以及与之气味相投的法律秩序，霍布斯统统弃之不顾了。

令人有些意外的是，在这之后，霍布斯竟然还是提了一下"著作家们"而没有一躲了之，但是稍一细看便可发现，此处霍布斯仍然使用了其一贯的技巧。他提到的著作家将正义分为"交换的正义"和"分配的正义"。② 由此可以确定，此处的"著作家"一定没有包括亚里士多德。因为亚氏讨论了多种正义，除了这两种之外，还有"矫正的正义""回报的正义""自然的正义""约定的正义"以及"对自身的正义"。③ 并且在讨论分配正义时，亚氏关注的重点也并非利益的分配，而是公职的分配，即什么样的人应当担任公职以及担任什么公职。这个问题正是古典哲人讨论"品质""政体"等主题时真正的心之所系。所有这些，霍布斯似乎从来都不知道，并且，所有这些都与"品质"（quality）问题密切相关。

谈到了正义却又如此害怕探讨品质问题，霍布斯又当如何"制定"他的自然法呢？

---

① ［英］托马斯·霍布斯：《利维坦》，黎思复、黎廷弼译，商务印书馆1985年版，第113页。
② 同上书，第114页。
③ ［古希腊］亚里士多德：《尼各马可伦理学》，廖申白译，商务出版社2003年版，第五卷。

四　霍布斯的"法网"

第一自然法："每一个人只要有获得和平的希望时，就应当力求和平；在不能得到和平时，他就可以寻求并利用战争的一切有利条件和助力。"

第二自然法："当一个人为了和平与自卫的目的认为必要时，会自愿放弃这种对一切事物的权利；而在对他人的自由权方面满足于相当于自己让他人对自己所具有自由权利。"

这两条是霍布斯在进入"正义"问题讨论之先给出的自然法，也是表明其整个政治理论根本目的的两条原则。然而，第一条存在着严重的"词不达意"的问题，如果不是别有用心的话。表面上看，霍布斯是将和平放在了第一优先的位置，实际上却并非如此，因为霍布斯对和平的要求并不是无条件的——无条件的要求是保命。和平只是看上去与保命十分相宜，然而战争却往往是感觉到有危险的人争取安全感的第一选择。所以，第一条自然法的实际结果非但无助于和平的达成，反而使和平成为了不可能。它非但不能使争斗中的各方取得相互信任，反而使仇恨越结越深，因为"寻求并利用战争的一切有利条件和助力"必定会导致争斗不断升级，以至于双方最终坚信唯有彻底消灭对方或让对方彻底失去战争能力才能获得安全。

真正能够导向安全的逻辑是：人必然先由天然的血缘关系以及在生存斗争中形成的合作关系而建立最初级的社会团体，亦即由家庭而部落或村落，这样的团体才是和平的基础。但是，有了这样的基础还不够，还必须有伟大的立法者或政治领袖立文教法度，教稼穑，兴百业，人类的社会联合才能达到其应有的境界。霍布斯以脆弱无比的"个人"为起点是根本不可能找出通往和平的道路的，并且他甚至都忘了为他本人这样"智慧"的立法者留出一个特殊的位置。

第一自然法既然是如此疏漏，则第二条自然法也只能陷于妄想。"对一切事物的权利"纯属臆造，实际上，我们很难想象一个正常的人会真诚地认为自己对于天地万物都有所有权，也很难想象一个认为自己拥有日月星辰、山川河流的人会为了"和平与安全"而放弃它们。而关于自由权上的对等，这样的观念恰恰不能带来和平而只能导致更加残酷的争斗，直至其中一方丧命或交出全部自由———一个半世纪之后，黑格尔在《精神现象学》的第四章"自我意识"中阐明了"为承认而进行的生死斗争"为何不可能的道理。

接下来就是在这两个虚无缥缈的基础上所谓的"守约"条款。

再往后则有：

第四自然法："接受他人单纯根据恩惠施于的利益时，应努力使施惠者没有合理的原因对自己的善意感到后悔。"

第五自然法："每一个人都应当力图使自己适应其余的人。"

第六自然法："当悔过的人保证将来不再重犯，并要求恕宥时，就应当恕宥他们过去的罪过。"

第七自然法："在报复中，也就是在以怨报怨的过程中，人们所应当看到的不是过去的恶大，而是将来的益处多。"

第八自然法："任何人都不得以行为、言语、表情、姿态表现仇恨或蔑视他人。"

第九自然法："每一个人都应当承认他人与自己生而平等，违反这一准则的就是自傲。"此后的自然法，霍布斯已经无法标出序号并理清条理了。

第十自然法："进入和平状态时，任何人都不应要求为自己保留任何他不赞成其余每一个人要为自己保留的权利。"

以上七条，俱为不切实际的幻想。如何判断他人的施予是"单纯根据恩惠"的呢？又如何不使其感到后悔呢？如何才叫"努力适应他人"呢？如何相信一个为犯下的错悔过的人呢？既然看到将来的益处多，为何不干脆恕宥对方，而是还要施加报复呢？不能表现仇恨或蔑视，那是否就是说，只能将仇恨与蔑视埋藏在心中，然后找准机会不动声色地将对方一击毙命呢？霍布斯本人会认为自己与他人在智慧上"生而平等"因而自己的意见与他人也是一样的分量？进入了和平状态，军政系统的人难道也要与普通公民权利完全平等，以至于有军国大事也得按部就班地排队出入城门？

第十一自然法："一个人如果受人信托在人与人之间进行裁断时"，应当"秉公处理"。

第十二自然法："将应属于各人的东西平等地分配给每一个人。"

这两条终于触及了官员或公职人员。然而讲出这样的道理并不能显示出任何的智慧，因为任何人都知道应当秉公断案的道理，也明白将应得之物给予应得之人这一形式原则。因此，对于这两个原则而言，所有的困难都来自具体情况。如何尽可能保证公正呢？这个问题几乎就包含了政治哲学的全部问题，它包括"如何确定每个人的应得之分？""什么样的人能担任法官的职责？""如何保证证人不作伪证？"等重大难题。后面六条显然是在进行各个环节方面的补充。

第十三自然法："不能分割之物如能共享，就应当共享，数量允许时，应不加限制；否则就应当根据有权分享的人数按比例分享。"

第十四自然法：对于"既不能分割，又不能共享"之物，则应

现代道德话语的形成

当"以抽签方式决定。要不然就轮流使用,让第一次占有权以抽签方式决定"。

这两条补充的是对有争议对象物的处理纲要。其简陋一目了然,可争之物品类众多,岂能仅以一个"可分享"性就区分完毕?何谓"按比例分享"?按什么比例呢?对于最难裁断、争夺最为激烈并且裁定之后也难以执行的"不可分享"之物,霍布斯竟然建议了"轮流"与"抽签"。在对抽签的说明中,我们看到,霍布斯举的例子竟然是继承权问题,他认为这是某种不能分割或共享的事物,因此为了避免麻烦,还是应当首先认可"第一占有者"(First Possessor),其次则为"长子"(First-Borne),而不应当采取"由竞争者协议同意"。只是,这里究竟讨论的是王位、爵位、贵族的采邑还是新贵阶层的家产,霍布斯并未交代清楚。

第十五自然法:"凡斡旋和平的人都应当给予安全通行的保证。"

第十六自然法:"争议各方应将其权利交付公断人裁断。"

第十七自然法:"任何人在自己的争讼案件中充当公断人都不相宜。"

最后一条自然法:"任何人如果在一方获胜时所获利益、荣誉或快乐显然比另一方获胜时大,那么他在任何争讼案件中便都不应当被接受为公断人。"[①]

以上四条特与法官有关,其中第一条竟然不是要树立起法官的权威,而只是要求"安全通行",第二条竟然才是要求所有争议交由公断人裁决。难道霍布斯的意思是,如果请他去做法官,他必须首先拿到一张"安全通行证",然后才会考虑前往并要求双方将争

---

① [英]托马斯·霍布斯:《利维坦》,黎思复、黎廷弼译,商务印书馆1985年版,第115—120页。

议交由他处置么？最后两条是霍布斯为保证公断人的"中立"而提出的限定条件，但是这两条显然最多只能起到"避嫌"的作用，而不能真正保证秉公而断。一旦利益链条的长度与隐秘度超出了一般的经验，这种"避嫌"也就不可避免变成了欺人之具。既然霍布斯已经"假设每一个人所做的一切都是为了自己的利益"，他实际上就已经否定了官与民之间应有的基本信任，信任的基础都没有了，还要谈什么"公正"呢？最终的判决如何能让双方都心服口服地接受呢？这个结果与其"一以贯之"的逃避策略是密切相关的——既然不敢谈实质问题，那就只好在形式上做文章了，既然只能搞形式主义，那就不要指望取得理想的效果了。

霍布斯宣称要成为后世政治科学或伦理科学的"新祖"，然而他的"科学"最欠缺的恰恰就是科学性。这十八条自然法显然一不实在，二不全面，三无条理性，四无原则性，五无指导意义，堪称彻底的失败。在谈及第十六自然法时，霍布斯提到了"现实"问题："人们虽然极愿遵守这些自然法，但涉及个人的行为时仍然可能发生问题。第一个问题是到底实行了没有。第二个问题是如果实行了的话，究竟是合法还是违法。前者谓之事实问题。后者谓之权利问题。"[1] 也就是说，霍布斯将事情分成了两部分，一部分是行为者的行为，另一部分是对该行为如何进行权威而公开的定性。霍布斯认为这就足够构成需要公断人的充分条件了。然而，霍布斯漏算了另外一层的"事实"问题——公断人的裁断行为是否公正，以及另外一层"权利"问题——公断人的裁断行为又当交由何人以及如何裁断。这一层的双重问题还可以进一步引出下一层……这将构成一个无穷无尽的"事实—权利"的链条。能够终结这一链条的只

---

[1] ［英］托马斯·霍布斯：《利维坦》，黎思复、黎廷弼译，商务印书馆1985年版，第119页。

有一个办法：明确正义的最终公断人。但是，霍布斯的"主权者"并不能仅凭其地位而成为这样的人，因为即便是权倾一时的暴君权臣作出的"权威"裁断最终也难逃历史的批判与公论。唯有德性完满的正人君子才能担此重任，哪怕他们并不总能取得应有的政治地位。

真正的问题不是"事实与权利"，而是"名与实"。所谓的"名"的问题，实为"道义"问题，也就是伦理政治生活中应然之理究竟为何的问题。对于政治生活或伦理生活而言，"名"的问题就是"纲常名教"秩序的整体，它必须以"德位相配"为不可动摇的根本原则。而"实"则为政治社会中的现实，它并不经常符合德位相配的原则。然而，这样的现实，无论占据了历史怎样巨大的百分比，也不能构成推翻名教的理由。对于有担当的道德君子或护卫者而言，无论是使失范的世道重回正轨还是维护世风不使堕落都永远是不可推卸的最高职责。

作为政治理论的"探索者"，霍布斯必定知晓"道义"问题的不可回避，否则他也不会处心积虑地将道德问题改头换面强行揉进"自然法"中。在交代完十八条自然法之后，霍布斯补充道："自然法在内心范畴中是有约束力的。也就是说，它们只要出现时便对一种欲望有约束力。但在外部范畴中，也就是把它们付诸行动时，就不永远如此。因为一个人如果持身谦恭温良，在其他人都不履行诺言的时候与地方履行自己的一切诺言，那么这人便只是让自己做了旁人的牺牲品，必然会使自己受到摧毁，这与一切使人保全本性的自然法的基础都相违背。"① 这里的问题与前文中指出的完全一致，出于同一个根本的错误，霍布斯在内外两方面所作的补充说明

---

① ［英］托马斯·霍布斯：《利维坦》，黎思复、黎廷弼译，商务印书馆1985年版，第120页。

都陷入了谬误。在内心范畴始终有约束力的乃是人天生的道德良知而非"自然法",而在现实中,无论在什么地方面对什么样的人,遵从良心行事必定更能保全首领,因为良心与防人之心并不矛盾,而防人既不会侵犯他人,也将自己的危险降到了最低。如果这样也无法自保,则违背良心从恶就更加不能保命了。

霍布斯显然对"他人"思虑过重了,几乎竭尽全力强调主权者的威势实际上也是过虑他人的表现,殊不知即便是贵如君王,若想行大义于一国,也离不开一国之中正义之士与朴实之民的以死相从。总强调外部与他人,如何弘扬正义与公道?总将注意力集中在"普通人"身上,还谈什么政治与权威?……与前文指出的困境相同,霍布斯倘若将"自然法"换成"良心",则必然要重新认识"人性""善"以及"正义"……直至成为一个彻底的古典主义者,这正是他要极力避免的。所以,霍布斯才不得不小心翼翼,一方面不抛弃道义,另一方面又只是死守住一个拒绝"彻上彻下"、半吊子的"道义"法则。他似乎不懂得道义世界的基本定律,即谈论道义只能是自上而下地谈,德性只能有确定的上限而无法确定平均数,因为人的道德品质只有上限,而没有下限。这也正是《洪范》称"皇极"而《理想国》称"哲人—王"的原因。

马基雅维里复活了回避"人极"问题的"技巧"并将其迷惑性提高到了一个全新的高度,霍布斯只是跟随其后并为其增添了更多科学的外表与市侩的气息。霍布斯大言不惭地宣称:"研究这些自然法的科学是唯一真正的道德哲学,因为道德哲学就是研究人类相互谈论(Conversation)与交往(Society of Mankind)中的善与恶的科学。善与恶是表示我们的欲望与嫌恶的名词……这样就产生了争论和争执,最后就会酿成战争……道德哲学方面的著作家虽然也承认同样的美德与恶行,但由于他们没有看到这些美德的善何在,

现代道德话语的形成

也没有看到它们是作为取得和平、友善和舒适的生活的手段而被称誉的,于是便认为美德在于激情的适度。"① 唯一真正的道德哲学,竟然不敢探讨善与恶本身,而只敢谈论善恶之"名"? 人们之间的争执与战争是起于对善恶之名的不同理解,还是欺凌、掠夺、杀戮等等的邪恶与不义? 这里再次提到的著作家,仍然不是亚里士多德,因为亚氏从未宣称德性是"激情的适度",而且亚氏从未切断德性与善之间的联系,只是亚氏从未将德性降低为达到"和平、友善以及舒适"的"手段",而是将德性确定为三种善之中最高的"灵魂之善"(另外两种依次为"身体之善"与"外在之善"),是因其本性而被追求的善,缺少了它,另外两种善将不成其为善。霍布斯对德性的降格除了再一次暴露霍布斯政治"科学"的市侩品格之外,并不能对道德哲学起到任何的正面作用——不以教化万民或提升人类道德水准为目的的道德哲学能称道德哲学么? 不如称为保命哲学、舒适哲学或享乐哲学。只是,恐怕伊壁鸠鲁的菜园也会耻于接纳如此趣味的霍布斯。

最后,霍布斯特意对自然法的"法"字做出了说明:"这些理性的规定(dictates of Reason)人们一向称之为法,但却是不恰当的,因为它们只不过是有关哪些事物有助于人们的自我保全和自卫的结论(Conclusions)或法则(Theoremes,一般指'数学定理')而已。正式说来,所谓法律是有权管理他人的人所说的话。但我们如果认为这些法则是以有权支配万事万物的上帝的话宣布的(as delivered in the word of God),那么它们也就可以恰当地被称为

---

① [英]托马斯·霍布斯:《利维坦》,黎思复、黎廷弼译,商务印书馆1985年版,第121—122页。

法。"[1] 我们无法忽视这段包含了重大矛盾的文字，霍布斯似乎是对一个事实心有不安——他的自然法毕竟还是缺少一个"权威"的背书。既然如此，换个词何妨呢？英文词汇表中并不是没有相应的语词，比如他自己选择的"Theorem"（定理）一词就十分合适，为什么一贯强调用词要准确的霍布斯又不愿使用呢？因为霍布斯坚信，"人们"（men）更习惯于认可"法"而不是"定理"，"人们"更尊崇"上帝"而不是"理性"，哪怕是理性的"Dictates"（命令），所以尽管"我们"知道"人们"的想法是错误的，"上帝"其实是没有实在的力量的，"理性"其实是统治不了灵魂的，它只是激情的奴仆，我们仍然要去主动"适应"人们。那么，"我们"如何与"人们"相互协调呢？"我们"只需要"认为"这些定律是用"上帝的话"而"宣布"（不是制定）出来的就可以了。这个办法看上去十分聪明，霍布斯既避开了"理性与启示"之间所有的麻烦，也免除了"我们"与"人们"之间的难题——柏拉图是断然不能允许在大是大非的问题上曲意逢迎大众品味的。只是，如此明目张胆地自欺欺人，岂能免于理性的诛讨？

仔细检视过问题重重的"高级法"思想之后，还应对霍布斯关于更加具体的"实定法"亦即"民约法"的说明做一番考察，因为我们无法不好奇，什么样的实定法能够使得"和平""自由""舒适"以及主权者崇高而稳固的权威真正落地。

读者如果按照章节标题的指示而去《利维坦》的第二十六章"论民约法"（Of Civill Lawes，按今天的习惯应称"民法"）中去寻找的话，那无疑会大失所望，因为在这一章冗长的文字中几乎找不到有关任何门类的具体问题的法条或立法的指导思想，能找到的唯

---

[1] ［英］托马斯·霍布斯：《利维坦》，黎思复、黎廷弼译，商务印书馆1985年版，第122页。

现代道德话语的形成

有一遍又一遍的关于主权者权威的反复"论证"与呼告——其根据全部来自自然法。

我们不得不转向其他地方。在第十八章"论按约建立的主权者的权利"中，除去申说主权者权威地位的条款之外，霍布斯明确了主权的特性与范围，这些都将不可避免地成为颁布民法的准则，例如：第六条，应由主权者"决定哪些学说和意见有害于和平，哪些有利于和平，决定对大众讲话时什么人在什么情况下和什么程度内应受到信任，以及决定在一切书籍出版前，其中的学说应当由谁来审查等"；第七条，应由主权者"订立规章，使每一个人都知道哪些财物是他所能享有的，哪些行为是他所能做的"；第八条，"司法权也属于主权的范围"；第九条："与其他国家和民族宣战媾和的权利也是主权范围内的权利"；第十条："平时和战时一切参议人员、大臣、地方长官和官吏的甄选权也属于主权范围"；第十一条："根据他事先制定的法律对每一臣民颁赐荣衔爵禄之权以及施行体刑、罚金与名誉刑之权。事先没有制定法律的地方，就根据他认为最有助于鼓励人们为国家服务或防止人们危害国家的方式去施行"；最后，"国家的全部国民军或武力"也都应属于主权者。① 这些条款显然是在继续强调与强化主权者的权威，但是究竟能够加强权威，仍然要看具体的规定。

从具有"超稳定结构"的中国王朝统治的历史经验来看，要想巩固统治权威，主权者至少需要掌握三大资源，其一为土地，其二为货币，其三为人才。"普天之下莫非王土"明确了土地资源的最终所有者，"率土之滨莫非王臣"明确了天下文武之士建功立业的正途，至于货币，其变迁繁复，然而至少自秦以来，私铸都明确属

---

① ［英］托马斯·霍布斯：《利维坦》，黎思复、黎廷弼译，商务印书馆1985年版，第137—139页。

第三章 霍布斯的政治科学

于违法行为。当然,最终这些资源还离不开一个根本原则——"皇天无亲惟德是辅"。这是唯一能最终将皇帝制度与"公天下"原则通贯为一的根本原则,唯有如此才能使得"王土"非一家之土,"王臣"非一家之臣,建功立业非为得一家之赏。

以此为视角来看霍布斯具体的立法建议,前文中举出的第七条有关"财物"的权力显然必与土地、货币密切相关,那么,霍布斯是如何建议的呢?在第二十四章"论国家的营养与生殖"中,霍布斯准确地将土地分配问题列在了产权制度的首要位置上,但是他的建议却是这样的:"在这种分配中,主权者根据自己、而不是根据任何一个臣民或某些臣民认为合乎公道或公共利益的方式分给每个人一分。"这仍然只是在不厌其烦地申明主权者的"权威",但是在此之后,霍布斯意味深长地将旧约所载的约书亚为以色列各支派分配应许之地的故事引为权威例证,着意突出主权者在分配问题上的"主观性",并继续推论:"臣民的土地私有权是排斥所有其他臣民使用他的土地的一种权利,但却不能排斥主权者,不论是会议还是君主都一样。"[①] 可以看到,霍布斯十分清楚土地私有制本身的问题,然而"井田制"或"授田制"对于霍布斯而言似乎又显得过于不可思议,于是,他只好极为笨拙地以"和平与安全"的名义赋予主权者一种"特权",即只要不违背和平与安全的主旨,主权者可以任意征用一国之内任何物资。这一特权显然需要一定的实力作基础,因此,霍布斯要求:"在分配土地时,我们可以设想国家本身也分配一份,由其代表者具有并利用;这一份土地可以使之

[①] [英]托马斯·霍布斯:《利维坦》,黎思复、黎廷弼译,商务印书馆1985年版,第193页。

多得足以维持公共和平与防卫所必需的全部费用。"① 这种"与民争地"的策略反映出了霍布斯对英格兰政治现实的无奈,一方面,王室看来是难以遵守"自然法"并坚决避免"不慎重对待公帑或轻启战端、将公共钱财冒险使用于持久或耗资的战争"的;另一方面,贵族也根本没有任何意愿与动力去支持"王土"的观念。而霍布斯在法理上的退让——这是政治理论家最不可饶恕的错误——最终让主权者彻底丧失了真正成为主权者的希望。承认了土地私有,就等于认可了土地兼并,其结果除了结党营私、率兽食人、国将不国的寡头化之外,不会有其他的结果。

再看货币,霍布斯只是将其比拟为"一切物品的调理"(Concoction),然后大致论述了一下黄金白银被认可的原因、货币进入流通领域的两条路。这样的论述堪称是完全的空洞,没有任何实际的内容。在早已开始迈向商贸帝国的英格兰,对于历来被称为一国之血液的货币,霍布斯的处理竟然是如此的轻描淡写,岂不令人生疑?更加令人惊奇的是在第十八章,论述完主权者的种种权利之后,霍布斯毫无征兆地突然宣称:"某些权利,像铸币权、处理未成年继承人的财产与人身的权利、市场先购权(praeemption)以及其他明文规定的特权,主权者都可以转让而仍然不失去其保卫臣民的权力。"不可转让的是军权、征税权以及"统治学理的权利"(the government of Doctrines)。② 这些实际上都是不可转让的权力,尤其是霍布斯在重重掩护之下拱手"送出"的铸币权。如此让权,将使王室如何面对仰山铸铜的吴王呢?难道要让王室动不动就举兵要钱么?或者让王室努力成为国中最成功的行商聚敛之家?

---

① [英]托马斯·霍布斯:《利维坦》,黎思复、黎廷弼译,商务印书馆1985年版,第194页。
② 同上书,第139页。

第三章 霍布斯的政治科学

最后看人才。霍布斯十分准确地指出："对人民的教育完全取决于正确地教育大学中的青年。"同时也指出："直到亨利八世王朝结束时为止，支持着教皇的权力以反对国家权力的始终主要是各大学。"[①] 这个事实意味着王室的政治与文化人才供应机制根本就没有建立起来。对于如此重要的机构，王室竟然无力控制——实际上亨利八世也未能彻底改变这一状况。这绝不是一个简单的失误，而是一个体制名存实亡的表征。

我们不妨将目光沉降下去，看一看英国社会力量与机制的情况。在第二十二章"论臣民的政治团体和私人团体（Systemes）"中，我们再次感受到了霍布斯面对尖锐问题时一贯的遮遮掩掩，在对各类团体进行了毫无必要的分类与空洞无物的说明之后，终于才在掩护之下提到了一个严重的实际问题："为了良好的管理对外贸易而设的政治团体最适宜的代表者是全体成员组成的会议，也就是每一个出资者自己愿意时可以出席该团体一切事务的审议与决议的会议。为了证明这一点，我们要考虑一下可以自己做买卖并输出与输入其商品的商人却又联合起来组成一个公司的目的是什么……很少有人能出得起运费自雇一只船……因之他们便需要组成一个社团。"这个极为牵强的解释显然只是一个烟幕弹，因为霍布斯立刻指出："他们组合起来的目的就是获得更大的利润。达到这一目的的方式有两种，一种是国内外的独家购买，另一种是国内外的独家销售。"到此才明朗，原来霍布斯谈的是迅速出现在西欧各国的"东印度公司"为典型代表的特殊集团。霍布斯十分"节制"地只提了双重垄断的问题，而没有提这类"公司"的性质问题，它们实际上根本不是普通的商业集团，因为没有人会认为一个拥有宣战、媾和、缔结条约、私人军队、铸币权、立

[①] ［英］托马斯·霍布斯：《利维坦》，黎思复、黎廷弼译，商务印书馆1985年版，第267页。

法、司法以及行政等权力于一身的团体仅仅是一个"公司"。关于这种双重垄断，霍布斯指出这"一方面是不利于国内人民，另一方面是不利于外国人"，既然如此，那么主权者应当如何对待这种垄断公司呢？霍布斯"希望"："他们如果在外国市场上结成一个团体，在国内则各听自由，每人都按自己可能订出的价格做买卖时，对国家说来便是极为有利的。"因此，在这个虚假的"前提"之下，既然这样的集团"没有共同的资本，其目的不是谋求整个团体的共同利益，而是每一个出资者的个人利益……所以这种团体的代表者便必须是一个会议"。① 这样的逻辑会不会太过惊人了呢？王室或国家如何能够才能保证这家超级公司不做损害国家与国民利益的事情呢？难道除了控股并同时派得力代表入驻决策层与管理层之外，还有什么别的好办法么？不损害本国人，只损害他国，这样就是国家之福了么？倘若该公司在海外挑起事端，本国政府可以把责任推给该公司并让敌国军队去找该公司解决么？如此办法，如何阻止该集团成为实际上的社会乃至政治权力中心呢？就凭霍布斯一句"这不能成其为政治团体"②？——政治等级与非政治等级之间的不清不楚意味着政教法度的彻底崩溃。

　　对此，霍布斯心中十分清楚。在论及"联盟"（League）时，霍布斯称："联盟一般是为了互相防卫，而国家则等于是全体臣民结合起来组成的联盟，所以臣民的联盟在一个国家之中绝大部分是没有必要的，而且带有非法图谋的色彩……一般都称之为私党（factions）或阴谋集团（Conspiracies）""当主权存在于一个大会议中时，如果其中一部分人没有权力作根据另自聚谋，共图指挥其余

---

① ［英］托马斯·霍布斯：《利维坦》，黎思复、黎廷弼译，商务印书馆1985年版，第180—181页。

② 同上书，第180页。

的人，那便是不合法的私党或阴谋集团"，以及"在所有的国家中，私人所用仆役如果超过了管理财产和合法用途所需要的数目，便是一种不合法的私党。"① 这表明霍布斯非常清楚一个超级利益集团对于本国以及他国而言意味着什么，因为只需将"东印度公司""私人仆役""议会党团"以及"阴谋集团"等词语摆在一起就能看出其中的关联。

这样的局面会导致什么样的结果呢？在《利维坦》著名的第二十九章"论国家致弱或解体的因素"中，在列举完种种"歪理邪说"这样的"最严重的疾病"之后，霍布斯还指出了一些"小病"：其一是"国家有必要用途时，尤其是当战争来临时，难以筹款"，这就像得了"疟疾"；其二是"国家的钱财流出了正当的道路，由于包税或专卖而过多地聚集在一个或少数私人手中"，这像"肋膜炎"；其三是国家对其忠诚毫无信心的、恺撒式的"有势力的臣民"的"众望"，这是一种"危险疾病"；其四是"城市过大"或"自治市过多"，这就像"一个大国家的肚子里有许多小国家"，用疾病比拟，则像"自然人肠道中的虫子"。② 这四种"小病"放在一起，还不足以证明该国政教法度已陷于彻底失败么？这些疾病哪一个与垄断公司脱得了干系呢？这样的基本格局之下，在这个从来不以道义为本的国度中，各种社会力量将如何选边站队呢？知识分子、优秀青年、贵族子弟、中产阶级以及弱势群体……有谁会站在王室这边呢？即便王室被议会取代，在一个新的以利益为最高追求的新国家里，这些人究竟会站在议员们所"代表"的人民一边，还是站在"公司"一边呢？

---

① [英]托马斯·霍布斯：《利维坦》，黎思复、黎廷弼译，商务印书馆1985年版，第183—184页。
② 同上书，第258—259页。

面对这个令人绝望的局面，霍布斯有没有办法拯救主权者的权威呢？看来首先就是要增强筹款能力了，而这又立刻回到了主权者手中究竟有何资源的问题，为了避免陷入循环与推诿，霍布斯必须拿出一个破局的办法——他近乎绝望地宣称："在这些金钱不足使用时，主权者最后就不得不以暴力打开目前供应的道路，否则就要灭亡。经常采用这种极端手段之后，人民就驯服就范了，否则国家就必然会灭亡。"[①] 这是我们能看到的唯一一次霍布斯充满"血性"的爆发。这个不是办法的办法——不打是等死而打则是速死——正是查理一世最终的无奈选择，而其结果也确实就是国家的灭亡。因为在以垄断公司为核心形成的"社会机器"的基本逻辑的长期作用之下，举国上下的全部人力、财力、物力早已被新的权力中心吸走，所以战端一启，查理一世便不得不眼睁睁地看着自己的军队由于缺乏军饷与装备而或降或散、节节败退。

在这些容不得丝毫马虎的、实实在在的命脉问题上的无能，无情地揭露了霍布斯精心织造的这张"法网"的残破，其模棱两可的主权论中所包藏的精明与懦弱，其声色俱厉伸张主权者权威表象之下的心虚与胆薄，以及不以道义为本的"权威主义"的孱弱。

五　结语

霍布斯以暴力为最终基础的"权威"主张最终反而是为资产阶级的夺权提供了最重要的意识形态武器。"占有式个人主义"与契约论非但不能树立起政府或主权者的权威，反而会让全社会在背德弃义的道路上渐行渐远以至于往而不返，这将最终使得政府在利益

[①] ［英］托马斯·霍布斯：《利维坦》，黎思复、黎廷弼译，商务印书馆1985年版，第258页。

的逻辑面前丧失几乎所有的领地,以至于即便霍布斯本人在具体政策建议上都不敢对利益集团发起正面的声讨。

这也正是"大本已斫智巧无补"的又一例证。

的确,拒绝了道义,还能怎样谈论政治呢?不以正义为本,谈论"神"的意义又何在呢?不为德性与善,"秩序"又将为什么服务呢?除了陷天下人于虚无——它可以是对利益、安全、欲望之满足等的无止境的追求,也可以是弃世独处而追求空想的宁静——还能有什么其他的结果呢?霍布斯撒下的这张天罗地网既网住了自己,也网住了查理二世及后来所有国王复兴王室的希望,更重要的是,它还网住了后来西方理论界的想象力与重归正途的可能性。卢梭是现代世界的第一个重要的批判者,然而他也未能挣脱霍布斯布下的这张网。

第四章　卢梭的遁世与经世

卢梭身上集中了大量惊人的矛盾：作为一名启蒙者，他对人类文明提出了最惊世骇俗的批判；作为一个热爱"自由"的人，他建议的政治方案堪称极其严厉；作为一个现代人，他似乎又将全部的崇敬与向往献给了古人的世界；作为一个家庭伦理的教导者，他决绝地逃离了妻子与五个孩子；作为一个热爱孤独漫步的人，他从未忘怀全人类与社会生活；作为一个巴黎沙龙中升起的明星，他给了巴黎最糟糕的评价；作为一位理论家，他的文笔不逊于任何一个美文家，反过来讲也通，作为一个文人，他对文明生活根本问题的感受力、把握的精准度以及论述的深刻性超过了当时几乎所有的"哲学家"……这一现象当然可以有多种解释，然而无论以何种视角，这一状态最终都将指向卢梭思想深处的某种难以言表的不确定性。

这种不确定性有很多原因，普鲁塔克的影响、古罗马本身的问题、欧洲基督教世界的政教之殇、卢梭的出身、卢梭的不幸童年、卢梭不幸的青少年时代、资产阶级社会的罪恶以及启蒙时代的历史局限等似乎都有一定的解释力，然而出于对思想者最起码的敬意，我们还是应当将这个"不确定性"归于卢梭自己的选择。他的精神世界中的一砖一瓦都来自他的选择。因此，我们必须跳出卢梭的世界才有可能看清楚这个令人难以冷静对待的世界并找到藏在卢梭种种选择之中的种种问题。①

一　德性之"劫"

之所以要动用"劫"字，最终还是因为卢梭与德性问题的相遇实在是 18 世纪西方世界最令人哀伤的故事——而之所以不加上"之一"，则是因为再也没有比文明命运更重大的主题了。如果不以文明史的视野来审视卢梭的思想与命运，则我们至多看到一个也许有些过于复杂且敏感的心灵，他震惊于眼前这个世界的堕落，于是以某种"道德"为主旨开出了一个惊人的药方并在世界范围内掀起了一个旷日持久的革命狂潮，在这场席卷全球的运动中，诞生了一个又一个共和国，而伴随着这些政权的起起落落的，则是前所未有的混乱失序。这造成了一个聚讼纷纭、难以评断的局面。造成困难的不仅仅是要素繁多以致难以比较的利弊得失，还有伴随这场巨大运动而产生的一些极具影响力的思潮，它们的冲撞让本就难有定论的是非曲直变得更加模糊……回顾这段惊心动魄的历史，我们首先能够肯定的就是：卢梭是为法国的这场革命提供了最重要指导思想与最大"道德"动力的思想者。②

《左传·襄公二十四年》有"三立之训"，其中"太上"者为"立德"，其原因无他，而只在于宇宙间悠悠万事唯此为高。其三为"立言"，也就是为德立言，此事在万事之中为第三高者。卢梭

---

① 像克里斯托弗·凯利（Christopher Kelly）那样深陷于卢梭的道德情怀、他的自怜自伤、他的悲天悯人、他的坎坷人生以及他的凄美文笔，是没有办法找到真正的问题之所在的。参见［美］克里斯托弗·凯利《卢梭的榜样人生》，黄群等译，华夏出版社 2009 年版，第一、二、七章。

② 参见［美］卡罗尔·布拉姆（Carol Blum）《卢梭与美德共和国：法国大革命中的政治语言》，启蒙编译所译，商务印书馆 2015 年版，第一章。

现代道德话语的形成

的一生,可否由此一观呢?完全可以,甚至,必须如此。因为不知立德之高与之难,就无法理解卢梭惊人的悲天悯人、激情澎湃、颠沛流离以及那充满了字里行间的冲天怨气。立德之难,在于难知难行,此二者何者更难,实属难以深究,因为知行二者往往相辅相成。不妨分而述之。忠孝之名,可谓无人不知,然而忠孝之道,不读圣贤明训固不可知,只读圣贤之书也未必真知,读书而成"俗儒""腐儒",就不能称"知"。不知忠孝之道,就难免行不忠不孝或愚忠愚孝之事,如此则于天道人伦皆大有损伤。倘若天赋异禀,好学深思而身体力行,至乎不惑之年方有可能称知,则行之之难始可见矣。既不能为威武、富贵或贫贱所左右,亦不可特立独行、轻王公而骄富贵,既不可不弘毅,亦不可不知变通,还不可让天下人猜疑误会……难矣哉!一旦有误,则天下小人虎狼之心、汹汹之口焉能放过?或道貌岸然,滥用圣人明训而以伪君子之名诛之,或者干脆尽将先王之道斥为虚言。

明白了这个道理,就不难理解卢梭的坎坷命运。他因美德而爆得大名,也因年幼无知、私行不检而招来无数恶毒的嘲讽、指责与污蔑,还由于时代的"政治正确"而遭焚书、谴责与驱逐。反观与卢梭同时代的"圈内人"们,尤其是穿行于巴黎各大沙龙的文人们,只要愿意遵守花花世界的规矩,便可名利双收,尽享荣华——尽管不是震古烁今的大名与王室巨贵的奢靡,却也远胜卢梭茕茕孑立、抄谱度日的窘迫,而且,根本不必担心成为众人口诛笔伐的对象。乱世之中,趋炎附势、从俗从众的小人之道,总是要比仗义执言容易得多。

这个最令正人君子哀伤忧惧的故事始于卢梭与普鲁塔克的相遇。

据卢梭《忏悔录》中的回忆,卢梭从五岁开始阅读。他迅速地爱上了读书，并开始了一段饥不择食、毫无统绪的生吞活剥。他的阅读对象首先是母亲留下的一些小说，这些包含了诸多"少儿不宜"内容的文字使得卢梭小小年纪便"获得了在我这样年龄的人谁也没有的那种关于情欲方面的知识"，尽管他坚称这些"接二连三感受到的这些混乱的激情，一点也没有败坏我的理智，因为我那时还没有理智"。然而事实却并非如此，"早熟"一定是要付出或惨重或不那么惨重的代价的，卢梭承认：这些小说"给我造成了一种特型的理智，使我对于人生产生了荒诞而奇特的看法，以后不管是生活体验或反省，都没能把我彻底纠正过来"。这既是自传体小说《忏悔录》的伏笔，也是卢梭人生的伏笔。

大约两年之后，家中藏书读完，于是外公的藏书开始进入卢梭的搜读范围，正是在这里，卢梭见到了"勒苏厄尔著的《教会与帝国历史》、包许埃的《世界通史讲话》、普鲁塔克的《名人传》、那尼的《威尼斯历史》、奥维德的《变形记》、拉勃吕耶的著作、封得奈尔的《宇宙万象解说》和《死人对话录》，还有莫里哀的几部著作"。其中，普鲁塔克引起了卢梭特别的兴趣，卢梭回忆起这一段时的激动与感慨跃然纸上："我对这些书有一种罕有的兴趣，在我这个年纪便有这样一种兴趣，恐怕只我一人。特别是普鲁塔克，他成了我最心爱的作者……不久，我爱阿格西拉斯、布鲁图斯、阿里斯提德便甚于爱欧隆达特、阿泰门和攸巴了……我的爱自由爱共和的思想便形成了；倔强高傲以及不肯受束缚和奴役的性格也形成了；在我一生之中，每逢这种性格处在不能发挥的情况下，便使我感到苦恼。我不断想着罗马与雅典，可以说我是同罗马和希腊的伟人在一起生活了。加上我自己生来就是一个共和国的公民，我父亲又是个最热爱祖国的人，我便以他为榜样而热爱起祖国来。我竟自以为是希腊人或罗马人了，每逢读到一位英雄的传记，我就变成传记中的那个人物。读到那些使我深受感动的忠贞不贰、威武不屈的形象，就使我两眼闪光，声高气壮。有一天，我在吃饭时讲起西伏拉的壮烈事迹，为了表演他的行动，我就伸出手放在火盆上，当时可把大家吓坏了。"①

这一段激情澎湃的描述传达了大量的信息。首先，"恐怕只我一人"的说法完全符合卢梭一生孤独清高的行迹，然而这并非道德君子应有的健康心态；其次，普鲁塔克的《名人传》与卢梭所说的"爱自由"与"爱共和"之间并无必然联系，因为卢梭式的"爱自由"与英雄人物保家卫国奋勇抗击侵略者式的"爱自由"并不是一回事，而"爱共和"更是一个复杂的问题，恐非七岁童子所能理解。书中所载英雄人物最吸引人之处首先在于他们个人的德性，然后则是他们为国为民勇于奉献并能成功造福一国的功绩，最后则是他们留下的值得回味的道德警句。卢梭自己也说是被这些英雄的"忠贞不贰"与"威武不屈"所感动，而这些都与所谓的"共和政体"没有直接的关联。卢梭的共和主义完全来自普鲁塔克。伟大君主如忒修斯与吕库古都被这位罗马帝国时代的共和主义史家强行塑造成了"共和"的缔造者，这显然是受到了波利比乌斯的影响。实际上，从古典政体论来讲，审慎、勇敢、节制、正义等德性与政体并无直接关联，所谓的共和制并不比君主制更有利于有德之士发挥才干、建功立业并让人民大众得享平安，共和国在起于微末之际或突遭危难之时需要的恰恰是权威之主而不是三派共商，而明君治国则必定要不拘一格选贤任能而不是事必躬亲，唯恐他人"染指"权力。普鲁塔克生逢罗马帝国克劳迪乌斯、尼禄、韦斯巴芗等暴君荒唐统治的丧乱时代，晚年才有幸亲睹涅尔瓦、图拉真与哈德良三位

---

① [法]让-雅克·卢梭：《忏悔录》（第一册），范希衡译，商务印书馆1986年版，第5—7页。

第四章 卢梭的遁世与经世

贤君的统治，实际上，无论是"三贤帝"，还是"五贤帝"，都未能解决罗马帝国上下积重难返的顽疾，普鲁塔克对帝制自然也毫无信心，只好逃到古代"共和国"英豪的故事中去幻想帝国的未来。因此，无论从学理还是从个人的经验体会而言，普鲁塔克都令人遗憾地未能达到对君主制、道义、文教以及政治生活的深刻理解。从卢梭的回忆来看，普鲁塔克的这个遗憾与卢梭一生的坎坷以及法国、欧洲乃至全世界人民的遭遇都脱不了干系；卢梭在称"爱国"的同时又称"竟自以为就是希腊人或罗马人"。这是前后矛盾的，当时的卢梭若谈"爱国"，必须是明确的"爱日内瓦共和国"，爱慕古之英豪，当然可以立志仿效，然而归心于已亡之古国，终究于情于理难通。因此，综合来看，此番充满了独清独醒之感与爱自由共和之情的回忆表明，卢梭的政治启蒙是有问题的。

与普鲁塔克的相遇只是卢梭思想生涯的始点，卢梭于整整三十年后写就的《论科学与艺术》才是卢梭思想命运最重要的转折。但凡略知"启蒙运动"者，都必定知晓此篇文章的基本观点。然而本书关心的却是，这些基本观点与其道德情怀之间究竟有何关联。

这篇文章对启蒙时代欧洲人良好的"文明感"发起了严厉的批判。批判的名义不是他物而正是德性，卢梭宣称："我自信我谴责的不是科学本身；而是要在有道德的人面前捍卫美德。"① 这里有一个问题：既然是为了美德而批判科学与艺术，为何还要把"科学本身"择出来呢？这个问题又会引出一系列相关问题：难道卢梭认为目前已知的"科学"都还不是"科学本身"？难道在这些具体形态之外，科学还有个"本身"么？以培根主张的"科学"为例，它不过就是一套认识并征服自然的方法，也就是说，它只具备工具

---

① ［法］让－雅克·卢梭：《论科学与艺术的复兴是否有助于使风俗日趋纯朴》，李平沤译，商务印书馆2011年版，第7页。

性而没有自主性。从理论上讲，它可以为任何人的任何目的服务，为正义的目的服务时，科学就是正义之具，而为恶人所用时，它就是残毒之具……一句话，科学没有"本身"，只有目的才有"本身"。被培根一再嘲讽批判的古代科学的情况也并无不同。倘若一定要说存在"方法本身"或"工具本身"，那么，这也只能说明，所有的科学都是"科学本身"，因此，卢梭既然要批判科学，就一定要批判"科学本身"。

所以，我们有理由怀疑，卢梭尽管崇尚美德，却不一定真的认为美德应当是人类社会生活唯一正当且应贯穿到文明生活每一个角落的主旨，因为如果他这样的认为的话，他的批判就会完全变成另一个样子：首先，他不会将当今的社会生活比喻为"枷锁"而将"科学、文学与艺术"比喻成枷锁上的"花环"，他也不会去谴责人们"泯灭"了"他们为之而生的自然的自由"并"喜欢"上"奴隶状态"。因为"自由"与"美德"（亦即"德性"）并不相容，无论是霍布斯式、洛克式还是卢梭式的"自由"。有德之人不会问"我有哪些自由"，而只会问"某事怎样做才最合于道义"。不沉溺于享乐或不做外物与欲望奴隶的人，对于有德之人而言，并不意味着他就是一个"自由"或"爱自由"的人，而是一个"品质高贵"的人。面对一个腐化堕落的社会，有德之人绝不会谴责这个社会"不爱自由"，而是会谴责其统治者不以德为本，他也不会提出"人人都应当做自己的主人"这样的主张，因为有德之人应当为那些德能不足从而没有能力做正确决定的人——也就是绝大多数的人——做主。他也不会将任何科学与文艺视为"枷锁上的花环"，而只会去探讨特定的科学研究对象选取是否合宜、方法是否正确，特定的文艺作品立意是否正当、表现手法是否精妙、对于世道人心是否有益，当则存之，不当则改之。

第四章 卢梭的遁世与经世

其次，有德之士断不会以近乎野蛮粗暴的方式来剪裁历史并借此谴责科学与艺术。埃及、雅典、罗马、君士坦丁堡以及中国，这些远近不一、历史传统差异巨大的国度，岂是可以妄加评断的？埃及的衰落是因为发展出了"哲学与美术"么？希腊的风尚是由于"艺术"的兴盛而败坏的么？希腊的学术"愈来愈昌明"，人民却"始终是奴隶"？"德摩斯梯尼的辩才"有什么可指望的么？罗马是被埃尼乌斯等诗人败坏的么？康雍乾时代的中国人民遭受了"愚昧和粗野的鞑靼人的羁轭"，并且"处处都是奴隶和坏人"？这是因为在中国"只要文章写得好，就可以当高官"？有没有让卢梭欣赏的民族呢？有，它们是早期的波斯人、西徐亚人、日耳曼人、"处于贫穷和无知时期的罗马人""朴实"的瑞士人以及希腊世界里那个"以它幸福的无知和贤明的法律（wisdom of its laws）而名闻天下"的斯巴达人……卢梭在这里展示的历史知识与见识都堪称鄙陋，他的历史评判办法看上去也极为幼稚，因为其首要标准似乎就是所谓的"纯朴"。他似乎无力面对任何超出最普通的人们最基本生活标准之上的任何需求与情感。本书无意探讨卢梭思想与民粹主义的关联，毕竟"民粹"表象背后的原因才应当是反思的重点，毕竟卢梭的头脑决不普通。以斯巴达为例，此处的"纯朴"乃是与"贤明的法律"紧密联系在一起的，因此它并不是"自然的纯朴"。也就是说，在卢梭这里，高妙的智慧（wisdom）与日常生活的简朴之间存在着某种微妙的关系。卢梭似乎在暗示，最智慧的立法者务必要做到使一国上下保持质朴，然而，还是这个斯巴达，却深刻地展示了卢梭与真正德性典范之间的根本差别——在他十分敬仰的一位雅典人苏格拉底那里，斯巴达得到了完全不同的评价。

这正是要说的第三点，一位真正的有德之士，是不会这样的"使用"苏格拉底的。卢梭将苏格拉底对雅典诗歌、技艺家、智术士、演说家等人的批判以及"无知之知"的说法理解成了对"无知"的真诚礼赞,并称:"如果他今天复活的话,我们的学者和艺术家们能使他改变他的看法吗?不能。先生们,这个正直的人依然会蔑视我们无用的科学……他将只把他一生行事的记录和美德(only the example and memory of his virtues,并无文字'记录'之义)留传给他的学生和后人,作为对他们的教育。"[①] 实际上,只需略知"子不语怪力乱神"的深意,就能明白苏格拉底的"无知之知"决无赞颂无知之意,否则苏格拉底何必要为"理想国"中的护卫者安排如此复杂艰深的教育呢?同样,苏格拉底也从没有简单粗暴地反对一切文艺,"理想国"的确是驱逐了一些诗人,然而并没有要消灭一切诗歌或戏剧,哲人在《理想国》第十卷亲手贡献了一部杰出的神话诗作,在《斐德若篇》中也展示了文采不输任何诗人的"情赋"。因为古典政治哲人关心的重点并不是辞藻是否过分雕琢,而是其中是否包含了正确的道德教诲以及能否有助于世道人心的改善。最重要的是,卢梭完全不知"夫子之志"与"夫子之不得已"之间的巨大差别。他只是简单地将雅典的政治社会现实视为僵死的、给定的与不可更改的,而苏格拉底只不过是一介对这一切毫无办法的布衣。在卢梭看来,尽管苏格拉底极具智慧与德性同时又不乏政治经验,他也只能以一个普通公民的身份发表一些毫无用处的布道式的言论而已。卢梭似乎完全不知道《理想国》中关于"哲人—王"的讨论,也完全不知道统治者对世道人心的责任与应当发挥的作用。苏格拉底最终当然是在政治上毫无建树,这是他的遗憾,更是雅典当权者的耻辱与罪过。然而,卢梭格外欣赏的竟然只不过是苏格拉底不立文字的教育"方法"而已!紧跟其后被列

[①] [法]让-雅克·卢梭:《论科学与艺术的复兴是否有助于使风俗日趋纯朴》,李平沤译,商务印书馆2011年版,第19—20页。括号中文字为笔者所加。

为苏格拉底同道的老伽图与法布里西乌斯更是暴露了卢梭对苏格拉底的误解,因为后两位拙朴的主张与苏格拉底的思想之间几乎只有些许微不足道的相似之处。最后,卢梭提出回到写作此文时的欧洲:"是的,在我们这里,苏格拉底也许是不会饮鸩而死的,但他将从一个更加苦涩的酒杯里尝到嘲笑和轻蔑,其痛苦比死亡还大一百倍。"① 这句话中显然包含了卢梭在巴黎的种种遭遇中积攒已久的愤懑情绪,同时这也暗示人们,卢梭心目中的自己,不是任何质朴无文的伟大共和国中的伟大立法者或政治家的再世,而正是当代的苏格拉底,一个遭到了太多嘲笑与轻蔑的作为个体文人的苏格拉底。

在这里,卢梭要么误解了自己,要么误解了苏格拉底。因为苏格拉底绝不会这样愤世嫉俗:"天文学诞生于人的迷信,雄辩术是由于人们的野心、仇恨、谄媚和谎言产生的,数学产生于人们的贪心,物理学是由于某种好奇心。所有这一切,甚至连道德本身,都是由人的骄傲心产生的……如果没有滋生艺术的奢侈之风,艺术对我们有何用处?如果没有人间不平之事,我们为什么要精研法律?如果没有暴君、战争和阴谋家,我们为什么要撰写史书?"② 这显然已经不是正常的分析或讨论,人类的社会生活与社会性在卢梭这里几乎已经成为"原罪"。按照这个逻辑,就没有必要再继续讨论了。

于是,卢梭立刻一个一百八十度急转,抛出了他唯一认可的存在样态:"如果每个人都只专注于尽人的天职和满足于自然的需要,时时为祖国、穷苦的人们和朋友效力,他为什么要成天去苦苦思索呢?难道我们生来就是为了死也要死在那口深藏着真理的水井的井

---

① [法]让-雅克·卢梭:《论科学与艺术的复兴是否有助于使风俗日趋纯朴》,李平沤译,商务印书馆2011年版,第22页。
② 同上书,第25—26页。

边吗？"① 我们可以看到这样几个关键词：天职（obligations of humanity）、自然、祖国、朋友以及穷苦的人们（the unhappy）。首先，除了最后一项，前四个词都不是仅凭本能就可以理解的，尤其是天职和祖国，几乎很少有人能轻易地知道"人的天职"与"自己的天职"，而且并不是所有的天职都与祖国有同等重要的关联，五者之间发生冲突的时候，当中并没有一个可以用来解决问题的明确的指导原则；其次，其中至少有一个特别值得注意的缺失：家庭。从卢梭后来的人生轨迹来看，这个缺失绝不是一时的疏漏所致。这个缺失究竟有多重要呢？在对这个问题的理解上，中国传统具有重要的参考价值，因为"家和万事兴"中的"家"字，决无他字可替。一家之中，有一人身体不康泰、生活事业不顺心，夫妇、父子、兄弟、婆媳、妯娌等关系有一不睦，则难称"和"，因此，"和"虽一字，却殊非易事。天子之家不睦，天下必乱，诸侯之家失和，一国必乱，普通一家出了问题也可搅扰得四邻不安，并且此事绝非严刑峻法可救。西方古典传统对此也颇有着意，亚里士多德《政治学》第一卷对夫妇、父子以及主奴关系之道颇有明训，然而却不免有过简之嫌。亚氏之后，在家庭问题上，西方世界中大概也只有黑格尔可称略近于古。此事非小，"家道"未能成为西方礼俗政教中的重要一环堪称是西方文明的一个重大缺憾。卢梭对家庭生活之重要性的感受不可谓不深。《忏悔录》中，家庭状况是卢梭进行自我剖析与分析他人时非常注重的要素。然而，在《论科学与艺术》这个如此重要的时刻，家庭竟然在不经意间就被忘却了。忽视了这个重要环节，则天伦之乐与乐生之道从何谈起？没有这样的基础，朋友之道、恤贫以及舍生保卫家邦之义都将如无源之水一

---

① [法]让-雅克·卢梭：《论科学与艺术的复兴是否有助于使风俗日趋纯朴》，李平沤译，商务印书馆2011年版，第26页。

般迅速归于虚伪——这恰恰是卢梭最为痛恨之事。

是为"劫"。

二 "理想世界"与人的世界

如此先天不足的道义情怀将如何关照"人"与全人类呢？

卢梭在他人生最后一部为己申辩的大部头作品《卢梭评判让－雅克：对话录》的一开始便抛出了一个"理想世界"："它与我们这个世界很相像，却又完全不同。在那个世界里，大自然与在我们这个地球上完全相同，但经济更受到重视，秩序更井然，场面更精彩，形状更优雅，色彩更鲜艳，气味更芬芳，所有的物品都更有趣。整个大自然是那样美好，以至欣赏大自然会使人的灵魂燃起对如此动人景象的热爱，在使他们产生要使这个美好的制度更加美好的欲望的同时，也使他们担心会破坏这个世界的和谐。这样便产生了极度敏锐的感受性。这种敏锐的感受性会给具有这种品质的人带来立竿见影的快乐感受……天性的初动都是善良的、正直的，它要多直接有多直接地朝我们的自保和我们的幸福奔去……这个世界的居民有幸得到天性的支撑，他们与天性系得更紧……他们的心灵总是保持着自己的本性。初始的激情都是直接奔我们的幸福而来的，它只占据与此相关的目标，而且以自爱为原则。"[1]

请注意，此书是卢梭取代上帝而对自己进行的"最终审判"，因此，这里的"理想世界"，理当是卢梭真实的理想，并且，在这个问题上，卢梭不会再有任何变化。如果以上逻辑能够成立，那么我们就可以确定，卢梭的这一理想从《论科学与艺术》开始就没有

---

[1] ［法］让－雅克·卢梭：《卢梭评判让－雅克：对话录》，袁树仁译，商务印书馆2015年版，第5—6页。

变过。

　　这是一个怎样的理想呢？首先，它是一个"理想世界"而不是"理想国"，这显然是对基督教的"天国"模仿，而不是对苏格拉底甚或普鲁塔克的追随。世界虽然大于一国，然而称理想世界却只能暴露论主惧怕麻烦逃避现实的不良倾向；其次，这个世界中的"人"与"自然"都与现实世界有别。卢梭对自然条件的要求着实令人深感意外，因为这非但不能为理论家带来任何荣誉，反而是极大的污点。这个要求显然是比照着"伊甸园"提出的，意在降低生存的难度与人类对诸如农耕、狩猎以及组织等技艺的依赖。但是，这个做法并不明智，因为它将使得所谓的"理想"不丑成其为严肃的理想，而将沦为毫无意义的"幻想"。同样，这个世界中的人也是难以想象的，"他们"的品格既没有任何的吸引力，他们的"生活方式"也没有任何的教益。因为本能式的"自爱"只是一种自然的情感，像任何情感一样，它也是非常难以自持的，而且也不可能"自然而然"地成长为更加伟大与博大的情感。如此纯洁的、依从本能的人们，如何坦然面对生老病死？如何妥善应对婚丧嫁娶？倘若有人仅仅是由于一时糊涂而犯下大罪，又当如何处理？……这样低水准的、婴孩一般的灵魂状态并不值得追求。卢梭对理想世界中人的想象，暴露了他心中始终如一的伊甸园意象，这也暗示了他对一个全知、全能、全在、全善的统治者的渴望，没有某种仁爱、神奇、周到、隐秘且时刻警觉毫无松懈的无边"法力"，这个"理想世界"一秒钟都撑不过去。而作为政治思想者的卢梭本人，却从未想过要去成为这样的统治者或其辅助者。

　　那么，这个世界与"德性"有何关系？"在这些国度里，可能人们并不比我们周围的人道德更高尚，但是在这些国度里，人们更懂得热爱美德。天性的真正倾向都是善的，因此，服从这种倾向的时候，人也是善的。"需要注意的是，这与孟子的"四端说"或"性善论"截然不同，孟子或儒家坚信后天礼教实践与理论学习对于君子德性成长的根本重要性，性善只不过是一个始点，并且是一个可有可无的始点，因为荀子"性恶而能化"的讲法往往更有事实根据——初生赤子焉有懂得相互礼让的？这是儒家内部性善性恶之争，非马基雅维里、霍布斯或卢梭等西人可知。卢梭这里的善，与礼俗教化毫无关系，而仅仅是对简单而直接的"自爱"的、无知无识无反思的跟从，并且，这里的人们也仅仅是"更懂得热爱"德性，而不是具备任何德性。与《论科学与艺术》中所说的"德性生于七宗罪之一的骄傲"完全一致，卢梭在这里也同样宣称："在我们这个世界，高尚品德常常迫使人们去与天性做斗争并战胜天性，而能够做出此种抵制的人是很罕见的。长期不习惯于这种抵制甚至会软化他们的心灵，以致他们会出于软弱、出于恐惧、出于必要而作恶。他们既不能免于过失之外，也不能被免于恶习。他们对罪过本身并非格格不入，因为确有一些不幸的境况，在这些境况中，最高尚的品德也不足以抵御罪过，而是迫使人情不自禁地作恶。但是他们心中从未有过故意伤害别人、恶毒仇恨、妒忌、阴险丑恶、背信弃义、狡猾欺诈。绝大多数情况下，人们从中只会看见犯下罪过的人，但是这里面从未有恶人。总而言之，他们（理想世界里的人们）不比这里的人更品德高尚，但是至少从他们更懂得自爱这一点来说，他们对别人是不怀恶意的。"[①] 几乎很难再有比这个更加颠倒是非、混淆黑白的说法了。德性就是与天性做对这么简单么？能够做到的人罕见，这是事实不假，但那又如何呢？不以稀为贵，反倒为贱了么？有什么情况能让德性也无法抵御罪过的呢？

[①] ［法］让-雅克·卢梭：《卢梭评判让-雅克：对话录》，袁树仁译，商务印书馆2015年版，第7页。

是类似于迈克尔·桑德尔想出的那些不是杀一无辜便要杀十无辜的极端情况么？是不背叛亲情就要背叛国法的情况么？或者是不违背良心便要危害祖国的情况？……确实会有些艰难的处境，然而符合正义的好办法却并非没有。即便没有万全的好办法，德性依然有办法闪耀出它独有的、无可指摘的光芒。令人愤慨的是，同样是小概率——有德之人少与德性无法处理的情形不多——为什么受到诋毁中伤的偏偏都正好是德性与有德君子？说到犯罪与恶，的确有些罪人并非恶人，也有很多恶人并没有被法律判为罪人，然而卢梭何来的勇气竟敢根据两种小概率的情形而彻底将罪与恶分离开来呢？分开了罪与恶，实际上就彻底解放了恶，于是，两个世界的人也就都"摆脱"了恶。而理想世界里的人只不过"更懂得自爱"而已，他们也因此而不会对他人有"恶意"。然而，问题是，没有恶意并不意味着就有善意。总而言之，卢梭的理想世界不需要甚至不欢迎圣贤或君子、哲人王或护卫者，简单、淳朴、平静、"绝圣弃智""无知无识顺帝之则"，就足够了。

但是，卢梭要在有德之士面前捍卫"德性"的宣言呢？

一个说得通的解释是，卢梭要求我们必须承认并接受"理想世界"根本不可能的事实，但是，虽然德性在那里无用，在我们所处的现实世界之中却有用。在某些犄角旮旯里，如果有足够的好运，还是能够恢复些许理想世界里的"幸福"的。

然而这个解释并不能"拯救"卢梭犯下的大错，因为没有文化追求与道德目标的"理想"是不成其为理想的。理想世界中的"人"，既像亚当，又像《论不平等》中的自然人，还有可能像卢梭理想中的自己——每天沉浸于美好自然带来的喜悦中，不必为生计奔波，不用与人钩心斗角，无须为任何他人操心劳神，用不着思考任何问题……这样的"理想"只会毁了它所触及的任何事物，比如——人类文明。

卢梭对人类社会及其历史的最深入、最全面、最学术同时也最具毁灭性的论述集中出现在《论人类不平等的起源与基础》中。如果说《论科学与艺术》尚可理解为卢梭深痛于德性在现代社会逻辑之下的扭曲或受难从而不免在激辩中言语夸张、矫枉过正的话，则《论不平等》就是一部思路清晰、条理分明的冷静分析之作。这篇论文的可怕之处也正在于此，因为其看似平静的理论分析之下包含着的乃是与其他激情澎湃之作完全一致的基本判断。

这篇命题作文要回答的问题是："人类不平等的起源是什么？人类的不平等是否为自然法所认可？"这其实是一个不可思议的现象：欧洲头号大国的科学院竟然会为这样一个带有"反社会"性质并极易引发不安情绪的话题而设奖征答。这个题目显然比"科学与艺术"之问具有更大的破坏性，后者毕竟包含了对于风俗淳美之重要性的肯定。"不平等"却是为了什么呢？什么是"不平等"呢？一切共同体都必然要有的分工合作和上下级关系也算么？三尺童子与其父母、七岁小儿与其老师、士兵与其将领……人类社会生活中的种种关系难道应当从平等与否着眼么？它们不是"平等"的就必定是"不平等"的么？"起源"问题又是个什么问题呢？它既可以是逻辑上的起源，又可以是发生上的起源，只是这样的探讨意义何在呢？这只能使人类社会的基本逻辑及其历史都陷入危机，"自然法"的危机将只是其中的一个部分。

这样一个带有明显倾向性的题目遇上愤世嫉俗的卢梭，其结果可想而知。

卢梭"果然"提供了一整套关于"不平等"的解释，其中涉及人类学、社会学、政治学以及历史哲学等现代学科门类。

卢梭首先提出要重新认识"人"，这也正好是上述各学科门类的交叉点。初看上去这个由个人而至共同体的思路并没有什么问题。毕竟由霍布斯开创并经过洛克修正的契约论与方法论个人主义此时在欧洲已然成为主流意识形态。然而它的流行却并非因为其中的"真理性",而是由于它特别符合商业社会"精英"阶层的政治需要,他们欢迎任何能为之减轻道德责任并增加政治权利的学说。卢梭则全然没有这样的想法,充满虚伪与狡诈的商业社会恰恰是卢梭最为痛恨的社会形态。因此,卢梭坚决拒绝了霍布斯、洛克对"个人"的规定,然而令人不解的是,卢梭并没有彻底拒绝契约论的理路。是因为别无选择,还是见识有限?我们认为,更合理的解释还是因为卢梭对于某种心无挂碍的"个人自由"的"执念"。

"自由"本身的无定性是热爱自由的人们所有苦恼的根源,在这一点上,"爱情"与之颇有相似之处。[①] 即便可以对两者下定义,但却没有人知道在具体情境中怎样做才是算真正的"自由"与真正的"爱情"。用黑格尔的话讲,这种没有任何确定内容的"主观自由"所释放的其实只是主体的"纯粹否定性"而已,它将使人无法接受任何现实规则的限定,它甚至会让人痛恨自己这充满了局限性的身体。以"自由"为念,则卢梭必不能相信既有的充满了或硬或软各类规则的社会形态中的人符合自由的"人"的概念。因此,他的寻找必定要指向社会产生之前的"世界",他必须预设一个尚未被发现的"人"的本来面目,而当时风靡欧洲的记述世界各地风土人情的真假难辨的游记似乎正好为卢梭的"原初自然人"想象提供了一定的"现实"基础。

卢梭是这样想象"自然人"的:其身体结构与今天的人无异,

[①] 卢梭似乎对情场的"把戏"看得很透,然而他似乎不经意间陷入了双重标准的陷阱,因为同样的逻辑也可以用在"自由"上。[法] 让－雅克·卢梭:《论人类不平等的起源与基础》,李常山译,商务印书馆1962年版,第104页。

第四章 卢梭的遁世与经世

直立行走，能够使用双手，"用眼睛观测广大无边的天空"，只需吃些橡树子喝些河水就满足了；由于不使用工具故而身体机能远比今人优越，触觉与味觉极其迟钝，视觉、听觉与嗅觉及其灵敏；他不惧怕野兽，也不知何为死亡，他甚至压根儿就不会思考，除了自我保存，他几乎无所挂心；他居无定所，身无长物，他没事儿就睡觉，并容易惊醒。① 但是，这个想象当中充满了矛盾：专心自保的自然人怎会"不知何为死亡"？不惧怕野兽为何"容易惊醒"？

当然，这些都是次要的问题。我们更在意的是，这样去想象最初的"人"体现出卢梭对既有的各类自然或社会科学以及哲学的不信任。只是，这样直接凭借"超自然的知识"而做出"推定"的做法难免要承受"科学性不足"的批评。但这仍然不是重点，我们的核心关切是：从根本上讲，这是认识"人"的正确方法么？以动物学、自然史或解剖学的方法，能够认识"人"么？人与兽类的区别在哪里呢？按照卢梭的猜想，自然人与野兽并无区别，或者，所谓的自然人只不过"人形野兽"而已。卢梭自己也承认：都是血肉之躯，皆为有情之品，自然人具备的自爱心与同情心，动物也有，甚至简单的思虑推理，动物也能。② 如果是这样的话，我们就可以说，卢梭非但没有找到"人"，反而把"人"弄丢了。为了把人找回来，卢梭为人特设了一个独有的"自由主动者的资格"（the human quality of free-agency），也就是将"自由"作为的人本质，以及所谓的"自我完善化的能力"（the faculty of self-improvement）。③ 但是这样也有问题：动物何尝不会"自由行动"呢？既然已经加了

---

① ［法］让-雅克·卢梭：《论人类不平等的起源与基础》，李常山译，商务印书馆1962年版，第74—82页。
② 同上书，第83页。
③ 同上。

"人的"（human）这样的定语，这岂不是已经陷入同义反复了么？第二种能力就更是荒谬，"自我完善"显然是一系列基础能力共同作用的结果，怎么能如此直接生造成一种单一的"能力"？难道伟大政治家与其他人的区别在于他们具有某种"治国理政的能力"，伟大的军事统帅是由于具备"取得胜利的能力"，而优秀的木匠则是因为具有"制作结实耐用美观大方各式木器的能力"？即便存在这么一种自我改变的能力，按照卢梭眼中它所实际取得的历史效果来看，它难道不更应当被命名为"自我戕害的能力"么？

　　之所以要造出这两种漏洞百出的"能力"，完全是因为卢梭有意要避开"理性"。卢梭似乎相信，一旦将理性确定为人的特性所在，他就不免要落入现代自然法之彀中。① 诚然，霍布斯式的现代自然法的确是将理性与利益捆绑在了一起，但是，这并不是理性的必然结局。在卢梭屡次提及的柏拉图与亚里士多德那里，情况就并非如此。古典哲人将"理性"与"善"联系在一起，而"善"显然是一个比"自由"要丰富、实在得多的基础概念，因为"善"是唯一能够成为最终目的的"所指"。亚里士多德称任何人做任何事都是为某种善，便是此意。倘若以善为本，则卢梭关于自然人的思考完全可以避免陷入重重矛盾：第一，他不用逃避理性，因为理性就是人成其为人的重要基础；第二，善恶问题必定离不开"是非"的探讨，如亚里士多德所指出的，人与兽类根本之别就在于唯人有对错的观念。这才是寻找"人"的正途，因为"人是什么"这一问题是不可能从外在方面找到答案的，这个"外在方面"包括身体构造、器官功能、更加综合的所谓"能力"、情感、欲望甚至工具理性——它们都不必然与"是非"问题紧密相连；第三，他热

---

① ［法］让-雅克·卢梭：《论人类不平等的起源与基础》，李常山译，商务印书馆1962年版，第66、85页。

爱的"自由"与生造的"自我完善化的能力"都将在善的指引下获得一个明确的方向；第四，他也根本不必动用"超自然的知识"与"直觉"，因为"善"的内容之中既有高妙迂远又有日用切近之物；第五，他也丝毫不用担心无法解释人类社会的种种乱象，因为善者自善，而人往往自善其善，故而不免犯下或大或小的错误，并造成或大或小的灾难。

卢梭未能深察"善"字之中的广大乾坤，只好"恩将仇报"一般地将理性的萌发确定为人类脱离"自然状态"并走向堕落的开始——这与"原罪"神话完全是一个套路。只是，卢梭实在无法"想象"理性是如何萌发的，这也正是他刻意逃避理性的结果。逃无可逃的情况下，他只好使用了偷换主题的办法，将理性的发生问题变成了语言如何产生的问题，而语言问题又必然牵扯出社会交往与社会生活的问题。那么，语言与社会生活，孰鸡孰蛋呢？卢梭显然对"人天然的社会性"十分避讳[①]，无论亚里士多德式、阿奎那式还是狄德罗式的对于共同生活的认可，卢梭都避之唯恐不及。因此，他竭力要将人的特有的"激情"树立为人类文明生活的"根源"，并将后者贬为不值得夸耀的偶然结果。于是，卢梭将语言认定为激情的产物，随着人类各种观念的不断增多，社会交往越来越多，语言也渐渐越来越丰富。也就是说，语言的完善化与社会生活的确密不可分，但是其产生却与社会交往无关。若不是刻意要为某种自由而孤独的、"神或野兽"般的生活理想留出空间，卢梭何须如此努力"证明自然为人准备的社会性是多么少，而在人们为建立

---

① ［法］让-雅克·卢梭：《论人类不平等的起源与基础》，李常山译，商务印书馆1962年版，第67页。

彼此的联系所做的一切努力中,自然对人的帮助又是多么少"①?然而,卢梭无法反驳的是:自然为人准备与帮助得有多么的少,也就直接意味着,它提供的帮助是如何的多。说到底,到人类激情中寻找根源的根本思路,无论是像霍布斯那样强调恐惧与骄傲,还是像卢梭这样强调自爱与同情,其结果其实都一样,它只能意味着理性被赶下了王座,而同时被宣告废除的还有人类的文明理想与道义追求。

从理性这个灾难的始点出发,卢梭认为人类不平等的发展历程大致如下:首先是出现了家庭与私有制;继而人类的各种不应有的负面情感随着社会生活而增长,主要有分别心、攀比心、虚荣心,同时也出现了道德观念,但主要是"以牙还牙"式的"公正";接下来,由于冶金术与农业技术的出现,农业社会诞生;贫富差距逐渐加大,富人为保护财产而想出的最好办法就是建立政府,于是平和宁静的自然状态渐渐"被消失",先是在一国之内消失,最终在各国之间消失,从而将人间世彻底变成了地狱。

这段历史述评较为详细地展示了卢梭一生持守的愤世嫉俗,这种基本态度针对的对象实际上是历史的最终结果,也就是卢梭的"所见世"。18世纪的法国、欧洲乃至全世界,其状貌确如卢梭所批判,为了利益而不断升级的殖民扩张成为了一百多年来世界史的头号主题。无论是世界各国内部的利益纷争,还是各国之间的战局,以及世界范围内文化风气与风尚习俗的败坏,都与之密切相关。这确乎是任何一个有识之士或天良未泯之人都应当鸣鼓而攻之的丑恶时代。但是,卢梭可以因此而将其愤慨之情一直投射到文明萌芽的时刻么?这显然是过当了。

---

① [法]让-雅克·卢梭:《论人类不平等的起源与基础》,李常山译,商务印书馆1962年版,第95—96页。

第四章　卢梭的遁世与经世

我们看到，遭到批判的竟然还有家庭、农业以及政府。

卢梭认为，家庭在其产生之初"使人产生了人类所有情感中最温柔的情感：夫妇的爱和父母的爱，每个家庭变成一个结合得更好的小社会，因为相互依恋和自由是联系这个小社会的唯一的纽带"。① 这乍看上去是一段充满温情的描述，然而，卢梭只从情感方面展示家庭生活的"好处"，这显然是不够的。家庭绝不可能是文明之初的产物，充满温情的和谐家庭就更加不是。没有文教之主的"制礼作乐"，家庭制度是不可能产生的，因为家庭伦理，如夫妇之道与父子之道，绝不是轻易就能理解的，其内容也绝不仅仅是"亲密"而已。卢梭给出的关于家庭之所以是"更好的小社会"的原因竟然是"依恋"和"自由"，前者是情感逻辑的重复，后者则完全是强加的歪理，因为家庭的"伦理性"根本不可能与"自由"共存。

成熟的文明社会中家庭的情况如何呢？它能成为尔虞我诈的现代商业社会中温情的避难所么？卢梭的看法是，不能。家庭非但不能成为社会风俗的支柱，反而会被后者腐蚀，因此，"在这些国家里，情人的嫉妒和配偶的报仇，每天都会引起决斗、杀害或其他更为悲惨的事情。夫妻间永久忠实的义务，只会促成通奸行为，而那些关于贞操和荣誉的法律本身，则必然会助长淫乱之风，增加堕胎事件"②。这些以偏概全的过分言论所呈现的显然仅仅是所谓"上流社会"中荒淫无耻的现象，它只会出现在极不正常的时代，并且即便在这样的年代，它也不可能成为所谓"上流社会"中的普遍现象，更不必说底层社会了。另外，这种伤风败俗的乱象难道不正与

---

① ［法］让－雅克·卢梭：《论人类不平等的起源与基础》，李常山译，商务印书馆1962年版，第116页。
② 同上书，第106页。

崇尚"自由"的风气密切相关么？卢梭本人不也曾如此"自由"过么？

总之，这些毫无道理的分析只能证明，专注于情感与自由的卢梭根本无法理解家庭伦理及其与社会风尚乃至国家法度的关系。

接下来看农业。相比于工业、商业或金融业，对于良善风俗而言，它显然要友好得多。然而，在卢梭看来，农耕并不能等同于农业，后者的产生必须要有其他技术的支持，例如冶金技术。于是，一方面是农业由于冶金业的支持而出现并获得巨大发展，从而导致土地的开垦与分配，并最终导致私有制的产生，而另一方面冶金业本身的发展又逐渐产生其他新的、人类难以掌控的行业。后者会导致农业人口数量减少，而前者则会导致无法弥合的社会分裂，因为它会彻底释放人类对各种能力的开发与使用，这些能力的差别又会通过全新的社会机制而被转化为越来越大的贫富差距与越来越紧张的社会关系。①

这简直是欲加之罪何患无辞！首先，卢梭严重低估了农业的技术性，农业所需要的决不仅仅是冶金业的支持，知农时、善农具、调土壤、兴灌溉、制肥料、防虫害、防盗匪、组织化以及乡村社会的伦理生活等重要条件必须全部具备，农业才有可能获得发展，因此它的出现与成熟必然是伟大文明的标志，而不可能是政治秩序建立之前就能有的；其次，农业社会不可能造成过大的贫富差距与过于紧张的社会关系，即便出现了地主阶层或土地贵族，但由于农业生产的低附加值、生活空间的相对固定以及伦理生活的自然影响，正常情况下，地主或土地贵族与佃农或采邑居民之间的关系一般都是以和睦为主的。以卢梭时代的法国为例，在路易十四由于战争需

---

① ［法］让－雅克·卢梭：《论人类不平等的起源与基础》，李常山译，商务印书馆1962年版，第123—124页。

要与债务压力之故而剥夺地方贵族事权之前，法国地方贵族与治下百姓之间的关系，的确就是以和谐为主色调的。卢梭所批判的这种现象与趋势，恰恰是在货币经济发展起来之后才会出现并迅速恶化的现象。农业本身的确有其脆弱性，因此它特别需要政府的保护与照顾，政府即便无法保证使其免于天灾，但至少要从法令制度上使其免遭匪患与工商金融等产业公然而合法的盘剥与压榨，并且，政府有责任使这唯一正确的农业政策成为全社会上下的共识；此外，土地私有制的确是应当批判，然而卢梭却丝毫没有替代方案，井田制、授田制、国家所有、集体所有以及国家集体复合所有，皆非卢梭所知。这些制度对于政府体系、人才储备、数字统计等软硬件的要求，就更是卢梭无法想象的了。

再看政府。按照之前已经确定的前提，还能推出什么样的结果呢？卢梭"让"一个富人对邻人们说了一段话："咱们联合起来吧，好保证弱者不受压迫，约束有野心的人，保证每个人都能占有属于他自己的东西。因此，我们要创立一种不偏袒任何人的、人人都须遵守的维护公正与和平的规则。这种规则使强者和弱者同样尽相互间的义务，以便在某种程度上，补偿命运的不齐。总之，不要用我们的力量和我们自己作对，而要把我们的力量集结成一个至高无上的权力，这个权力根据明智的法律来治理我们，以保卫所有这一团体中的成员，防御共同的敌人，使我们生活在永久的和睦之中。"[①] 看来，卢梭认为这段话就足够蒙骗一国上下尤其是那些头脑简单的粗野小人了，于是第一个政府就这样建立起来了。这几乎是一个比阿里斯托芬喜剧中的情节还要荒诞的想象。卢梭堪称是不惮以最大的恶意来揣测"富人"的恶毒与狡诈，同时不惮以最大的

---

① ［法］让－雅克·卢梭：《论人类不平等的起源与基础》，李常山译，商务印书馆1962年版，第128页。

"痛惜"来责备穷人的短视与愚昧。

卢梭凭什么"坚信"是富人依靠假充的"公正"骗得了穷人的跟随从而创建了政治社会的呢？其理由有三：首先，如果不能获得被侵略民族的自愿服从，征服只能带来对抗而不可能建立政治社会；其次，强与弱不如富与贫意义明确；最后，穷人只有自由，而除了哄骗，没有其他办法能够让其交出自由。"总之，我们认为一种制度，与其说是对他有害的人所发明的，不如说是对他有利的人所发明的，这才是比较合理的。"[1] 卢梭这里使用了嫌疑人排除法，然而其使用方式却是完全错误的。

富人诡称的"公正"之说不成立，卢梭所反对的"强者征服说"与"弱者联合说"不成立，卢梭所提供的三条理由也同样无一能够成立。因为谈论为政之道，根本没有必要去追溯那不可能找到的起源，对于人类文明的历史而言，"首创者"的意义与影响力永远都不如"塑造者"重大，历史的发生过程永远都不如其中的"正义"或"不义"重要，只知逐利的"富人"和只知掠夺、杀戮与奴役的"强人"从来都不可能是政治文明的正面"塑造者"，这样的伟业唯有知仁知义的先王或立法者才能成就，而这样的人物从来都不出现在人类历史的"源头"。这也正是古典政治哲人从不向"源头"处运思的原因。卢梭模拟的这段"富人"言辞中所包含的"道理"显然更像"资产阶级革命"的宣传，而不是文明草创之初先民的语言。并且，这样低水平的骗术根本不可能取得成功，因为任何正常人都懂得"验证"的道理，所以，如果有哪一场成功的政治革命是以这样的言辞作宣传口号的，其成功的原因或秘诀也绝无可能是这个口号，而必定是其他更有"说服力"的要素，比如资

---

[1] [法]让-雅克·卢梭：《论人类不平等的起源与基础》，李常山译，商务印书馆1962年版，第131页。

第四章 卢梭的遁世与经世

金、组织与武器等等。

以"自由"为念，以"纯洁""朴实""诚恳""同情弱小"为美德，以"牟利""讲礼""权衡"为厉阶，同时又承认丰衣足食与家庭温暖对于幸福生活的重要性——卢梭并非不知道政治哲学的根本主题是"善"与"正义"①，然而他却一定要将两者统摄在这些基本前提之下。这样做显然是颠倒了事物的自然之理，因为"自由""同情"以及"权衡"等事必须在善与正义的统摄之下才成其为善与正当。实际上，严格讲来，人世间悠悠万事，能为其准的者唯有"正义"二字，正人君子应当热爱并为之奉献一切的也唯有"正义"，而不是"自由"。正是由于这样一个颠倒，卢梭陷入了一个尴尬境地：他既不能认可自然人野兽般的"生活"，也无法接受所谓的"文明人"的世界。因此，他心目中人类最幸福的时候就只能是两种状态之间的某个过渡时期——"处于介乎原始状态中的悠闲自在和我们今天自尊心的急剧活动之间的一个时期，这应该是最幸福而最持久的一个时期"。②

这显然不是一个可恢复的状态，因为人的"自我完善化的能力"是无法还原的。于是人们不得不问，既然没有回头路，既然政府最初的诞生就是一个骗局，它是如此的脆弱以至于人民不得不一步步堕落下去直至为了些许安宁而放弃自由并心甘情愿地接受专制暴君的奴役……那么，治国者（statesman）还能有什么作为呢？"自由"是否还有希望呢？唯一带有些许"希望"意味的就是卢梭对吕库古的提及了："人们只是继续不断地加以改善，其实他们应

---

① "……这样，善的观念，正义的原则，又重新消失了。"[法]卢梭：《论人类不平等的起源与基础》，李常山译，商务印书馆1962年版，第146页。
② [法]让-雅克·卢梭：《论人类不平等的起源与基础》，李常山译，商务印书馆1962年版，第120页。

像吕库古在斯巴达所做的那样,首先扫清地面并抛弃一切陈旧的材料,以便从新建造一座美好的大厦。"① 本书并不认为此处所涉及的"革命还是改良"的问题是一个特别值得关注的要点,因为两者之优劣得失无法直接判定。一般而言,倘若是根本宪纲大法未能建立导致整个社会上下无一处可称正常,则必须经历一次深刻的变革;如果根本已立,当然是以局部调整为宜。然而,无论是革命还是改良,最重要的问题永远都在于其领导者,他必须是为国为民、德行卓著的政治家。因此,斯巴达与吕库古才是我们关注的重点。与信从波利比乌斯的马基雅维里情况相似,卢梭也几乎是完全信从了普鲁塔克而将吕库古认定为开创了共和体制的最伟大的"立法者"。这的确可以成为卢梭因普鲁塔克而"爱自由"与"爱共和"的明证,卢梭将政治社会的诞生规定为一个"自由"同意的结果——受骗与受强制毕竟不同——并将后来向君主制的转变描述成了一个"堕落"的过程。

于是,一个重大问题浮现出来:卢梭理想中的"立法者"或"政治家"② 与其所认可的"理想世界"或"最幸福"的时光之间,竟然没有关联。卢梭非常确定,政治社会需要重建,但即便有最伟大的设计师,失去的美好也是不可能恢复的。

这个令人心灰意冷的阴郁论调展示了卢梭在经世与遁世之间的

---

① [法]让-雅克·卢梭:《论人类不平等的起源与基础》,李常山译,商务印书馆1962年版,第131页。
② 是普鲁塔克为吕库古"选定"了"立法者"这个特殊的身份,但是,我们不得不说,这个选择是十分糟糕的,"政治家"才是更好的选择,前者会让人误以为吕库古仅凭"抛出"一部法典就完成了那场彪炳史册的伟业,唯有后者才能既不掩盖其立法方面的成就,又能彰显其在治国理政、敦风化俗方面的高超艺术、巨大努力与伟大功绩。卢梭显然受到了"立法者"一词的诱惑并对吕库古产生了最不应当有的"误会"。参见[古希腊]普鲁塔克《吕库古传》,载普鲁塔克《希腊罗马名人传》,陆永庭、吴彭鹏等译,商务印书馆1990年版。

挣扎：他是一个没有家园的世界主义者①，却努力要为这个世界中某些幸运角落里的国度立法。

三　立法与行教

卢梭寄予厚望的《社会契约论》集中了他关于一个尽可能"自由"的政治共同体之基本要素的思考。其中最引人注目之处莫过于卢梭关于"社会契约"与"公意"的论述。然而本书所重却不在此，我们认为，更值得关注的地方应当是其中有关治国理政之细节的内容，因为建国固属不易，治国尤为艰难。实际上，卢梭关于契约的论述也是为了理出治国的基本宪纲。

卢梭的立法显然有模仿吕库古的痕迹，在书中第二卷第七章"论立法者"中，卢梭再次将吕库古列为所有伟大的"立法者"中的"第一人"。卢梭感叹："为了发现能适合于各个民族的最好的社会规则，就需要有一种能够洞察人类的全部感情而又不受任何感情所支配的最高的智慧（a superior intelligence）；它与我们人性没有任何关系，但又能认识人性的深处；它自身的幸福虽与我们无关，然而它又很愿意关怀我们的幸福；最后，在时世的推移里，它照顾到长远的光荣，能在这个世纪里工作，而在下个世纪里享受。要为人类制定法律，简直是需要神明（gods）。"②

这几乎是任何认真思考的人们在触及千头万绪的现实政治问题

---

① 卢梭认为自己是一个真正爱全人类的"世界主义者"，不像很多其他的伪"世界主义者"，他们只是为了避免爱自己的邻居。[法] 让-雅克·卢梭：《论人类不平等的起源与基础》，李常山译，商务印书馆1962年版，第129页；[法] 让-雅克·卢梭：《爱弥儿》（上卷），李平沤译，商务印书馆1978年版，第9页。

② [法] 让-雅克·卢梭：《社会契约论》，何兆武译，商务印书馆1980年版，第53页。

时都会发出的感慨，但是对卢梭而言，此番感慨却包含了更多的痛苦，因为这番感慨所表达的其实是对"审慎"这种德性的渴望，而对这个王者之德的肯定就意味着对卢梭所热爱的"自由"与"共和"的否定——它洞察人性因而不会受其欺瞒，它关心的是人的"幸福"而非其"自由"，它世间罕有而非众人可及①。因此，对于吕库古而言，为了斯巴达一国的政通人和与长治久安，完全可以光明正大、表里如一地综合使用血统原则与贤能原则，对于大众的情感，只需有所照顾即可而无须将其种种天赋"权利"奉若"天条"；对于卢梭而言，情况却十分尴尬，既然肯定了人与人之间天生的平等以及必须"爱自由"的"义务"，又将如何教导他们认识并接受伟大智慧的种种安排呢？此其一。

其二，吕库古并非神明，认识到审慎德性之伟义也绝不要求将这样的伟人奉为神明，敬之、爱之、追随之、学习之、仿效之才是正途。敬而远之、崇而绝之，则非但不能砥砺德行、奖掖后进，反而适足藏奸纵恶、败坏法度。那么，卢梭是如何远之绝之的呢？首先，他强行将这种超绝的智能与人类的情感相互隔绝，然而实际上古典哲人从未要求灵魂中的理性部分高高在上"绝情"独立，它无须洞察全部感情，而只需明确何为正人君子应有之情；其次，他认为这种智能与"人性"无关，然而实际上宇宙间生灵万类，唯人可及于此；最后，他还剥夺了这至为高妙至为罕有的德性应有的幸福。幸而有此大德在身，岂有不乐见其道得行于天下者？立政教法度，接引天下善类，同登善域，选贤任能，遂贤能之志，成万民之福。大德君子，不以此为福，反而要冷若冰霜，称"于我何有哉"么？若不是心有杂念，卢梭何至于偏离正道而入此歧途？这个杂念

---

① ［法］让－雅克·卢梭：《社会契约论》，何兆武译，商务印书馆1980年版，第52页。

集中体现在了卢梭对"伟大的国君"与"伟大的立法者"的分离之上,卢梭宣称,"前者只不过是循着后者所规划的模型而已",后者是"工程师",而前者不过一名"工匠"。[①] 岂可如此!本来按照卢梭自己所称,人民之所以需要立法者,就是因为人民缺乏"判断"能力,只知求善而不知如何得善。那么,按照同样的逻辑,有了"立法者"立下的良法,其执行者就不再需要判断力以及其他德性了么?如此只需照方抓药便可妙手回春的良法,人类历史从未与闻。

卢梭似乎忘了,吕库古绝不仅仅是一位超然世外的"立法者"。根据普鲁塔克的记述,吕库古出身斯巴达王室,而绝非"外人"。其父兄先后暴死于国王任上,他本可继承王位,然而为保王室血脉,不得已而用谎言骗其嫂留住尚在其腹中的侄儿,并在其分娩之际抢得先手,将侄儿保护下来当众宣布为国王,自己仅为新王的监护人。后来迫于其嫂造谣诬陷的压力而远离家邦外出游学,直至国内局势混乱,各方一致要求其回国拯危救难。然而,他并没有立刻回国,而是先去德尔斐请得了那个著名的称其为"神"的神谕,然后才回国开始立法。以卢梭对宗教的理解,他绝不可能不懂得其中的智巧,而以卢梭对"道德"的理解,则吕库古似乎并不"道德",毕竟他使用了欺骗、密谋以及装模作样等手段。

更重要的是吕库古的立法。首先,它不是"成文法";其次,他绝非口述完各项条款之后就转身离去的。根据普鲁塔克的说法,吕库古所立之法主要有以下四个重要方面:第一,调节政体:设立元老院以节制国王的权力,并赋予人民大众否决权;第二,调节经济基础:重新分配全国的土地,废除金银货币而以铁币代之,清除

---

① [法]让-雅克·卢梭:《社会契约论》,何兆武译,商务印书馆1980年版,第54页。

不必要的行业；第三，改变生活方式：设立"公餐制"；第四，由于"神谕"不准立成文法，吕库古便想方设法使"教育"承担起了立法的功能。这是四项无比艰难的变革，第一项是由于斯巴达国内二十八名重要人物与吕库古事先结成的同盟才获得成功的，这二十八人也正是元老院首批成员，元老数量也恰由此而定为二十八人。普通公民看似获得了一定的政治权利，实际上他们却是节制的对象。此前的诸多内乱都与他们的桀骜不驯有关，因此他们并不欢迎这次变法，他们往往使用歪曲政策决议的办法进行消极抵抗，也正由于此，后来的国王才特意加上了禁止歪曲议案的明文条款；第二项是触及既有利益格局的变革，其难度之大几乎令人不寒而栗，因为历来都是改朝换代易而重分土地难。古罗马共和国正是由于格拉古兄弟触及土地分配问题的改革而陷入尖锐的阶级对立并最终走向内战的，这也是一切国家都必须竭力避免造成两极分化的原因所在。因为一旦形成贫富的对立，就极有可能陷入"不改必亡、改则速亡"的困境。然而在吕库古变法之际，斯巴达早已形成了两极分化的死局，只是在普鲁塔克的笔下，吕库古仅仅通过"说服"就完成了这一无比艰巨的任务。同样，"劣币驱逐良币"的重大改革措施也是轻而易举便告成功；反而是在第三项变革上吕库古才遭遇到了强大的阻力，他遭到了富户们的抱团抵抗，并不幸被一名青年打瞎了一只眼睛，而吕库古用"以德服人"的方式征服了这个青年以及国人并最终使得全国上下都接受了这一制度；最后一项至为繁难，因为它既是教育体制改革，也是全社会上下的一次移风易俗，其中包括了家庭生活模式、婚姻制度、教育方式、丧葬仪式以及言谈与思考模式等方面的深刻变革，其最终结果就是斯巴达军事化的生活方式。全过程历经数十年，期间吕库古几乎从未离开本国。他人生最后一项影响深远的决定，便是在法度已立而自己已近暮年之

第四章　卢梭的遁世与经世

际，最后一次以请神谕为名离开斯巴达，并要求国人宣誓，在他归来之前不得变更其法，然后毅然在外绝食而死，斯巴达因此而坚守其法五百年未曾动摇，秩序井然，国力强盛，威名远扬。

然而，卢梭却偏要坚决抓住吕库古既非君主、亦非元老或任何其他官员的"身份"问题，非要将其成功归结到"立法权威"与"主权权力"的分离之上不可，甚至不惜"违抗"普鲁塔克的权威而称吕库古"逊位"①。卢梭显然陷入了一个两难境地：一边是"王室宗亲""审慎""治理""牺牲""良法"与"奴隶制"，另一边则是"人民""平等""自由"与"共和"。卢梭最终为了后者而选择了折损前者：他坚决抛弃了奴隶制，然后隐去了吕库古的血统，他牺牲的一只眼睛、无数闲暇以及生命，他数十年的悉心指导与难以计数的艰难决断，以及他就是当时斯巴达真正的领导核心这一事实，而刻意强调其"立法者"的身份。卢梭宣称："立法者在一切方面都是国家中的一个非凡人物……这一职务决不是行政，也决不是主权。这一职务缔造了共和国，但又决不在共和国的组织之内；它是一种独特的、超然的职能，与人间世界毫无共同之处；因为号令人的人如果不应该号令法律的话，那末号令法律的人也就不应该号令人；否则，他的法律受到他的感情所支配，便只能经常地贯彻他自己的不公正，而他个人的意见之损害他自己的事业的神圣性，也就只能是永远不可避免。"②这里对立法者的尊崇与前文所分析的对智慧"远之绝之"的套路是完全一致的，只是这最后给出的理由实在是荒诞不经，卢梭将"号令法律"与"号令人"相隔

---

① 卢梭称，"莱格古士（即吕库古）为他的国家制定法律时，是先逊位然后才着手的"。然而实际上吕库古从未"即位"。［法］让－雅克·卢梭：《社会契约论》，何兆武译，商务印书馆1980年版，第55页。
② ［法］让－雅克·卢梭：《社会契约论》，何兆武译，商务印书馆1980年版，第55页。

绝对立，这实际上在任何立法者身上都找不到例证，将如此罕见的伟大人物说成是无法摆脱个人情感"支配"之辈就更是离谱。

我们由此而不得不怀疑，卢梭如此违逆情理行事，实是由于他为自己选定的理想人生就是做这样一个只负责立法与说教、不负责行法或治理、无须处理任何具体繁难、更免谈奉献与牺牲、不扎根于任何命运共同体脚下大地之中的世界主义"立法者"，如此则既可取得一份远高于帝王将相的尊荣，又可驰心于虚虚实实的思考，还可安享一份自由的清福。人而如此，怕是神仙也不免要心生嫉妒。

《社会契约论》可以证明这个猜测。

在这部纲要性的作品中，卢梭几乎只保留了吕库古的土地法思想，但却是以完全不同的理由。吕库古关心的是斯巴达自由民之间的相对平等而无须考虑奴隶①，卢梭则要考虑"每一个生而自由、生而平等的人"，因此他做出了一个重要的"变通"，他为土地的合理分配重新奠定了一个重要的法理基础。卢梭推出的土地制度有土地国有制的意味，其法理依据是每个人立约进入政治社会时必须交出全部权利，包括其所有财富的享有权。② 但是，卢梭规定得并不明确。"各个人对于他自己那块地产所具有的权利，都永远要从属于集体对于所有的人所具有的权利；没有这一点，社会的联系就不能巩固，而主权的行使也就没有实际的力量。"③ 总之，国家必须保留随时重新分配土地的权利，否则政府权威与政府能力就必定

---

① 所谓无须考虑，只是无须考虑奴隶的土地分配，至于其他方面，普鲁塔克曾提到一个传说，认为吕库古设立了一个被称为"克鲁普特亚"亦即秘密行刑队的制度，专门用于暗中除掉多余或者优秀的希洛人。普鲁塔克认为这个传说"不真"。[古希腊]普鲁塔克：《希腊罗马名人传》（上），陆永庭、吴彭鹏译，商务印书馆1990年版，第120页。

② [法]让-雅克·卢梭：《社会契约论》，何兆武译，商务印书馆1980年版，第31页。

③ 同上书，第34页。

第四章 卢梭的遁世与经世

是无从谈起。此话不假,但是,问题也正在于此:即便这非常"符合"最初的社会契约的根本精神,如何才能使得这样一条宪纲真正"落地"呢?如何在一个已经承认土地私有并且早已严重分化的国家中"恢复"它呢?卢梭显然不愿处理这样的问题,我们甚至可以猜测,正因为无法处理,卢梭才干脆将它定为"前提"的。

这是整个《社会契约论》中有关一个最不糟糕的国家体制的唯一的实质性内容。

在紧随其后的第二卷前六章中,所有关于主权之性质及内容、主权者与个人之间的正当关系、法律的定义的讨论,实际上都是空洞、抽象、可有可无的清谈。这些文字除了展示一个自由国度之"应然"是如何困难之外,别无用途。从第七章"论立法者"才重新触及实质性问题,然而前文的分析已经表明,其讨论最终还是回归了空虚。

卢梭对"人民"的思考最终彻底暴露了卢梭的文人本质。

"明智的创制者也并不从制订良好的法律本身着手,而是事先要考察一下,他要为之而立法的那些人民是否适宜于接受那些法律"[1],这根本不是"明智的创制者"之所为,因为他们只会因地制宜、想方设法地用各种实际的好处吸引民众并赢得他们的认可、崇敬与誓死相随,这些好处包括饮食、宫室、医药、生计以及学校等等,然后以丰富而令人喜闻乐见的形式教导人们如何和睦一家而至于一方,再往后才是更加高端的教育、立法以及各项事业的不断调整与改进。总之,立文教、美风俗、安百姓,皆是为政者与行教者之责。不责在上者,反怪人民,不是逃避责任,还是什么?

卢梭给出的理由是:"当风俗一旦确立,偏见一旦生根,再想

---

[1] [法]让-雅克·卢梭:《社会契约论》,何兆武译,商务印书馆1980年版,第59页。

· 189 ·

加以改造就是一件危险而徒劳的事情了；人民甚至于不能容忍别人为了要消灭缺点而碰一碰自己的缺点，正像是愚蠢而胆小的病人一见到医生就要发抖一样……只有在一个民族是野蛮的时候，它才能使自己自由，可是当政治精力衰竭时，它就不再能如此了。那时候，忧患可以毁灭它，而革命却不能恢复它；而且一旦它的枷锁被打碎之后，它就会分崩离析而不复存在。自此而后，它就只需要一个主人而不是需要一个解放者了。自由的人民啊，请你们记住这条定理：'人们可以争取自由，但却永远不能恢复自由。'"① 这条理由可谓是将不负责任的借口推向了新的高度。因为这其中的逻辑认为，一旦风俗或舆论出现健康问题，就应当立刻放弃，任何努力都将是白费功夫并且还有可能为试图疗救者招来危险。没有人会认可这样的理由，因为，在无始无终的历史中，没有哪一个共同体能够如此幸运地完全避免衰落与失败，伟大的共同体必须有能力应对这样的危机。这样简单的道理卢梭并非不知，他自己也承认，古有吕库古的斯巴达与刚刚驱逐塔昆的罗马，今有驱逐了暴君的荷兰与瑞士，它们都曾从败坏中完成了自救。"然而这种事情是非常罕见的，它们只是例外。"② 我们想问的是："例外颠覆通则"的"原理"可以这样使用么？且不说其中的问题与可能的政策推论，仅就概率而言，难道出现这种"例外"的可能性不是远远高于符合卢梭标准的"人民"的出现概率么？

符合卢梭要求的人民是什么样的呢？"就是那种虽然自己已经由于某种起源、利益或约定的结合而联系在一起，但还完全不曾负荷过法律的真正羁轭的人民；就是那种没有根深蒂固的传统与迷信

---

① ［法］让-雅克·卢梭：《社会契约论》，何兆武译，商务印书馆1980年版，第60—61页。

② 同上书，第60页。

第四章　卢梭的遁世与经世

的人民；就是那种不怕被突然的侵略所摧毁的人民；就是那种自身既不参与四邻的争端，而又能独力抵抗任何邻人或是能借助于其中的一个以抵御另一个的人民；就是那种其中的每一个成员都能被全体所认识，而他们又绝不以一个人所不能胜任的过重负担强加给某一个人的人民；就是那种不需要其他民族便可以过活，而所有其他民族不需要他们也可以过活的人民；就是那种既不富有也不贫穷而能自给自足的人民；最后，还得是那种能结合古代民族的坚定性与新生民族的驯顺性的人民。"① 八个要求综合来看，这就是一个缺少文化积淀、地处偏远、对外少有联系、民风剽悍、风俗淳朴的小型农业国。只是，这样的一个小国，需要卢梭来立法么？它会接受卢梭的立法么？卢梭为什么要为这种无名的边缘小国立法呢？这与他热爱全人类的"世界主义"是什么关系？是要正告全世界，他爱全人类，只是其中的绝大多数已经无法理解、无法接受从而不配得到他的爱么？仅凭其余七项要求，卢梭就足以为自己免去对人类的全部"立法"责任中的绝大部分了，更何况他还专辟了一条"绝不以一个人所不能胜任的过重负担强加给某一个人"，这个令人哑然失笑的条款除了更加活灵活现地凸显卢梭对"负担"避之犹恐不及的恐惧感之外，实在没有任何其他意义。

卢梭认为当时的科西嘉正是这样的一个值得为其立法的国家，他"有一种预感，总有一天那个小岛会震惊全欧洲的"②。卢梭的预感的确不错，只是这个小岛震惊欧洲的原因与卢梭认可该岛的理由完全风马牛不相及，也与卢梭的"立法"毫无关系。

既然人民成了高标准严要求的对象，则政府或统治者的道德地

---

① [法]让-雅克·卢梭：《社会契约论》，何兆武译，商务印书馆1980年版，第68页。

② 同上书，第69页。

位必然被大大降低。这必然意味着纲常名教的混乱，这也是"自由"本身天然的"否定性"必然带来的结果。"这一由全体个人的结合所形成的公共人格，以前称为城邦，现在则称为共和国或政治体；当它是被动时，它的成员就称它为国家；当它是主动时，就称它为主权者；而以之和它的同类相比较时，则称它为政权。至于结合者，他们集体地就称为人民；个别地，作为主权权威的参与者，就叫做公民，作为国家法律的服从者，就叫做臣民。"① 这番复杂的规定并没有体现出新政治科学的精确，反而是徒增繁难，因为它只增加了有关整体或个体的词汇，却将更加重要与实在的"等级"——如生产者、护卫者、统治者——抹杀了。"政府"于是被折损成了相对于"立法权"的"行政权"，前者永远属于"人民"，后者则仅仅是"臣民与主权者之间的中间体""代理人"或"主权者的执行人"②，一句话，政府就是一架机器。

然而这却是一架特殊的机器：作为一个"整体"，它是一个整体之中的整体。因此它就难免有成为"事实上的主权者"的倾向。卢梭认为，一旦出现这种情况，那直接就意味着政治社会的解体。于是，政府就成为了主权者（即人民）必须防范的对象。这与洛克式的自由主义形式相近，但是目的截然不同。洛克将政府降格为个人权利（主要是财产）的保护者，卢梭则要求政府成为道德自由与道德风尚的保护者。于是就出现了一个错位，洛克的目的是要求政府为财富的增长与安全服务，因此他理所当然会"调低"政府的存在意义；而卢梭却完全不同，他对政府提出的是道德上的要求，就其本身的位次而言，道德远远高于利益，因此，政府就不应该被贬

---

① ［法］让-雅克·卢梭：《社会契约论》，何兆武译，商务印书馆1980年版，第26页。
② 同上书，第76页。

第四章 卢梭的遁世与经世

为机器——不让有道德的人为官,还能有什么办法引领良善风气呢?但是这位"立法者"却始终不敢触碰"执政队伍建设"这个最实际也最重要的问题,反而要去旁逸斜出地讨论"行政官个人一身而有三种意志"与"政府有三种形式而不论选择单一形式还是混合形式都有弊端"等与此并无直接关联的主题。

这其中的原因既简单又复杂。

简单的是根本原因:卢梭根本没指望政府,我们甚至可以说,卢梭"需要"政府成为一个任何人"一触即腐"的机器,以便让他别无选择地去相信他所"拣选"的"人民"。

复杂的则是卢梭在因果链条上使用的微妙手法。

读者很容易发现,卢梭确乎有很多与古典哲人一致的判断,例如:关于民主,"就民主制这个名词的严格意义而言,真正的民主制从来就不曾有过,而且永远也不会有。多数人统治而少数人被统治,那是违反自然的秩序的","没有别的政府是像民主的政府或者说人民的政府那样易于发生内战和内乱的了;因为没有别的政府是那样强烈地而又那样不断地倾向于改变自己的形式的,也没有任何别的政府是需要以更大的警觉和勇气来维持自己的形式的",总之,"如果有一种神明的人民,他们便可以用民主制来治理。但那样一种十全十美的政府是不适于人类的"[①];关于贵族制,"最初的社会是以贵族制来治理的……治理得非常之好……随着制度所造成的不平等凌驾了自然的不平等……于是人们就看到有二十岁的元老了……总之,最好的而又最自然的秩序,便是让最明智的人来治理群众……如果说贵族制比起人民政府来不太需要某些德行的话,它却更需要另外一些为它本身所特有的德行,比如富而有节和贫而知足;因为彻底的平等在这里似

---

① [法]让-雅克·卢梭:《社会契约论》,何兆武译,商务印书馆 1980 年版,第 88—90 页。

乎是不合时宜的，那是就连斯巴达也不曾见过的"①。卢梭对于"自然秩序"的提及说明他对人类社会基本状况的清醒认识——人民没有能力自治，自然的贵族才是真正的治国者。并且，卢梭甚至还很清楚，唯有在这样一个健康的秩序中，他所念念不忘的对贫弱之人的同情、对普遍的道德自由的渴望、对共和制的党派认同以及对淳朴民情的钟爱才能够得到最好的安置。

为了避免"自然秩序"概念的前推后引以至于坐视"正义"与"善"最终取代"自由"，卢梭运用了一些微妙而难以觉察的技巧。首先，他将"政体"问题偷换成了"政府形式"问题。唯有如此，卢梭关于君主制、贵族制、民主制以及混合制的讨论才能不与他的"社会契约"或"人民主权"说相抵牾，因为古典政治哲学传统既不承认这种纯粹抽象的主权起源之说，同时又能涵盖后者所讨论的全部内容；其次则是顺理成章地将"好政府"降格为不沾染立法权、不违背人民"公意"的政府，这一规定的正确性完全来自"公意"本身的抽象性②——它绝不仅仅是"人民的意志"，而是"最淳朴、最自由、最道德、最神明的人民的出于最纯粹的道德原则的、永远不会迷失、永远不会妥协、永远不会被私利所玷污的意志"。它的纯洁性与正确性将剥夺政府官员乃至人民中所有急公好义者的荣誉或奖励，因为他们不过是做了他们该做的事情；最后则是具体问题上的偷换，其一是错将贵族制分为自然、选举与世袭三种——实际上只有"自然"与"习俗"两种——并将第二种亦即"选举的贵族制"称为最好的、"严格说来的贵族制"③。这纯粹

---

① [法]让-雅克·卢梭：《社会契约论》，何兆武译，商务印书馆1980年版，第90—92页。
② 同上书，第135—137页。
③ 同上书，第91页。

第四章 卢梭的遁世与经世

是为了强行凸显"人民"的作用，因为真正的贵族历来专指"自然的贵族"，也就是有德之士，无论人民有没有足够的判断力或运气将其推上领导岗位，都不改其高贵的品质；其二是对君主制毫无道理的抹黑——"就连最好的国王也都想能够为所欲为，却又并不妨碍自己依然是主子……国王的私人利益首先就在于人民是软弱的、贫困的，并且永远不能够抗拒国王。我承认……君主的利益也还是要使人民能够强大有力……然而由于这种利益仅仅是次要的、从属的……所以十分自然地，君主们就要偏爱那条对于自己是最为直接有利的准则了。"① 这几乎是纯粹的党派言论，因为卢梭甚至都不愿意稍稍深入分析一下一国之内的基本权力格局，任何形态的政治体中都至少包含三个层次，即最高领导层、庞大的中间层以及人民大众。其中高层的分裂是最大的政治灾难，它将导致全社会的撕裂、纷争与惶恐；第二等的灾难则为中间层官吏的腐败，它往往也与高层的分歧或腐化有关，但是中间层的腐败一旦达到一定程度，也会形成一股极大的、难以扭转的惯性，它甚至会主动扭曲高层的一切革新与向善的努力；人民大众无论怎样腐化堕落，其危害性与前两者相比都是微不足道的，它既不会造成太大的恶果，也不难扭转。在君主制问题上，卢梭不深入考察其中复杂的权力逻辑，只是简单地将君主与人民对立起来，可谓既不愿体察总负责人忧国忧民的苦心，又无恤于民众几乎是天然的对最高领导人的期待、信任以及仰望之情，还忘记了他至为尊崇的柏拉图关于哲人王的教导。②

无论这看上去是何等的不可思议，这些重要的疑点或问题正是

---

① ［法］让-雅克·卢梭：《社会契约论》，何兆武译，商务印书馆1980年版，第94—95页。
② 同上书，第101页。

现代道德话语的形成

随着马基雅维里这个名字的出现才有了整合的契机。① 稍一比较便可发现，卢梭对古典哲人的批评、对政体理论的歪曲、对斯巴达与吕库古的崇奉、对罗马共和国的谬奖、对古典德目表的民粹化篡改、对君主制与贵族制的污蔑、对人民大众"选举"能力的肯定、对基督教破坏国家根本基础的断言②以及共和国内部的分裂与斗争实则有利于自由的"信念"③ 等都与马氏保持了实质上的惊人一致。相形之下，卢梭对于古典的"自然"教诲的认可只是一道虚影而已，而他与马氏之间看似巨大的差别——后者崇尚帝国倡诈巧而前者甘守一隅宁拙朴——也完全可以忽略不计，因为卢梭纯属抽象的治国之策终究无力阻挡马基雅维里主义的泛滥。

卢梭与马基雅维里在虚无主义上的根本一致，将最终揭露前者在西方现代政治思想内部掀起的这场"道德"复兴的虚假本质④："如果斯巴达和罗马都灭亡了，那么，还有什么国家能够希望亘古长存呢？假如我们想要建立一种持久的制度的话，就千万不要梦想使它成为永恒的吧……政治体也犹如人体那样，自从它一诞生起就开始在死亡了，它本身之内就包含着使它自己灭亡的原因。但是这两者却都能具有一种或多或少是茁壮的、而又适于使本身在或长或短的时间内得以自保的组织。人体的组织是大自然的作品；国家的组织则是人工的作品。延长自己的生命这件事并不取决于人；但是

---

① 如本书第一章所述，正是卢梭为马基雅维里的"翻案"提供了最重要的辩护。[法] 让-雅克·卢梭：《社会契约论》，何兆武译，商务印书馆1980年版，第95页。

② [法] 让-雅克·卢梭：《社会契约论》，何兆武译，商务印书馆1980年版，第174页。

③ 所谓人民必须经常作为主权者而"现身"的宪法建议，实则出于马基雅维里违背常识地认为元老院与平民的斗争有利于共和国的说法。[法] 让-雅克·卢梭：《社会契约论》，何兆武译，商务印书馆1980年版，第120、133、134页。

④ [英] 凯斯·安塞尔-皮尔逊（Keith Ansell-Pearson）：《尼采反卢梭：尼采的道德—政治思想研究》，宗成河等译，华夏出版社2005年版，第47页。

赋给国家以它所可能具有的最好的组织,从而使它的生命得以尽可能地延长,这件事可就要取决于人了。体制最好的国家也要灭亡的,但比起别的国家来要迟一些,假如没有意外的偶然事件促使它夭折的话。"① 也就是说,无论花费多大心血,不过时间长短之别,一切终将归于奴役。

这段似是而非的感慨并不难揭穿。"薪尽火传"的道理并不艰深,道为火,人为薪,而国不足论也。品读历史,重在品人,品人即为参道。一国政兴,有人之故也,一国政亡,人亡所致也。数国并兴,道若有不同,则必可论高下。小道之国,不足为训,正道之国,方为焦点。国而知正道,非必能行也,柏拉图之雅典可证;知而能行,不必可保无衰亡之虞。衰而能再兴,亡而能复生,方为正道之绝大生命力的明证,中国是也。若究其实,明道之士君子代代相传绵延无尽才是其生命力的体现与保证。也就是说,政治体生命的最终所系,乃在其文化阶层的士气不衰。中国之士大夫不亡,中国不可亡也。卢梭不明"文化"之大义,徒哀叹于历史之起落,而不知查考人才之盛衰,更不知作为一名文士的自己一身所负之重任,放纵悲情而不知节制,肆意散播失败主义之颓丧情绪,而绝天下忠良之望。即便卢梭难及此道,岂不知有绝善之人民而能行主权,其概率并不高于柏拉图之哲人而登王位么?岂不知此绝善之人民而能保其自由不过保其敝帚而已,与柏拉图理想国高绝之文明理想岂可同日而语?

四 世界的边缘

以卢梭如此的"情怀",除了孤寂于世界的边缘,他还能接受

---

① [法]让-雅克·卢梭:《社会契约论》,何兆武译,商务印书馆1980年版,第116—117页。

什么样的存在方式呢？令人颇感惊奇的是，卢梭一身而竟有两番边缘的人生，其一为虚拟，其二为真实。

其虚拟的人生见于《爱弥儿》这部构思精绝的小说，但是其主题的重要性、高超的理论性以及描述的真实性常常会让人忘记这只是一部小说。在这部奇特的作品中，卢梭亲自将自己放进了小说里的世界，此举是因为教育这项特殊事业的内在性与复杂性，还是由于其重要性呢？不得而知，因为这三个性质都不必然要求卢梭"亲自上阵"。关于教育问题的讨论，西方世界最著名者莫过于《理想国》，其中苏格拉底对护卫者教育全过程的叙述并未用到第一人称，而教育的目的、过程、方法、应注意的问题以及应有的效果等均无一遗漏且解说到位，唯一未能述及的，就是整个教育在某个具体之人或城邦身上的"实际"结果了。这也正是《爱弥儿》这个故事一个重要的特别之处，为了讲完整这个故事，卢梭甚至安排自己在小说中死去然后以"在天之灵"的身份与视角进行补充叙述。这个对"灵魂不灭"原则的惊人"应用"显示了卢梭思想的多重性与这部作品的复杂性。

我们必须对这部政治哲学作品的文学特征予以足够的重视，因为这个故事中所有人物的历史背景、家庭背景、性格特征、交往人群、成长过程以及最终命运等都在作者如上帝一般的掌控之下。正如古典哲人所言，"权力使人显现"，作品的安排所体现的不是其他，而正是创作者本人。

"卢梭"选择了一个出身富人家庭、天资平平、身体健壮、对"他"亲近且完全服从"他"的孤儿爱弥儿，同时又暗中替他挑选了一个没有交代家庭背景、智力在平均水平、貌不惊人但却十分耐看的"苏菲"作为他未来的伴侣同时培养。"卢梭"带着爱弥儿离开城市来到乡村，一步一步、一阶段一阶段地教育他成为一个优秀的"人",并巧妙安排他二人在"游历"途中相遇、相互吸引并相爱,然后让他们分开,理由是爱弥儿还必须接受"公民"的教育,否则将无法承担家庭生活中的职责。当爱弥儿顺利学完了政治这最后一门课之后,他终于与苏菲完婚,当爱弥儿满怀激动地把他将为人父的消息告诉"卢梭"之际,这部小说告一段落。如果没有题为"爱弥儿与苏菲或孤独的人"的"附录",这段看似平淡实则充满了无数紧张与斗争的教育历程亦可称是"小有所成",在这个豹尾突起的附录中,"卢梭"亲手安排这个完美的小家庭遭遇了令人痛心的变故,而最终让他们历经磨难并带着满身的伤痕重归于好。

对于一部小说而言,这样的故事显然是谈不上"故事性"或"戏剧性"的,而对于一部有关教育问题的理论著作而言,这个故事显然又过于"特殊化"了。但是两者的结合却能产生一个特别的效果,对于卢梭而言,这样的"政治哲学小说"恰是最便于展示其对于宇宙人生大量细致入微之思考的体裁。也就是说,小说的头号主人公其实并不是爱弥儿,而是"卢梭",整部作品展示的是"卢梭"对于一个"活生生"的人的塑造——就像普鲁塔克笔下吕库古对斯巴达风俗的塑造一样。

但是,"卢梭"的全部"努力"与卢梭本人的用意之间又有何关联呢?

卢梭在《社会契约论》中只"继承"了吕库古的土地法的精神,对于这位伟大立法者最为重要的移风易俗重塑国民的努力,卢梭则选择了回避。并且,他回避的方式十分巧妙。通过论证良善风俗一旦失去便无法恢复,卢梭实际上已经取消了这个繁重的任务,而卢梭所建议的"公民宗教"也只是维护而不是重塑风尚的工具。因此,《爱弥儿》并不是为了补上《社会契约论》在政治教育方面的"亏欠",而是另有目的。①

唯有如此,我们才可以理解,何以卢梭要安排"卢梭"选择一个富家孤儿,并采取那样一种昂贵的"一对一"超高级家庭教师的教育方式。关于贫家富家,卢梭称:"穷人是不需要受什么教育的,他的环境的教育是强迫的,他不可能受其他的教育;反之,富人从他的环境中所受的教育对他是最不适合的,对他本人和对社会都是不相宜的……所以,我们要选择一个富有的人;我们深信,这样做至少是可以多培养一个人的,至于穷人,他是自己能够成长为人的。"② 这显然是说不通的,如果穷人就可以自己成长为"人",则让爱弥儿刚一出生便抱到穷乡僻壤找户人家收为继子就可以了,何须"卢梭"这位饱学的人生导师受此劬劳?难道说是因为"卢梭"为爱弥儿准备的并不仅仅是"人的教育",还有"公民的教育",因此必须有贴身导师?这仍然说不通,因为穷苦农人一样能成为"公民",甚至是国家特别欢迎的那种类型的公民,并且,仅就"卢梭"所提供的"人的教育"而言,其中涉及德性以及诸多是非观念的培养时,种种极高水平的认知活动——其中包括适量的阅读——都是"穷人"无力消受的,此外还必须指出的是,这样的知识教育也是智力平平之人无法理解的——哪个神奇国度的随便一个"公民"能轻易理解"萨瓦牧师的告白"?难道卢梭是因为从来就不理解"智力平平"的感受,从而总是认为他自己能理解的一切其他人也都一样能轻松理解?这当然不是事实,因为知晓人与人之间在天分上的巨大不平等并不需要特别的天分。因此,我们猜测,

---

① 罗杰·D.马斯特(Roger D. Masters)敏锐地抓住了卢梭与柏拉图的重要分歧,然而却没有顺着这一线索找到这两位在德性与境界上的本质不同。[美]罗杰·D.马斯特:《卢梭的政治哲学》,胡兴建等译,华夏出版社2013年版,第144—153页。

② [法]让-雅克·卢梭:《爱弥儿》(上),李平沤译,商务印书馆1978年版,第32页。

"卢梭"实际上在进行的并非普通"人"或普通"公民"的教育——"他所受的教育就是为了去领导和管理他的同伴的……他到任何地方都可以超群出众,都可以成为他人的领袖。"① 因此,"天资普通"的说法只是卢梭的烟幕弹,他不希望人们将"卢梭"的教育成果归功于爱弥儿与苏菲的天赋,而是应归功于这位导师的绝妙方法。

再看无比重要的故事结局,这是一个堪称"诡异"的结局:爱弥儿与苏菲在导师"卢梭"死后终于还是去了巴黎,苏菲受人引诱犯下大错。家庭破裂之后,爱弥儿为解烦闷远走他乡,他到一条商船上当了一名水手,不料这条竟是一条黑船,船长故意用隐藏的磁石使罗盘偏向,然后驶到预定地点制造海盗劫掠的假象以杀人越货,爱弥儿看破诡计当机立断拔刀砍下船长人头,然后被卖为奴隶,并被多次转卖,最终成了一名公共工程承建人的奴隶,面对监工的虐待,他说服同伴,以罢工和对话的方式打动了阿尔及尔的总督从而成了一名监工。由于卢梭生命的终止,爱弥儿的故事至此戛然而止,最终从与老年卢梭有过交往的普雷沃斯特教授的一封信中得知,卢梭为爱弥儿和苏菲安排的最后结局乃是在一个荒岛上的不期而遇,她在这里当了修女,而他则以假结婚的方式完成了对苏菲的带有一定报复性质的"考验",最后二人破镜重圆。

卢梭为什么要如此安排呢?如此智勇双全德性卓越的爱弥儿,为什么其他的教导都记得,偏偏忘了要远离繁华都市?堪称贤妻良母的苏菲又怎么会犯下那样的错误呢?这是否表明,卢梭虽然能以言辞创造出这样一个完美的男子,并为他匹配一位佳偶——如同上帝造亚当夏娃一般——然而却不知造来何用,因此既不肯让他们就

---

① [法]让-雅克·卢梭:《爱弥儿》(上),李平沤译,商务印书馆1978年版,第209页。

那样在乡村小镇幸福地生活下去，又不肯让爱弥儿为国效力建功立业而至封侯拜相，还不肯让他拖家带口去到一个民风淳朴的小国并成为那里的杰出公民乃至第一公民，而是宁可让他们去做"文明世界"的牺牲品，并且要让苏菲成为爱弥儿不幸的原因，恰如夏娃一般？这是卢梭在宣泄自其成年以来对巴黎、对女性以及对"文明世界"攒下的深深积怨么？这一嫌疑是难以洗脱的，毕竟，从教育的角度看，这一"劫"对于爱弥儿或苏菲的成长并没有任何不可替代的重要意义。

他们确实还需要进一步地提升，这也是热爱全人类的卢梭应当补全的内容。爱弥儿和苏菲应当为人类有所贡献才对，而卢梭却似乎全然不知其门径所在。根据基督教圣经对卢梭想象力的影响，我们可以猜想，如果卢梭能够把故事写完，则爱弥儿极有可能进一步赢得阿尔及尔总督的信任并担任更高的职务，就如同约瑟成为埃及法老的大管家一般，然后由于其声望日盛渐遭猜疑而最终不得不出走（约瑟之被逐并非由于"猜忌"），几经磨难，最终来到那座如同应许之地一般的荒岛。卢梭的这一特征与其在《社会契约论》中对基督教在政治上的破坏性的批判又一次形成了鲜明的反差，唯有"萨瓦牧师的告白"能够深入而全面地解释这一疑难，其中所包含的宗教改革思路几乎就是康德《纯粹理性限度内的宗教》。要言之，卢梭并不反对具有非政治乃至反政治意向的诸"观念"。对于政治生活，卢梭也并无向往或期许，当时欧洲各国的政情本也无法承担任何的向往或期许。因此，实际上，对于卢梭而言，基督教宣扬的道德——同情弱小、纯洁朴素、谦卑、平等、意志自由等——远比希腊古典式的德性更有吸引力。

柏拉图所讲的护卫者的教育并不是简单的"人的教育"或"公民教育"，卢梭却将两者截然分开了，并且从其对"公民"的理解来看，他对之并无好感："必须在教育成一个人还是教育成一个公民之间加以选择，因为我们不能同时教育成这两种人……凡是爱国者对外国人都是冷酷的……在国外，斯巴达人是野心勃勃的，是很贪婪的，是不讲仁义的；然而在他们国内，却处处洋溢着公正无私、和睦无间的精神……好的社会制度是这样的制度：它知道如何才能够最好地使人改变他的天性，如何才能够剥夺他的绝对的存在，而给他以相对的存在，并且把'我'转移到共同体中去，以便使各个人不再把自己看作一个独立的人，而只看作共同体的一部分。"① 也就是说，"公民"之"公"，在卢梭看来不过是一种集体的自私而已，只不过这似乎是一种无可指摘的自私。卢梭的这一断言并不公正，因为一国成员并非不能对外人友好，这里面的情况远比卢梭想象的复杂。相同的国籍并不能让两个公民成为朋友，相同的籍贯、出身、职业都不一定能让两个公民亲近，但是有些特殊的身份却能连接起两个万里之外的人，例如，两国的优秀士兵难以成为朋友，然而两国的优秀的将军却很容易互相欣赏，哲人、政治家（不是政客）、宗教领袖以及艺术家等几乎就是天然的朋友。而真正的礼仪之邦、正义之邦，也绝不会认可集体自私的原则，在这样的国度，自私而狭隘的"公民逻辑"根本行不通，而所谓的人与公民的区别乃至对立也是不存在的。中国便是如此，在这个屡遭卢梭诬蔑的国度，只有以文教为别的"华夷之辨"，而从不主张狭隘的"本国"与"他国"的对立，《公羊传》明言："华夏而夷狄，则夷狄之；夷狄而华夏，则华夏之。"相比之下，斯巴达在对外政策方面的表现，即便是对之赞赏有加的卢梭也无法认可，而实际上斯巴达在内政方面也同样有诸多无法辩护的重大缺陷，只是卢梭不愿相

---

① ［法］让-雅克·卢梭：《爱弥儿》（上），李平沤译，商务印书馆1978年版，第9—10页。

信柏拉图、亚里士多德以及色诺芬的论断而已——斯巴达的"公民"无论对内还是对外奉行的其实都是赤裸裸的"集体自私"原则。对这种"自私"的反感是卢梭割裂"人"与"公民"的重要原因,卢梭对其反感十分正当,任何正人君子都应当反对这种狭隘卑劣的"原则"。但是,就此而认为所有国家或共同体都必然无法摆脱或超越这种应当谴责的虚假原则就显然过分了。亚里士多德深知集体自私之丑恶,因而他谈"好人与好公民"之别,目的是要展示整全之德优于部分之德,因此主张应当让德性整全的"好人"来做城邦的统治者亦即"第一公民",如此方有可能正一国上下,并建成正义之邦,而唯有这样的城邦才有可能以正义之道对待他国。卢梭不识此中深意,误将斯巴达之失当成了政治生活本身的天然缺陷,并由此而反对一切哲学与哲学家,最终竟要退回到方寸之间的"自然情感"之中,还要美其名曰"自由"。在这样的错误认识指导之下,"卢梭"怎么可能为已经结婚生子的爱弥儿继续提供更加重要的教育呢?连"而立之年"都管不到,如何而敢遽言"教育"并对古往今来所有言教育者"一体骈诛"?

"卢梭"用尽毕生精力,也不过只是多教育出只能活在世界边缘的"一个人",那么,这无量心血的耗费,其意义何在呢?对"卢梭"而言,他的收获是:他终于可称"有所作为"了;而对于卢梭而言,"卢梭"的"有所作为"恰恰"完美"地说明了卢梭孤独终老而拒绝任何作为的原因。

这个特别的总体效果最终也让《爱弥儿》中关于儿童、亲情与人情物理乃至哲学、宗教与历史的诸多绝妙观察、总结与判断统统失去了光彩。

《爱弥儿》虚拟世界中的"卢梭"最终只成就了一个智勇兼备本可有所作为却终究只能退守荒岛的爱弥儿,然而这已经远远胜过

第四章 卢梭的遁世与经世

真实地活在世界边缘的卢梭本人，毕竟能将一生所学所感有所传授，并能够得到爱弥儿的信任、理解与敬爱之忱，这些都是真实的卢梭极度渴望而终难如愿的。卢梭三十岁时去到巴黎，五十岁时被迫逃离，在此之前，卢梭经历了母死父逃、寄人篱下、颠沛流离的凄惨，而在此之后，他经历了八年的逃亡生活后再次回到巴黎。在此次逃亡期间，卢梭开始进入一种被称为"受迫害狂想症"的状态，他和所有与其有分歧的朋友决裂，他多次拒绝伸向他的援手，只依靠抄乐谱与稿费艰难度日。八年后他搬到巴黎东北边埃默农维尔山庄，一个半月后，他在这个宁静的小地方与世长辞。

卢梭最后十年的主要精力基本上都用在了研究动植物与自辩上。这几乎是人类文明史上独一无二的奇景：一个无法忍受包括家庭生活在内的一切共同体生活的人，几乎用尽晚年的时光，一而再、再而三地向全人类与全世界展示自己苦难深重的一生，并将其全部苦难都归结于文明世界与文明人的险恶和自己也许是太过分的诚挚、圣洁与善良，也就是说，他的全部"忏悔"、自我"审判"与孤独漫步时的遐思，其实都是对这个世界痛入骨髓甚至歇斯底里的控诉。

恐怕再也找不出比这三部奇书更怨气冲天的作品了，卢梭在家中为其《忏悔录》举行的朗读会不止一次地让听众陷入震惊与沉默，面对书中一再出现的类似"读了我的书还认为我不诚实的人就应当被绞死"的言论，对这位思想者充满敬意与善意的正常人怎能不被惊呆呢？《卢梭评判让-雅克：对话录》中对"恶毒敌人"谴责几乎随处可见，卢梭连别人说他"不懂音乐"都无法容忍……而这两部作品几乎是注定的失败又成了卢梭启动人生最后一部未竟之作《一个孤独的散步者的梦》的重要原因。让人感到有趣的是，《忏悔录》是将读者当成了神甫，而卢梭则是把自己的内心直接讲给世人听；而《对话录》则"赶走"了读者，并亲手"创造"了一个友好而善解人意的"法国人"作他的聆听者，卢梭于是就把自己讲给一个影子"听"，而让全人类"旁听"。

最后，在《梦》中，卢梭选择了把自己只讲给自己听，同时将旁听席给了全人类。

《梦》中所讲的内容与前两部作品并无二致，卢梭并没有因为年老而选择"放下"或"宽容"，他始终将自己放在世界的中央，仿佛受难的神子一般俯视着这个堕落的世界，欲去还留。其中的"第一次散步"即以"叹寂寥零落"开篇："我如今在这个世界上已孤零零地孑然一身，除我自己以外，既无兄弟，又无亲友，也没有可与之交往的人。人类当中最愿与人交往和最有爱人之心的人，却被人们串通一气，排挤在千里之外。他们怀着刻骨的仇恨心，想方设法要用最恶毒的方法折磨我多愁善感的心灵，并粗暴地断绝了与我的一切联系。不过，尽管他们这样对我，我也还是爱他们的。他们只有违背良知，才能躲避我爱他们的心。"① 这是典型的卢梭风格，但是这显然是最招人厌恶的表达方式，因为欧洲的风俗即便再恶劣，也不至于团结一心专意迫害一位共和派道德家。这种一味指责世人的思维定式堪称一无是处，既无补于人心，也不能为自己或道德本身赢得任何同情或荣誉。

然而这位具有特殊道德优越感的"奇男子"，非但丝毫无惧于得罪一世之人，甚至连后世都不肯饶恕："当我发现他们布置的网罗是如此之大以后，我便永远放弃了在我生前把公众重新争取到这边的念头……我孤单一个人，比和他们在一起，更愉快一百倍……但是，我对未来还是抱有希望的：我希望更优秀的一代人将仔细检

---

① ［法］让－雅克·卢梭：《一个孤独的散步者的梦》，李平沤译，商务印书馆2008年版，第1页。

第四章　卢梭的遁世与经世

验这一代人对我的评判和他们对我的所作所为，从而充分揭露他们的行径，并彻底看清楚我是怎样一个人……我有重新思考了一下，结果发现，我对公众之会回过头来倾向于我的估计，是大错特错了，甚至是下一个世纪的公众，也不会倾向于我，因为他们都是按照那帮引导他们的人的眼光看我的；而引导他们的那些人，是一拨又一拨地不断从那个憎恨我的群体中产生的：个人虽然死了，但群体没有死……对我来说，在这个世界上，一切都结束了。"[①] 道德君子或忠厚长者绝不会以这种方式讲话，"乐道人善"与"善于助人"才是劝善的正途，苛责与谩骂只能让人避之唯恐不及。这个简单的道理，卢梭并非不懂，他的"卢梭"在教育爱弥儿时就十分善于搭配使用好言鼓励与正色斥责，并总能在紧要处提供重要的帮助。

那么，卢梭真的放弃辩解了么？当然没有。他只是更换了辩解的方法，他改用展示自己的受难以及在苦难中所获得的幸福与快乐的方法来继续谴责世人与"他们"。于是在"第二次散步"中，他用极为凄惨的笔调回忆了自己在巴黎被一只体型特大的丹麦狗撞倒的惨状以及随后他的敌人们对此事的歪曲与嘲弄。但是，卢梭坚称自己从中反而得到了快乐，就如同蒙田一次落马之后的感觉一样。不止如此，卢梭还更加收获了"信心"："上帝是公正的……这是我的信心之所以得以产生的根源。我的心和我的理性告诉我：我的信心是不会欺骗我的。因此，那些人和我的命运想怎么折磨我，就让他们怎么折磨我；我要学会毫无怨言地忍受；一切都终将回到正

[①]［法］让-雅克·卢梭：《一个孤独的散步者的梦》，李平沤译，商务印书馆2008年版，第5—7页。

常的秩序，因此，或早或晚轮到我的那一天，必将到来。"①

"第三次散步"中，卢梭回忆了自己看破红尘的过程："在我年满四十岁以前，我一直飘荡在贫穷与富有、正道和歧途之间；不过，尽管我有许多恶习，但却无半点邪念……在我还是一个青年人的时候，我就把年满四十这一年定为终点；到了这个终点，我为了跻身上流社会而做的种种努力以及为实现胸中的抱负而具有的一切理想，都统统宣告结束……我要把我的余年用来悠闲度日……我完全脱离社会和从此矢志不渝地喜欢孤独，就是从这个时期开始的。"② 卢梭粉饰了四十岁之前的荒唐年月，并"误会"了他此后的全部努力与雄心，因为，事实是：卢梭的思想与用心从未脱离社会。因为"喜欢孤独"从来就不等于"脱离社会"，卢梭的著作没有一句话是脱离社会的——"第五次散步"中卢梭在圣皮埃尔岛上看到岛民的正常举动都会让他联想到"弱者的血肉就是这样被用去增补强者的身躯"。③

拒斥社会的是卢梭的情感，那容不得丝毫不如意的情感。他甚至容不得自己在达到思想成熟之前犯下的错误，所以才会将"第四次散步"以那样一种特殊的方式献给了关于诚实与说谎这样一个早已得到妥善处理的问题。其中的特殊之处在于，卢梭并非为了重复先贤的箴言，他主要是对几件事耿耿于怀，其中，那个饭店老板娘大女儿在饭桌上关于孩子问题的不怀好意的提问是其小，《忏悔录》给他带来的关于诚信的指责是其大。④

这种特殊情感最深刻的表达乃是在其关于"幸福"的思考之

---

① ［法］让-雅克·卢梭：《一个孤独的散步者的梦》，李平沤译，商务印书馆2008年版，第21页。
② 同上书，第26—28页。
③ 同上书，第59页。
④ 同上书，第52—53、56—57页。

中。圣皮埃尔岛的美丽与幽静激发了卢梭对这一千古问题的又一次思考:"我心目中的幸福,绝不是转眼即逝的瞬间,而是一种平平常常的持久的状态,它本身没有任何令人激动的地方,但它持续的时间愈长,便愈令人陶醉,从而最终使人达到完美的幸福的境地……世间的一切事物都处在持续不断的变动之中……世上没有任何一种能使我们的心永远寄托的固定不变的东西,因此,我们在世上所能享受到的,只不过是一些转瞬即逝的快乐。至于永恒的幸福,我怀疑世上是否真正有过……如果世间真有这么一种状态:心灵十分充实和宁静,既不怀恋过去也不奢望将来,放任光阴的流逝而紧紧掌握现在,不论它持续的长短都不留下前后接续的痕迹,无匮乏之感也无享受之感,不快乐也不忧愁,既无所求也无所惧,而只感受到自己的存在,单单这一感受就足以充实我们整个的心灵;只要这种状态继续存在,出于这种状态的人就可以说自己得到了幸福……在这种情况下,得到的是什么乐趣呢?在这种情况下得到的乐趣,不在任何身外之物,而在我们自身,在我们自己的存在,只要这种状态继续存在,一个人就可像上帝那样自己满足自己。排除一切其他欲念而只感受自身的存在,这本身就是一种非常珍贵的满足感和宁静感。单单这种感受就足以使一个人对自己的存在感到可贵和可爱,并知道如何消除一切不断来分散我们的心力和干扰我们在世上的乐趣的肉欲和尘世杂念。"①

这是一种什么样的幸福呢?它充满了虚无主义的味道,却又没有虚无主义者的疯狂或枯寂;它有些许"坐忘"的逍遥,但只是忘了尘世,忘了苍生,却舍不得"忘我";它不敢奢望永恒,却又不甘于极致的一瞬;卢梭对"感受自身的存在"再三致意,却忘了饕

---

① [法]让-雅克·卢梭:《一个孤独的散步者的梦》,李平沤译,商务印书馆2008年版,第66—67页。

现代道德话语的形成

饕之徒之所以酒池肉林、声色犬马也正是为了"感受自身的存在"啊！断去永恒，放弃将来，逃离共同体，而徒着意于难过百年的区区一身，何来的上帝般的满足感，何来的宁静感呢？卢梭难道忘记了家庭的甜蜜么？他让"卢梭"用尽最后二十余年的生命，最终不就是给了爱弥儿一个虽不完美但却温暖幸福的家么？这样一无所有的——没有匮乏、没有享受、没有快乐、没有忧愁——空洞的幸福，揭示的其实是卢梭对社会生活中种种不顺心的厌烦，他知道处世技巧的存在，也知道自己在这方面的欠缺，因此他愿意为了免去这些烦恼而放弃社会生活的一切好处，他甚至可以毫不犹豫地将其社会契约论中令自由主义者闻之色变的所谓"积极自由"改为"市民社会"中硬通货般的"消极自由"——"我认为人的自由是在于他可以不干他不想干的事"①。

卢梭人生最后一次"散步"活生生地展现了这颗独特灵魂中本能般的逃亡情结。卢梭把这最后一次遐思献给了华伦夫人，"这第一次相见的刹那之间，竟决定了我的一生……我无时无刻不怀着快乐和温暖的心情回忆我这一生中只有在这短短的日子里，才不仅活得充实而无杂念，无牵无挂，能够真正说得上是在享受人生……在那里，我在五六年的时间中享受到了一个世纪的生活和纯洁美满的幸福。这种幸福的美，可掩盖我现今生活中的一切丑恶。我的心需要一个女友，我占有了这个女友；我向往乡村，我到了乡村；我不能忍受奴役，我享受到了完全的自由，甚至比自由还自由，因为我只受制于我自己的爱心；我心中想做什么，我才做什么。我的生活成天都充满了爱的眷顾，成天都有做不完的乡间的农活。"② 上帝、

---

① ［法］让-雅克·卢梭：《一个孤独的散步者的梦》，李平沤译，商务印书馆2008年版，第82页。

② 同上书，第129—132页。

祖国、故土、亲人、良师益友、众生或人类的未来，统统都不是卢梭回顾人生时最感怀的对象。最得他心的，不是带给他大彻大悟的人或事，不是他在《爱弥儿》中教导的天伦之乐，不是伟大的古代明主的不朽功业，不是他亲手设计并论证的政治蓝图……而竟然只是他青春懵懂之际不期而遇的一段注定不会结出善果的不伦之恋！也就是说，唯有无忧无虑的浪漫爱情生活才是卢梭心中真正的幸福状态，它可以让卢梭忘记做农活的辛苦，也可以让他"忘记"曾经说过的一切，例如只感受自身存在的真正的"幸福"、不做不想做之事的"自由"、爱弥儿和苏菲以及普鲁塔克和吕库古……而一旦有了柴米油盐、飞短流长、妒忌怨愤，卢梭随时也可以再度"想起"这一切。

五　结语

卢梭掀起的这场"道德"复兴浪潮非但未能激起良善之属对正义与善的热情，反而造成了一场道德的灾难。卢梭以其荒诞不经的道德诡辞摧毁了几乎所有的道德法则与人伦大端，他出色的自我辩护技巧让他这样一个"榜样"充满了"人情味儿"而丝毫不会给人以压力。因此，世人远比卢梭所想象的要更加"倾向"于他，这样的道德"模范"远比苏格拉底、吕库古或老伽图要来得"亲切"。宣称自己"纯洁""天真无邪""充满了爱"或"专注于自己的存在"远比宣称自己"勇敢""节制""审慎"或"正义"要容易得多，因为这些新奇说法恰恰都是无法验证的纯粹情绪。在它们面前，家庭伦理将如何存活呢？它能抵挡"纯洁的婚外情"么？哪里还存在"欺骗他人感情"的说法呢？父母将如何面对子女的放纵呢？虽然他们抽烟、酗酒、文身以及不检点，但他们仍然可以宣称自己是"内心纯洁"的天使啊！还有法律，这些不能体察人们内心幽曲的冷冰冰的绳矩，能称正义么？忠君爱国就更不必提了，他们心目中的自己，是最为大公无私的世界公民！

在卢梭最后的日子里，二十岁的罗伯斯庇尔曾经慕名前来拜访，卢梭对其并无热情，倘若他如在《爱弥儿》中那样"在天有灵"，他必定不会将这位"不可腐蚀"的革命家认作他的门徒，法国大革命的责任，他也会坚决拒绝承担分毫，因为他从不认为自由"可以恢复"嘛！与这位导师几乎完全一致，所有参与了这场革命的人，至今无人宣称对这场革命负责。

第五章　康德与现代"自我"

在一般哲学史的叙事中,康德的主要贡献历来被认为是在哲学领域完成了一次"哥白尼式"的革命。① 但是,实际上康德所完成的这场"革命"在伦理政治领域的影响才是更需要反思的主题②,在全球化问题越发深重的21世纪之初,也正是康德政治思想重新引起西方理论界强烈关注的时期③。

从所谓的体系的完备性上,我们可以清楚地看到,康德哲学著述的主题范围是与亚里士多德相当的。仅由康德前两大批判的基本内容,我们就可以确定,康德哲学的根本关怀仍然是事关人类生活之整体的政治与伦理问题。也就是说,哲学革命者康德仍然遵守了亚里士多德的教诲:政治学是唯一一门与所有其他学科以及一切事物都有关

---

① 著名哲学史家弗兰克·梯利百年前所塑造的康德的学术形象在很长时间内都保持了极大的影响力。[美]弗兰克·梯利:《西方哲学史》,葛力译,商务印书馆1995年版,第六篇第一章。

② 斯特恩六十年前对康德思想命运的说法在今天仍然有效,斯特恩重点指出的康德关于道德、政治以及历史等严肃主题的思考始终是不可绕行的重镇。Alfred Stern, "Kant and Our Time", *Philosophy and Phenomenological Research*, Vol. 16, No. 4, Jun., 1956, pp. 531–539。

③ Douglas Moggach, "German Debates on the State in the Eighteenth Century", *Canadian Journal of Political Science*, Vol. 42, No. 4, Dec., 2009, p. 1003.

联的特殊学科。①但是，除了对政治不得不然的关切之外，康德就几乎很少有与亚里士多德的古典主义相通的地方了；而与马基雅维里、洛克以及卢梭等现代先驱或与黑格尔、马克思以及韦伯等后来者相比，康德的政治经验、政治热情以及在理论思考的创造性方面似乎都略显不足。然而，由于其僧侣般的生活、民法典般的文风、对于"原则"的贯彻以及与此极不相称的持久而巨大的影响力，康德恰恰是当今政治学人特需重视的思想人物，尤其是对于中国而言。

一　形而上学与道德哲学

康德贡献了关于现代"自我"概念最为系统且最具影响力的理论表述，尽管其理论曾遭到德国浪漫派、黑格尔主义、马克思主义、存在主义以及后各类现代主义的持续批判，然而其所占据的主流话语地位却始终难以动摇。这一惊人的成就显然与 18 世纪以来世界历史逻辑的转变与展开有关，本书认为，康德的巨大影响力与其对西方现代道德—政治话语模式的改造有重要关联，令康德耗费 12 年工夫完成的哲学范式革命对于这项特殊而艰难的工作提供了极为重要的支持，然而这部《纯粹理性批判》第一版序言中最令人印象深刻的内容其却不是认识论，而是政治。②

序言开篇便直接将哲学的王冠"赐予"了形而上学。尽管这一论断符合绝大多数人对于哲学的基本印象，但是，形而上学内部的差

---

① ［古希腊］亚里士多德：《尼各马可伦理学》，廖申白译注，商务印书馆 2003 年版，1094b1—11。

② 梯利也注意到并仔细分析了这篇序言，然而序言中的政治内容与政治意涵却几乎没有引起梯利的任何注意，这一点尤其表现在梯利对康德道德哲学的辩护中。Frank Thilly, "the Kantian Ethics and Its Critics", *the Philosophical Review*, Vol. 27, No. 6, Nov., 1918, pp. 646 – 650; "Kant's Copernican Revolution", *The Monist*, Vol. 35, No. 2, Apri., 1925, pp. 329 – 345.

第五章　康德与现代"自我"

别以及各家各派的具体内容才应当是讨论的重点,因为它并非理所当然的就是对那与人事无关的存在本源或真理标准的追问。这些问题康德都没有提及,而以柏拉图与亚里士多德为主要代表人物的古典形而上学是否还有更大的目的与更深刻的教诲,康德就更是没有考虑。①

从这一基本情况来看,康德对自古以来形而上学领域内争论的处理就难免有过简的嫌疑。康德没有列举形而上学争论中的具体重大问题,更不必说详细考察争论各方的得失曲直,而是直接以抒情散文的手法将形而上学比喻成了赫卡柏——那位惨遭希腊人杀子夺地的特洛伊王后。② 很明显,康德为自己选定的身份乃是主持正义的法官。并且,这位特别的法官未经了解案情便做出了判决,而"独断论"与"怀疑论"就是这些哲学强盗的罪名。

大法官康德判案的依据是——"这个时代不能够再被虚假的知识拖后腿了"。因此其解决办法便是吁请理性"重新接过它的一切任务中最困难的那件任务,即自我认识的任务,并委任一个法庭……而这个法庭不是别的,正是纯粹理性的批判"③。我们在惊讶之余不得不问,拖累这个时代的是虚假的知识吗?苏格拉底时常提及的"认识你自己"的丰富含义中,仅仅作为认知能力的理性的自我认识,作为一项任务,其重要性能在其中排到什么样的位置

---

① 康德坚信形而上学对于伦理学或德性学的决定性与基础性意义,没有前者,后者就没有"可靠性与纯粹性"。康德看上去对人的"伦类之别"毫无意识,然而实际情况又不是这样。亚里士多德的形而上学考虑的方面显然要全面得多。[德] 伊曼努尔·康德:《道德形而上学》,载李秋零主编《康德著作全集》(第六卷),张荣、李秋零译,中国人民大学出版社2007年版,第388—389、367—375页;[古希腊] 亚里士多德:《形而上学》,吴寿彭译,商务印书馆1959年版,1069a27—31,1072b15—30,1074b1—14,1075a13—1076a5。

② 值得注意的是,康德在第二版中删去了这篇序言。[德] 伊曼努尔·康德:《纯粹理性批判》,"第一版序",第1—2页。

③ [德] 伊曼努尔·康德:《纯粹理性批判》,"第一版序",第3页;着重号为原文所加。

现代道德话语的形成

呢？"重新接过"是否意味着"曾经接过但是失败"了，从而"在批判哲学出现以前还根本不曾有过任何哲学"，因为"客观上来看毕竟只能存在一种人类理性"①？只有一个世界，只有人类，只有一种理性，从而只能有一种哲学——继续推展下去必然是——只能有一种道德，只能有一种政治制度……这是一种"忌邪"的哲学，还是说，哲学必须是"忌邪"的呢？如果是，那么，接下来除了一场场针对其他"虚假"哲学、"虚假"宗教、"虚假"政治乃至"虚假"文明的各种形式的"圣战"，历史的主题还应当是什么呢？②

康德对形而上学历史的简单描摹看上去也不全出于"纯理论的"兴趣："最初，形而上学的统治在独断论者的管辖下是专制的。不过，由于这种立法还带有古代野蛮的痕迹，所以它就因为内战而一步步沦为了完全的无政府状态，而怀疑论者类似于游牧民族，他们憎恶一切地面的牢固建筑，便时时来拆散市民的联盟。"③ 这段描述中令人惊讶地包含了诸多政治与政治史的术语，它们展示了康德的基本政治信条：独断论者与专制暴君同罪；专制者造成的恶果是专制者之间纷争不断的无政府状态；专制现象从根本性质上讲是历史的，因为它是野蛮的与过时的；作为专制者的反对者，怀疑论者是有历史功绩的，尽管他们缺乏建设性；因此，康德的政治理想就应当是新时代的、文明的与非专制的理性法之下的联合。

---

① [德]伊曼努尔·康德：《道德形而上学》，张荣、李秋零译，中国人民大学出版社2007年版，第214—215页。
② 《圣经·旧约·出埃及记》12章12、27、29节，17章13、14节，20章4节，32章27、28、33节，33章2、3节，34章10、11、12、13、14、15、16节；《圣经·旧约·民数记》16章31、32、33、34、35节，21章23、24、32、33、34、35节，24章8、17、18、19节，31章7、8、9、10、11、12、17、18节。
③ [德]伊曼努尔·康德：《纯粹理性批判》，"第一版序"，第2页；着重号为原文所加。

第五章 康德与现代"自我"

这一"推测"完全符合《纯粹理性批判》正文的全部内容和十余年后面世的《纯然理性界线内的宗教》《道德形而上学》以及康德其他所有的政治著作。只是,康德在认识论领域内对独断论与怀疑论的解决办法及其结果让人不得不有隐忧:康德对政治主题的处理是否也会造成类似的"各方皆受损"的结果呢?[①] 这一担忧有两个原因:首先,以"能否直观"(包括纯粹直观)来划分"知性的对象"与"理性的对象"的做法,实际上一方面取消了对于"直观对象"进行研究所得结果的客观真理性,因为其结果无论如何都会是"真的",理由是它必定符合感性直观与知性范畴,而这两者无论如何都不会犯错,更何况这结果也只不过是关于"现象"的,至于感官不可及的"物自体",那是根本无须讨论的。这岂不是要取消"对/错"的基本大分?另一方面,这一做法也取消了主体对于"理性对象"之认知的任何真理性,因为"上帝""灵魂"以及"意志"都将只能作为"公设"而"存在",即便平信徒们可以接受这一做法的主要目的是促进"道德",其前提难道不必须是"这一切(上帝与不朽)都是无可置疑的真实"么?然而哲学家只体恤平信徒的情感,却毫不留情地拒绝了其对于真理性的要求[②];其次,"现象"与"物自体"的二分更是从根本上彻底剥夺了自然之学的尊严,因为,这个二分给自然之学只留下了"知性"给

---

① 这一深刻质疑几乎从康德认识论开始产生影响之后就没有消失过。W. H. Walsh, "Kant's Critique of Pure Reason: Commentators in English, 1875 – 1945", *Journal of the History of Ideas*, Vol. 42, No. 4, Oct. -Dec., 1981, pp. 723 – 737。

② 康德在宗教问题上也不乏辩护者,然而辩护者的辩护理由却始终无法超出"纯粹理论"的范围,这些辩护实际上只不过是对康德论证理由的重复。J. H. Farley, "Kant's Philosophy of Religion", *the Monist*, Vol. 35, No. 2, Apri., 1925, pp. 259 – 279; Chris L. Firestone, "Kant and Religion: Conflict or Compromise?", *Religious Studies*, Vol. 35, No. 2, Jun., 1999, pp. 151 – 171; Richard J. Bernstein, "the Secular-Religious Divide: Kant's Legacy", *Social Research*, Vol. 76, No. 4, Win., 2009, pp. 1035 – 1048.

现代道德话语的形成

"现象"立下的"法",而不再有任何"知识"。对于独断论的专制权威,游牧式的怀疑论只能予以挑衅,而康德这种同归于尽式的不可知论则可予以彻底颠覆,从而彻底解除怀疑论者无谓的辛劳。只是,这难道不意味着"知性"与"理性"、"科学"与"道德"的双输么?套用康德喜爱的政治比喻,这难道不会造成科学与道德领域的"极端民主"乃至"无政府状态"么?

这是康德必须解决的问题,他也确实拿出了方案。对于科学领域的问题,康德用"想象力"说"补"上了"智愚之别",从而在某种程度上"恢复"了科学界自其产生以来就有的基本自然秩序。只是,这游走于"自由"与"规则"之间、妙不可言的"想象力"又能为"知识"与"道德"增添什么样的"真实性"呢?这样的防范措施如何能够避免"巧立名目、曲为之防"的嫌疑呢?

且看道德与政治领域的情况。康德在"处理"完自然之学中的独断论与怀疑论——它们是哲学领域专横的"暴君"和游牧的"蛮族"——之后,道德-政治领域的暴君和蛮族便会立刻成为批判的对象。但是,亚里士多德曾提醒人们,时间顺序上在后的,在因果逻辑上却往往是在先的。也就是说,政治关怀往往是最初与最根本的关怀,形而上学的兴趣反而往往是从属性的。①

无论如何,从出现顺序上看,《纯粹理性批判》为《实践理性批判》提供了最重要的"形而上学"的奠基。如前所述,"实践理性"的概念剥夺了"思辨理性"在认知领域的权利,由于纯粹理性的对象是人类无法获得感性直观的超验之物,故而其用武之地就不应当是认知领域,而只能转到实践领域。何以如此呢?康德的理由是,纯粹

---

① [古希腊]亚里士多德:《形而上学》,吴寿彭译,商务印书馆1959年版,985b17—19,989b24—29,992b18—24,994b10—16,996b9—14。

第五章　康德与现代"自我"

理性能够超越那不可移易的自然必然性，从而跳出二律背反的陷阱。这一超越证明了纯粹理性高于"自然"的"自由"性质①，并且这是一个理论的"硬"证明，它的坚实度看上去甚至要超过奥古斯丁将自由意志直接归于上帝恩赐的"断言"。并且，这个证明还有一个极大的优势——理性与自由的合一。②

我们可以看到，理性批判所完成的证明与划界，其"革命性"绝非仅限于认识论内部，受到挑战的还有古典希腊传统有关"理论与实践之关系"的教诲。在古典传统那里，理论与实践都属于人类活动，并且，前者的品秩高于后者。③ 但在康德这里，作为认识可直观"现象"的活动，知性（das Verstand）的理论活动是深陷于自然因果律之网中的不自由的活动，而超越了因果律的、更高等级的"理性"（die Vernunft）则属于"自由"的实践领域。因此，在康德这里，理性失去了认知或寻求真理的权利，而实践的品秩则被提升到了理论之上！并且，不只是理论活动的具体内容发生了根本的改变，实践的具体内容也不再是古典所说的"灵魂潜能合于德性的实现"，而是变成了所谓的"道德实践"（moralische Praxis），即"自我立法"——所立之法即"道德律"。

只是，为什么纯粹理性的"自由"在实践中必须表现为"自我立法"，并且所立之法还必须是"适用于所有人"的"道德律"，而不是具有差别原则的法甚或"一事一议"的审慎判断呢？"自由"与"道德律"之间到底是什么关系呢？

---

① ［德］伊曼努尔·康德：《实践理性批判》，邓晓芒译，人民出版社2003年版，第1—2页。
② "意志就是实践理性本身。"［德］伊曼努尔·康德：《道德形而上学》，张荣、李秋零译，中国人民大学出版社2007年版，第220页。
③ ［古希腊］亚里士多德：《尼各马可伦理学》，廖申白译注，商务印书馆2003年版，1177a13—1179a31。

现代道德话语的形成

这得从康德对"自由"的独特理解入手,在康德这里,"自由的概念……构成了纯粹理性、甚至思辨理性的体系的整个大厦的拱顶石……在思辨理性的一切理念中,是唯一的这种理念,我们先天地知道其可能性,但却看不透它,因为它是我们所知道的道德律的条件。"① 可以看到,在这里"自由"已不再是可以定义的某种普通对象,无论是某种本体也好,某种属性也罢。它不是外界阻碍不存在的状态,不是可以安全而随意地享受财产的状态,也不是受法律保护的状态,而是真正具有人们曾经赋予"上帝"的"本源性"与"不可测度性"的神性之物。康德提醒人们:"自由固然是道德律的 ratio essendi [存在理由],但道德律却是自由的 ratio cognoscendi [认识理由]。"② 并且,自由还不只是道德律的"存在理由",它还是"上帝"与"灵魂"的"存在理由",而这后两者对于道德律而言,也只是"由道德律来规定的意志的必要客观条件,以及我们的纯粹理性的单纯实践运用的条件"③。也就是说,上帝与不朽灵魂的真实性乃至可能性都不重要,它们既然已被从认识论的角度"认定"为是"超验之物",这就意味着它们本来就既无须证实,也无法证伪。对于人类的道德实践而言,它们只需不相互矛盾就足够了。我们可以看到,对于黑格尔与尼采都曾提及的"上帝之死",康德提供了最哲学的、最彻底也最温和的人道主义弑神术示范。

无论如何,在康德这里,"成为一个道德的(moralisch)人"成了关于人之存在目的的最高命令,"爱上帝""爱邻人""追求幸

---

① [德] 伊曼努尔·康德:《实践理性批判》,邓晓芒译,人民出版社2003年版,第2—3页。
② 同上书,第2页注①。
③ 同上书,第2—3页。

福"以及"爱国家"等都被下调或取消了。于是,面对这样一个从多重传统、血缘、族群、封闭政治社会、封建等级秩序以及教会等一系列"经验性"的关系中直接超拔而出并极有可能直接否定这一切的道德理性主体,我们的确无法不好奇:以之为基础能够建造出怎样一个政治社会呢?《道德形而上学》是意在让《实践理性批判》中确立的基本实践理性法则在公私伦理、立法或政治实践中落地的努力,我们完全可以将其看作是对人们理所当然的所有好奇的一次集中回答。

二 国家问题

我们的考察不妨从国家开始,因为这既是人类政治史中极为重要的一种组织形态,也符合西方古典传统政治哲学的基本常识。在那一传统看来,城邦是符合人的德性潜能实现之必需的最"自然"的组织形态。但是,在康德的伦理—政治学体系中,德性或德性潜能并不在考虑范围内,因为康德讨论的"道德"与亚里士多德所讲的"德性"几乎没有共同之处。因此,作为"一群人在权利法则(Rechtsgesetzen)之下的联合"[①],康德的"国家"实际上与洛克、孟德斯鸠以及卢梭并无显著不同,甚至与霍布斯乃至马基雅维利也没有本质的区别。它仍然是某种按照必然的理性法则而人为建构的、有别于自然状态的公民状态。因此,某种意义上,我们确实可以认为,康德所完成的工作正是对其诸多现代先驱之成说在新的伦理学原则统摄之下的一次重新整合。

[①] [德]伊曼努尔·康德:《道德形而上学》,张荣、李秋零译,中国人民大学出版社2007年版,第45节。

现代道德话语的形成

康德的"创新"主要在于其对契约论的重新奠基。[①] 之所以要如此，是因为前康德的契约论确实普遍存在两个重要缺陷：一是它受到"经验之物"与"独断论"的牵绊，如从激情与欲望等方面对于"标准"人性的独断式确定，以及对于符合标准人性的、独断式的自然法的依赖；二是契约论并不符合人类政治史的基本事实，因为从未有过"所有人一起立约建国"的实例。对于后者，康德的解决方案是"直接取消"，因为"人们不可能达到公民社会开始的时刻"[②]；而对于前者，康德的解决方案前已述及，即以"无法看透"的、超越一切血肉与自然法则的、神秘的"自由"来重新定义"人"，并将"自由"定为唯一的"生而具有的权利"。从而，由每个人与他人并行不悖的"自由"就可以直接推导出"平等"的权利或权利的平等，进而又可以推导出相互责任与相关事务之外的"独立性"，以及一个特别需要注意的权利——"对他人做就自身而言无损于他们的事情的权限，哪怕他们不想关注这样的事情；这类事情只是向他人传达自己的思想，给他人讲述或者许诺什么，无论是真实的和诚实的，还是不真实的和不诚实的，因为他们是否愿意相信他，仅仅取决于他们自己"[③]。

也许是由于这项权利太过于惊世骇俗，因为读者会立刻产生康德要取消"诈骗罪"的想法，故而康德立刻在注解中将"直接损

---

① 康德对契约论的改造为这一理论范式增添了巨大的道义力量。Patrick Riley, "On Kant as the Most Adequate of the Social Contract Theorists", *Political Theory*, Vol. 1, No. 4, Nov., 1973, pp. 450 – 471; Kenneth Baynes, "Kant on Property Rights and the Social Contract", *the Monist*, Vol. 72, No. 3, Jul., 1989, pp. 433 – 453; Elisabeth Ellis, "Citizenship and Property Rights: a New Look at Social Contract Theory", *the Journal of Politics*, Vol. 68, No. 3, Aug., 2006, pp. 544 – 555.

② [德] 伊曼努尔·康德：《道德形而上学》，张荣、李秋零译，中国人民大学出版社 2007 年版，第 352 页。

③ 同上书，第 246、247 页。

第五章 康德与现代"自我"

害其权利的不实之词"与"仅仅解释自己的思想"时说的"不实之词"之间作出了区分,同时在"伦理"与"法"之间也作了区分。① 但是,这样的理论区分显然与实际不符,因为从来没有哪个社会能够认可法与伦理的分离,康德实际上也没有简单地以法的名义去挑战既有的伦理秩序,康德用的是全新的人类学与伦理学的"名义",因此,康德的伦理学与法学实际上仍然保持了古老的关系。

从而,这样一个对于人的"权利"的厘定所完成的乃是对康德包括了伦理学、法学、社会学乃至政治哲学在内的"人事之学"的奠基。有了这个奠基,曾经易遭质疑的、革命性的现代"自然法"或"自然权利"也在这里找到了"坚实"的根基,② 而"源始契约"的虚拟性也不再会损害其正当性,并且,这个契约也不再需要"所有人"与"同时",甚至连"同意"都不再需要。因为,"毕竟先天地存在于这样一种(非法权)状态的理性理念中的是:在达到一个公共的法律状态之前,个别的人、民族和国家永远不可能在彼此之间的暴力行为面前是安全的……因此,如果他不想放弃所有的权利概念,那么,他必须决定的第一件事就是如下原理:人们必须走出每个人都按自己的想法行事的自然状态,并与所有其他人联合起来,服从一种公共法律的外在强制……也就是说,他首先应当进入一种公民状态",而一旦能确定这样一个无须检验的"理念",则"现在每一个人都可以用强制力逼迫他人从这种状态进入一个法权状态"。③ 我们无法不注意"强制力"与"逼迫"这两个与"自

---

① [德]伊曼努尔·康德:《道德形而上学》,张荣、李秋零译,中国人民大学出版社2007年版,第247页。
② 同上。
③ 同上书,第322页。

由"似乎难以协调的语词。这看上去似乎只是对卢梭"强迫自由"的重复,但是,卢梭从未如此轻松乐观地以他所发现的普遍原则"号令"全世界。他只是抽象地提出了一个"非常之小"的国家的要求,因为他对于自由、道德、人民、风俗以及政治都有极深刻的把握。① 然而,康德的理论勇气是完全不同的,无论有多少困难,也无论这些困难有多大,他轻而易举就敢确定这个"应当",于是,世界历史就有了确定的主题与方向,而"强制"与"逼迫"也就有了世界历史的"正当"意义。

其次,康德将"公民状态"提到了一个微妙的位置,这与康德的世界历史意向是完全一致的。在康德这里,人类只有三种可能的状态:自然状态、社会状态和公民状态。"非法权状态,亦即其中没有分配正义的状态,叫做自然状态(status naturalis)。与它相对立的,不是一种可以叫做人为状态(status artificialis)的社会状态,而是处于一种分配正义之下的社会的公民状态(status civilis);因为即便在自然状态中也可能存在合乎法权的联合(例如婚姻联合体、父权制联合体、一般而言的家庭以及其他随便什么更多的联合体),对它们来说,并不适用一种'你应当进入这种状态'的先天法则。"②

也就是说,尽管前两种状态,尤其是第二种状态,几乎涵盖了人类历史的绝大部分,并且,在这个绝大部分中还包括了对于人类文明形成至关重要的"轴心时代"以及几大轴心文明的全部主要历史,它们不仅养育了繁盛的人口,更是贡献了人类文化生活的最高

---

① [法]让-雅克·卢梭:《社会契约论》,何兆武译,商务印书馆1997年版,第23、52、54、57、60、61、104、128、137页。
② [德]伊曼努尔·康德:《道德形而上学》,张荣、李秋零译,中国人民大学出版社2007年版,第319页。

第五章 康德与现代"自我"

典范。然而在康德这里,它们居然仍然"不适用"于一条既不优美又不崇高的先天法则。并且,仅仅由于这个原因,只有这第三种状态可称为"公共法权的状态",而第一种和第二种状态只能称为"私人法权的状态",实际上就是"没有公共法权的状态",因为私人法权在三种状态中都是基础——它们都来自于人的"天赋自由"①。

不仅如此,与霍布斯一样,康德也改变了"分配正义"的定义②。在亚里士多德那里,"分配正义"涉及的不仅仅是物的分配,还有更加重要的公共职位的分配,因此它是与"配得"的概念紧密相连的。而"配得"的逻辑又会随着统治者性质的不同而不同,如寡头制以财富为标准,民主制以公民身份为标准,而贵族制则以德性为标准,等等。③ 但是,在康德这里,分配正义仅仅是一个由于形式的交换正义无法确定某具体交换行为的合法性而需要一个公共法庭予以处理时所必需的合法性条件。为此康德竟然举出了一个销赃的例子,来说明作为"公民状态"重要标志的分配正义!这个例子是:一个人在市场上买了一匹偷来的马。该交易行为表面上看完全符合交换正义原则,然而,由于此马非卖马人之马,因此,法庭应当判定该交易无效,马的真正主人有权取回该马。法庭如此判决的行为所完成的就是分配正义。④ 我们不得不问,这样一个简单低

---

① [德]伊曼努尔·康德:《道德形而上学》,张荣、李秋零译,中国人民大学出版社2007年版,第318—319页。
② 扬·哈克的研究表明,康德的分配正义已经脱离了政治而完全下降到了民法的领域。Jan Dirk Harke, "Kants Beispiele für die iustitia distributive im Privatrecht", *Archiv für Rechts-und Sozialphilosophie*, Vol. 91, No. 4 (2005), pp. 459–483.
③ [古希腊]亚里士多德:《尼各马可伦理学》,廖申白译注,商务印书馆2003年版,1131a15–32; Thomas Pangle, "Justice and Legal Education", *Journal of Legal Education*, Vol. 39, No. 2 (Jun., 1989), pp. 157–165.
④ [德]伊曼努尔·康德:《道德形而上学》,张荣、李秋零译,中国人民大学出版社2007年版,第314—315页。

级案件的实定法处理原则竟然就足以成就那作为人类理想的"公民状态"了么？康德难道认为"法官的职责应当委托给什么样的人"这样的问题无足轻重，因为权利原则很清晰、案件情节很容易确定从而断案只是顺理成章之事？甚至，难道康德还认为"政治统治"只能表明人类在"状态"上的不足，而"公民状态"的真实含义就是政治已经被溶解在了法的溶剂中？

三　革命问题

这样的"公民状态"将意味着何等的"革命性"呢？它对于一切"特权"、当局政府乃至整个欧洲的封建秩序，除了否定，还能意味着什么呢？[①]

"统治者可以被看做（土地的）最高所有者吗？"[②] 康德对统治者政治基础的质疑首先就指向了最重要、最根本的土地所有权，并且康德通过巧妙运用"公/私"以及"有/无"的修辞完成了对统治者私有地产的"剥夺"：统治者确实"占有"境内全部土地，但不占有人民，他只是"最高的管辖者（根据人权）"。前半句康德遵循了既有秩序的基本共识，但却在"人身依附"问题上以"人权"的名义打开了一个重要的缺口，这使得统治者只是人民的"最高管辖者"而不是"所有者"。进而，统治者对于全部土地的"占

---

① Michael Clarke, "Kant's Rhetoric of Enlightenment", the Review of Politics, Vol. 59, No. 1, Win., 1997, pp. 53 – 73; Mlada Bukovansky, Legitimacy and Power Politics: the American and French Revolution in International Political Culture, New York: Princeton University Press, 2002, Chap. 3; Robert S. Taylor, "Democratic Transitions and the Progress of Absolutism in Kant's Political Thought", the Journal of Politics, Vol. 68, No. 3, Aug., 2006, pp. 556 – 570.

② [德] 伊曼努尔·康德：《道德形而上学》，张荣、李秋零译，中国人民大学出版社2007年版，第334页。

有"就被抬高到了"人民中一切人的私有财产"得以确定的"前提"的高度,也就是说,统治者被抬到了抽象"公共性"的高度,其代价则是私有产权的丧失:"所以,最高所有者不能对某一块土地拥有私有权(因为若不然,他就使自己成了私人)……关于一个邦君人们可以说:他不占有任何东西(作为自己的东西),除了他自己。"① 康德通过对"占有一切"的全新解释彻底"文夺"了君主的经济基础。

接下来,康德还要继续"取消"君主制的政治基础。因为顺理成章的是,"由此得出:国家中也不能有任何团体、任何等级和教团,能够作为所有者而把土地为了独家使用传给以后的世代"②。于是,作为普鲁士王国政治支柱的骑士团和教会的领地都成为了取缔的对象。非但如此,世袭贵族的"尊荣"也成了不可容忍之物:"现在,一种世袭的贵族就是一个先行于功德,甚至使人毫无理由对功德抱有希望的等级,因此是一个没有任何现实性的思想物。因为即使一个祖先有功德,他也毕竟不能把这种功德遗传给他的后代……由于不能假定任何人将抛弃自己的自由,所以普遍的人民意志不可能赞同这样一种毫无根据的特权,因而统治者也不能使之生效。"③

普鲁士的王室与土地贵族,旧秩序中统治责任的承担者,数百年来为了一个稳定、强大、有序且不失繁荣的普鲁士王国不断做出且仍在做出贡献的精英阶层,在康德的抽象"公民状态"面前,彻底被贬为了历史的"垃圾"。并且,这些在上者之所以能

---

① [德]伊曼努尔·康德:《道德形而上学》,张荣、李秋零译,中国人民大学出版社2007年版,第335页。
② 同上。
③ 同上书,第340—341页。

够占据统治者之位以及世袭领地，只是"因为他们迄今为止占有的根据仅仅在于人民的舆论，而且只要这种舆论继续存在，他们的占有就必定有效。但是，一旦这种舆论消失，更确切地说，哪怕只是在由于其功勋而最有资格领导人民的人们的判断中消失了，那种想当然的所有权就必然会终止"。[1] 我们看到，康德的革命性显然并不止于"意向"，而是有明确交代的具体战略战术，那就是以意识形态为本，并且重点目标是"旧体制的精英阶层"，只要这一阶层真正接受了"公民状态"的"新"观念，旧体制在精神上就可以宣布死亡了，而其彻底的毁灭将只是时间问题。需要注意的是，这样的新观念并不是建立在通贯严密的逻辑论证基础上的，因为贵族作为普通"公民"而享有的正当继承权与其他基本人权在康德这里并没有显示出任何的效能，这一点与前文提到的极为突兀诡异的传播"思想"的权利结合起来才更能够显示出其中的政治意味。

那么，关于旧体制的最终毁灭，康德又有何说法呢？洛克明确赋予了"人民"推翻违约政府的权利，这几乎是契约论逻辑的必然推论，并且"小心的洛克"（the cautious Locke）是在革命过后、已经没有危险的时候公开宣扬这一点的，处境与洛克大有不同的康德[2]对这一敏感话题又是如何处置的呢？

康德的处理办法比较复杂，因为康德一方面要推翻旧体制，另一方面又不愿看到革命行动的合法化，正是这后一点增加了立论的难度。取消旧体制的合法性是很简单的，"自由"的名义就

---

[1] ［德］伊曼努尔·康德：《道德形而上学》，张荣、李秋零译，中国人民大学出版社2007年版，第336页。

[2] Steven Lestition, "Kant and the End of the Enlightenment in Prussia", *the Journal of Modern History*, Vol. 65, No. 1, Mar., 1993, pp. 57–64.

足够了①。但是，更重要的是从法理上取消"革命权"。

所以，康德严厉地规定，公民状态之中，"应当服从目前现存的立法权"乃是一项"实践理性原则的理念"，立法权从法理上属于"人民的联合意志"，从制度上讲则由议会行使，而全体议员就是"统治者"。并且，"国家中的统治者对臣民只有权利而没有义务……甚至在宪法中也不能包含任何使得国家中的一种权力有可能在最高执政者违宪的情况下反对他因而限制他的条款"。因为康德认为，任何对于反政府行为的允许在法理上都必然是自相矛盾的，在实际上也都不过是掩人耳目的"权宜之计"。②"因此，对于立法的国家首脑来说，人民没有合法的反抗……人民有义务容忍对最高权力的滥用，即便这种滥用被伪称是无法容忍的也要容忍它，其根据在于：人民对最高立法本身的反抗，永远必须被设想为违法的，甚至被设想为摧毁整个合法的宪政的。"③ 这一段与"自由民主"的基本情调大相径庭的文字，一方面似乎显示出康德对于法国在革命之后出现的失控局面的反感，另一方面也展示了康德对于人民的"坦率"。

公民状态仅仅意味着一个"理论上"符合自由法权原则的宪政体系，至于具体的各类法律法规是否符合这一体系的精神，以及立法、执行和司法系统能否坚持按照普遍法权原则即法治原则运行，仍然是未知数。假如出现了权力滥用的状况，公民们应当怎样纠正这些偏差呢？康德允准的合法途径只有一个："消极的反抗，亦即（在议会中的）拒绝"。拒绝什么呢？拒绝顺从行政

---

① 因为康德认为，慈父般的政府反而是最专制的政府。[德] 伊曼努尔·康德：《道德形而上学》，张荣、李秋零译，中国人民大学出版社 2007 年版，第 327 页。

② [德] 伊曼努尔·康德：《道德形而上学》，张荣、李秋零译，中国人民大学出版社 2007 年版，第 324、328、330 页。

③ 同上书，第 331 页。

系统的种种措置——康德居然都不给政府的措置加上诸如"违法"或"不公"这样的限定词。而如果公民们总是接受政府的种种理由并选择顺从,"这就会是一个确切的信号,即人民已经堕落,其代表可被收买,而政府中的首脑通过其大臣成为专制的,而大臣本人就是人民的背叛者"。① 这样的表述又意味着什么呢?这难道不意味着政府必须被视为时刻准备违法获取不正当利益的犯罪团伙,而人民的责任就是必须时刻保持近乎偏执的多疑么?人们不免要问,难道"公民状态"就不能保证好政府的出现,哪怕只是让好政府出现的概率更大一些么?难道出现了不违法的好政府与理解并配合政府工作的好人民,我们却也必须把前者看作狡诈且阴谋得逞的背叛者,而把后者视为堕落的人民么?而假如人民抓住了当届政府的违背法权原则的错误,仅靠消极的反抗,能够纠正政府的行为么?最后,假如议会与政府都真的背叛了人民,而人民也真的堕落了,这个国家又该如何重振精神呢?对于这些问题,康德没有答案,而顺着康德的逻辑也推导不出什么答案。我们想问,既然公民状态并没有包含任何能够保持法治水准与人民道德水准的机制,那么,这个所谓的"公民状态"意义何在呢?另外,在面对这个可能的死局时,康德何以竟然既不去向"积极公民"也就是议员、政府首脑以及官僚队伍问责,也不向选举制度、人事制度、监督机制以及相关法律法规问责,反而将全部责任归给既不能直接任事,甚至也不能直接进行消极反抗的"消极公民"呢?

这种间接的消极反抗之外,任何"积极的对抗"乃至"革命"都是非法的,甚至,"即便革命发生,那种变革所涉及的也只是执

---

① [德]伊曼努尔·康德:《道德形而上学》,张荣、李秋零译,中国人民大学出版社2007年版,第333—334页。

行权，而不是立法权"。① 也就是说，如果一场"非法"的革命真的发生并取得了成功，那么，对于这样的"不法"既成事实，康德也是不予追究的，理由是：不存在一个能够审判胜利者的真实法庭。但是，即便如此，康德仍然坚持认为，宪政框架不许改变，议会也不许改变，最多只能换一届政府。

以上就是康德"退众"的逻辑。于是，难题来了，推翻君主制旧法统的革命也是非法的么？康德的回答采取了"是的……然而"的婉转办法，康德首先肯定，这确实是违法的，然而"由于废黜一个君主毕竟也可以被设想为自愿被免去王冠并借助于把权力归还给人民而放弃权力，或者也可以被设想为一种对最高人格没有任何侵犯，由此将其置于一种私人状态的退位"。看来，康德认为这两条就足以成为革除旧制的"法理"依据了，只是，会不会有君主"自愿被免去王冠"或可能在不受任何"人格侵犯"的情况下"退位"，康德却未置一词。康德似乎只关心"原理"，因此竟然可以仅凭着"内在正义"与"外在正义"的区分为由而得出君主"是法律的来源，他自己不可能行不义"这样惊人的推论。因此，弑君行为是无论如何都不可能得到康德的原谅的，因为"自然"的理由不是"正当的"或"属人的"（如恐惧与自我保存），而从法理上讲，弑君的人民就更是因其"僭越"——这会颠覆一切法权原则——而成为一切可恨之物中最可恨者了。②

所以，作为一名认可革命理念但却反对革命行为的特殊的"革命者"，康德关于共和革命的完整逻辑似乎是：革命的理由与目标是正当的，旧秩序中的君主与贵族应当主动顺应或接受劝退，而民众应

---

① ［德］伊曼努尔·康德：《道德形而上学》，张荣、李秋零译，中国人民大学出版社2007年版，第333页。

② 同上书，第332—333页注①。

当耐心等待,但是,民众却可能"违法地"以暴力推翻王室;如果事情已然发生,而由于其结果符合自由法权的要求,那么人们也只好"接受"这个结果;但是,革命者与革命群众并不能因此而成为共和国的英雄或功臣,相反,他们将成为最不可饶恕的罪人;共和国将永久保留,并且在新共和国的统治者及其代理人面前,人民的责任和义务又恢复到革命前的状态:他们仍然必须"容忍对最高权力的滥用"。①

与其他革命者不同,康德并无意愿去深入、综合地考察旧法统的优势、问题以及实际绩效表现,也不愿意考虑人民群众与王室、贵族以及教会之间的朴素情感这一现象的伦理意涵。然而历史所展示的却完全是另一幅画面:英国至少从都铎王朝亨利七世开始,王室就与第三等级建立起了良好的关系,法国地方贵族与人民之间普遍的融洽关系即便在太阳王大力削藩之后也仍然没有完全消失,普鲁士霍亨索伦王室则几乎没有出现过一个昏君,直至1918年第二帝国灭亡,普鲁士都一直保持了秩序与强盛②……然而,所有这些在革命者眼中、在"自由"逻辑面前似乎都没有任何意义。只是,颇有反讽意味的是,在通过"革命"与"弑君"而进入"公民状态"之后,英国却迅速走向了"复辟",即便再来一次"光荣革命",王室仍然被"名不正言不顺"地保留了下来。尽管保留下来的王室已不再是真正的王室,英国人民仍然更愿意做"臣民"而不

---

① 尼克尔森与施瓦茨的争论充分显示了康德政治立场的特有的"模糊"性质。Peter Nicholson,"Kant on the Duty Never to Resist the Sovereign",*Ethics*, Vol. 86, Issue 3, Apr., 1976, pp. 214 – 230. Wolfgang Schwarz:"the Ambiguity of 'Resistence': a Reply to Peter Nicholson",*Ethics*, Vol. 87, No. 3, Apr., 1977, pp. 255 – 259.

② [英] 温斯顿·丘吉尔:《英语国家史略》,薛力敏、林林译,新华出版社1985年版,第二卷第六部章二十一;[法] 伊波利特·泰纳:《现代法国的起源:旧制度》,黄艳红译,吉林出版集团2014年版,第三章;丁建弘、李霞:《普鲁士精神和文化》,上海社会科学院出版社2012年版,第一、二、四章。

第五章　康德与现代"自我"

是"公民";大革命后诞生的法兰西第一共和国迅速陷入了史无前例的恐怖与大混乱,这在君主时代是根本不可想象的;魏玛民国则经历了史无前例的金融洗劫并走向了史无前例的暴政与大战。并且,即便第二次世界大战似乎彻底开辟了一个"公民状态"的新纪元,甚至出现了几波走向"公民状态"的热潮。我们还是可以清楚地看到,那些旧法统能够良好解决的根本问题,新法统反而难以解决,比如最基本的政治稳定与社会秩序;而旧法统解决不了的问题,新法统仍然无法解决,比如不平等与不公正。[1] 康德虽然见证了法国大革命的恐怖结局,却并不哀恤革命的代价[2];康德虽然没有见证后来的福利国家,但是那些无法用法律——包括新法统下的法律——予以"制度性"解决的不大不小的问题,对于康德而言却并不陌生[3]。

为此,康德提出了一种令人不寒而栗的目的论:"国家的福祉……人们必须不把这理解为国家公民的安康及其幸福,因为这种联合在自然状态中或者甚至在一种专制政府之下也许能够有更适意、更如愿的结果;而是把它理解为宪政与法权原则最大一致的状态。"[4] 唯有如此,康德才能够避免做出任何绩效方面的承诺——

---

[1] 亨廷顿关于民主化三波浪潮以及民主化国家内部问题的论述几乎已经是无法撼动的权威论述。参见[美]萨缪尔·亨廷顿《变化社会的政治秩序》,王冠华、刘为译,上海人民出版社2008年版,第二章,第四章;以及《第三波:20世纪后期的民主化浪潮》,欧阳景根译,中国人民大学出版社2013年版,第四章。

[2] Dick Howard, "Kant's Political Theory: the Virtue of His Vices", *the Review of Metaphysics*, Vol. 34, No. 2, Dec., 1980, p. 325.

[3] 如康德提到的,对光照会(Illuminati)之类秘密社的监督权对于维持国家是极为必要的,然而搜查私人住宅的权利却又不能不设限制;再如对于贫困、非正常出生人口以及宗教信仰等问题,"公民状态"所能够提供的解决方案并不比旧体制优越。[德]伊曼努尔·康德:《道德形而上学》,张荣、李秋零译,中国人民大学出版社2007年版,第338—339页。

[4] [德]伊曼努尔·康德:《道德形而上学》,张荣、李秋零译,中国人民大学出版社2007年版,第329页。

那会破坏道德与理性法则的纯粹性,并且会带来令人难以承受的压力与负担。所以,无论之后在"安康与幸福"方面可能出现怎样的与预期不符的情况,人类也必须投身其中,因为,这是"理性"通过"绝对命令"赋予我们的"义务"。

四 历史与信念问题

康德独特的"二元"立论方式应当引起足够的重视,因为它独特的优缺点能够形成一种极为微妙的组合,从而能够将其使用者置于一个特殊的有利位置之上。康德的"二元"方法遍见于其所有著述领域,形而上学、道德哲学、政治哲学以及历史哲学无一例外,并且,不可忽视的是,在其全部的"人事之学"中,在分立的"两元"之间,康德都设置了一个若有若无的桥梁,如知性与理性之间的"想象力"与自然与自由之间的"判断力"。这个独特的格局使得康德既能够毫无妥协地表达出他关于人类文化生活、政治—伦理生活以及历史命运的严格"规定",同时又能够免于基于人类文明史或政治史基本事实的批评,甚至还可以不必为这些规定所可能造成的历史后果承担责任。这也许正是康德尤其适合成为现代性话语模式最高代表人物的原因所在。

至少与培根、洛克以及法国启蒙时代的进步主义者们一样,康德的政治—道德思想从一开始就包含了世界革命或世界历史的维度;与上述人物的不同之处则在于,康德关于人类历史的"规定"一方面由于缺少历史事实的支撑从而没有表现出与之类似的乐观主义态度,另一方面康德又似乎有意否定历史本身以便从绝望边缘一跃而入于坚定的信念之域。在1759年一篇关于乐观主义的文章中,康德展示出了某种特殊的乐观主义:"一个最完善的世界是可能的,因为它是现实的;它是现实的,因为它是通过最睿智、最仁慈的决定创造的。"[1] 我们可以确定,康德关于某种"最完善的"世界公民的世界的乐观是建立在对基督教基本教义某种修正版本的信仰[2]之上的,并且,康德后来的著述中并没有出现任何与该信念不符的内容,无论是康德的形而上学与道德哲学,还是其政治思想、国际政治思想、历史哲学以及教育思想,都可以视为是该信念的延伸、深化、细化以及系统化。

康德发表于《纯粹理性批判》第一版与《实践理性批判》之间的文章《世界公民观点之下的普遍历史观念》中的九大命题,第一次正式宣告了这一基本信念具体的根本大纲。其基本内容与启蒙时代的基本精神极为相似,尤其是这样一个历史"信念":存在一个向着平等、理性、和平和法治的普遍人类社会前进的普遍人类历史。但是,在为人类历史"立法"的时候,康德并不像培根或孔多塞那样从哲学、科学方法、社会组织形态以及政治统治机制等具体方面去"证明"进步现象的存在,反而对实实在在的人类历史记录表现出了一种"不忍言"的基本态度:

"当我们看到人类在世界的大舞台上表现出来的所作所为,我们就无法抑制自己的某种厌恶之情;而且尽管在个别人的身上随处都闪烁着智慧,可是我们却发现,就其全体而论,一切归根到底都是由愚蠢、幼稚的虚荣、甚至还往往是由幼稚的罪恶和毁灭欲所交织成的;从而我们始终也弄不明白,对于我们这个如此

---

[1] [德] 伊曼努尔·康德:《试对乐观主义作若干考察》,载《康德著作全集》(第二卷),中国人民大学出版社2004年版,第37页。
[2] 马克·里拉从怀疑论的角度深入分析了康德"神学"所引发的诸多困境,这些困境反而使得现代伊壁鸠鲁主义更加稳固并使得道德更加没有基础。Mark Lilla, "Kant's Theological-Political Revolution", *the Review of Metaphysics*, Vol. 52, No. 2, Dec., 1998, pp. 401–434.

之以优越而自诩的物种,我们自己究竟应该形成什么样的一种概念。对于哲学家来说,这里别无其他答案,除非是:既然他对于人类及其表演的整体,根本就不能假设有任何有理性的自己的目标,那末他就应该探讨他是否能在人类事务的这一悖谬的进程之中发现有某种自然的目标;根据这种自然的目标被创造出来的人虽则其行程并没有自己的计划,但却可能有一部服从某种确定的自然计划的历史。"①

  这一态度十分微妙。首先,康德将某些充满智慧的个人与作为整体的人类彻底割裂开来。这是康德思想"个人—全人类"二元基本格局的体现;其次,康德对既有的人类历史的逻辑都采取了鄙弃的态度,这意味着康德必然放弃西方古典政治哲学"决德定次"的思路,而选择以普遍而抽象的方式来重新定义"人",并以这种抽象个体为质料建立起一个全新的人类社会以"拯救"这愚蠢、虚荣和残忍的世界。三大批判分别规定的认知能力、欲求能力以及判断能力共同完成的正是对抽象人性的重新定义;最后,这个全新的理想人类社会必然只能采取一个"世界联盟"的形态,并且联盟的成员国也必须都是"共和国",因为康德对人性所提出的"世界公民"要求乃是普遍而均质的,《普遍历史观念》中列出的九个命题展示出了康德的"自然的目标"的全部重要内涵。

  尽管"自然"二字看上去像是继承了古希腊政治哲学传统,而"命题一"也与亚里士多德有关"隐德莱希"的教导颇有相似,但是康德普遍历史观的底色却显然不是古希腊的,因为古典传统关于"自然"的教诲是无法支撑起康德那样的理论"勇气"的。在欧洲文明的传统中,唯有经过圣保罗普世化之后的基督教可以提供康德

---

① [德]伊曼努尔·康德:《世界公民观点之下的普遍历史观念》,载康德《历史理性批判文集》,何兆武译,商务印书馆1991年版,第2页。

第五章　康德与现代"自我"

所需的要素。其中最重要的就是那隐而不彰的"神意",它使得康德可以超越尘世的时间与"现实"而做出"必定实现"的承诺,可以将人的"类"与具体的人分离,甚至可以将某些与"道德"相反的事物重新定义为通往道德的途径与工具。"命题五"以纯粹信念的方式规定了人类的根本历史使命:"建立起一个普遍法治的公民社会",而"命题七"则直接将国家对外维度的重要性放在了内政建设之上,再结合充满马基雅维利主义色彩的"命题四",某种世界性的道义主张已经初具规模。

这些"命题"在著名的《永久和平论》中升级成了具体的"条款",其中包含了在当今已然成为霸权主义工具的"民主和平论""正义战争"以及"与战争无法共处的商业精神"等要素。但是,"命运/天意"的二元论、关于"共和制"的特别说明以及那不可思议的"秘密条款"又似乎为康德提供了免责的理由,因为康德的"共和制"强调的是"理性"与"道德",而不是作为统治形式(forma imperii)的"民主"政体,其正义战争观念并没有违反人类的基本正义感,商人对战争的恐惧完全符合人们的一般印象,甚至康德的"神—人二元史观"也没有违反人类追求理想善境的自然倾向①。只是,作为某种"天使"般的权力行使方式(forma regiminis)的"共和制"是难以实现的,其难度甚至远远超过柏拉图的理想政体,因为,除了相关条款、对于某种"道德禀赋"的信念以及道德哲学家的"布道",康德并没有找到通往理想境界的实实在在的办法②,指望卑劣的人性在战争状态中互相"教育"并最终

---

① [德]伊曼努尔·康德:《永久和平论》,载伊曼努尔·康德《历史理性批判文集》,何兆武译,商务印书馆1991年版,第105—130页。

② Mary P. Nichols, "Kant's Teaching of Historical Progress and Its Cosmopolitan Goal", in Lee Trepanier, Khalil M. Habib eds.: *Cosmopolitanism in the Age of Globalization*, New York: University Press of Kentucky, 2011, pp. 120–135.

摆脱这种状态,其说服力始终是难以令人信服的。而商业精神终将"支配每一个民族"并导向和平的说法显然无法与当时欧洲殖民主义的现实相协调①,即便在全球化的今天,"金钱势力"仍然是与和平相反的要素。②

可以说,康德那基于特定信仰的二元论一方面是永久和平论得以成立的前提,而反过来,永久和平论也充分展示出了这种二元论的内在矛盾与危险倾向。康德在历史问题上的二元论与在信念问题上的一元论③显然已将非西方世界的种族列为了"异端",而康德也正巧对种族问题有极大的兴趣,并对种族歧视问题丝毫不以为意。④

但是,对于西方的殖民扩张以及康德本人的哲学史地位而言,至为重要的一点却是,康德肯定了文化与道德的至高地位⑤。并且,康德的肯定方式与其二元史观是紧密相连的:首先,与对文化与道德的肯定相伴随的,是康德对现实政治逻辑与政治技艺的污名化与

---

① 诺曼·鲍维的研究揭示出康德哲学与资本主义之间的微妙关系,被怀疑主义与形式主义荡涤过的世界公民的精神世界最有可能接受的恰恰是资本的逻辑。Norman E. Bowie, "A Kantian Theory of Capitalism", *Business Ethics Quarterly*, Special Issue: Ruffin Series: New Approaches to Business Ethics, 1998, pp. 37-60. 阿兰·莱恩更是直接将自由主义与帝国主义联系了起来。Alan Ryan, *the Making of Modern Liberalism*, New York: Princeton University Press, 2012, Chap. 5.

② 塔里克·寇奇认为,在西方主流思想界,所有肯定"正义战争"的理论,无论是准康德主义的还是新亚里士多德主义的,都忽视了这一观念与殖民主义的联系及其制造纷争的能力。Tarik Kochi, "Problems of Legitimacy within the Just War Tradition and International Law", in Anthony F. Lang, Cian O'Driscoll, John Williams eds.: *Just War: Authority, Tradition, and Practice*, New York: Georgetown University Press, 2013.

③ [德]伊曼努尔·康德:《永久和平论》,载康德《历史理性批判文集》,何兆武译,商务印书馆1991年版,第127页注①。

④ [德]伊曼努尔·康德:《关于美感和崇高感的考察》,第四章,《论人的不同种族》,载《康德著作全集》(第二卷),李秋零译,中国人民大学出版社2004年版。

⑤ [德]伊曼努尔·康德:《永久和平论》,"附录",载康德《历史理性批判文集》,何兆武译,商务印书馆1991年版,第130—144页。

否定，这使得康德能够与欧洲的殖民主义以及现实主义划清界限[1]；其次，道德与政治的割裂将为"道德人"免去繁重的政治—伦理责任，这也是康德式"道德"看上去远不如亚里士多德的"德性"教导复杂的原因；再次，由于上述两个原因，康德式道德主义者极易获得话语领导权方面的巨大优势，这一特性是马基雅维利、培根、格劳秀斯、洛克、孟德斯鸠乃至联邦党人的理论所不具备的；最后，由于具有话语权优势，同时又并不彻底否定历史中任何行动主体的不道德行为，康德主义的"道德"极易成为霸权主义的话语利器，因为它甚至可以在将其他文明都判定为"非道德"与"非文明"的同时，还能赢得对方知识界高级代表人物真诚的认可。[2]

五 结语

西方近代以来"创造新道德"的努力在康德这里最终走向了"完成"，其最终成果乃是一整套以绝对、自由的"道德个人主体"为根本的话语体系。在这个奇特的体系中，一切"经验性"的要素都被剔除净尽，非但是贪婪、狡诈、暴力与不法等曾被马基雅维利"漂白"过的"恶"被再次清除出场，在人类漫长的文明历程中功勋卓著的基本礼法政教秩序与人伦也统统被判定为"不道德"的历史陈迹并被下了"逐客令"。然而，这种对"经验世界"的抽象"超越"并不能改变人类将永远生活于其中的基本事实，所有这些

---

[1] 罗尔斯的"万民法"主张显然是有一定现实考量的，然而也恰由于此，该主张被认为在道德立场上有退缩。Charles R. Beitz, "Rawls's Law of Peoples", *Ethics*, Vol. 110, No. 4, July, 2000, pp. 669–696; Luis Cabrera, "Toleration and Tyranny in Rawls's 'Law of Peoples'", *Polity*, Vol. 34, No. 2, Winter, 2001, pp. 163–179.

[2] 唐文明：《隐秘的颠覆：牟宗三、康德与原始儒家》，生活·读书·新知三联书店2012年版。

令人遗憾、惋惜乃至痛恨的"不如意"非但没有得到更好、更高效的处理与抑制，反而有被助长之嫌。因此，在这种道德话语取得统治性影响力的国度，虚伪与矫饰的"技巧"必然成为必不可少的立身之具，无论是意图不轨还是想要匡扶正义，都必须"说一套做一套"。然而，虽然都必须虚矫，但实际效果却大有不同，在这个世界的任何地方，从来都是矫饰为奸易而暗中行义难。长此以往，必定只能带来"君子道消、小人道长"的恶果，这对于任何大小国度与全人类而言都必定只能是灾难。

康德本人能否幸免于"虚矫"之过呢？答案是不能。康德在"商业精神""人民"以及"积极/消极公民"等问题上的"百密一疏"为我们提供了重新认识这位道德哲学家的重要契机，唯有循着这条重要线索，我们才能从其关于世界历史的理性"游戏"中读出他对这个世界的恶意。

重新认识西方从马基雅维里到康德这段思想史与政治史，对于我们乃至全人类而言都将是一个重要的始点。

附论　历史写作与问题意识
——对修昔底德《考古学》的考察*

由于人类文明史的因缘际会，也由于其作者特有的眼光与笔法，修昔底德的这部《伯罗奔尼撒战争史》（以下简称《战争史》）成为了百余年来一桌不散的学术盛筵。

之所以不得不提及文明史，是因为修昔底德的成名首先是颇得益于古希腊在西方文明史上的独特地位，平心而论，修氏本人对古希腊的崇高地位所做的贡献是十分有限的。倘若没有苏格拉底以及几位前贤在哲学史上的卓越贡献，古希腊根本不可能成为后世欧洲人所向往的那个作为文教之源的古希腊，从而也很难有人会注意到雅典城的战争史作者。非但如此，假如没有亚里士多德的著作经由阿拉伯世界而进入欧洲的神学院，也无法想象古典时代的复兴，从而也不会有修昔底德的被发现。最后，假如中国不曾在面对西方列强时在战争、政治与文教三条战线上全面落败，也就很难想象在中国会出现一场"直把异乡当故乡"的巨大思潮，也不会出现"言必称希腊"的时尚，从而还是不会有修昔底德研究的兴起。

---

* 本章同名文章已于 2015 年 1 月发表于《上海交通大学学报》（哲学社会科学版），此处略有修改。

> 现代道德话语的形成

然而我们也不应忘记地米斯托克利回应塞里福斯人的话①，是的，雅典城中或识文断字或亲历战阵或两者兼备的人必不在少，却只有修昔底德有此书传世，其原因必然在于其精巧的写作笔法。但是，本书的关注点却不在于修氏笔法的文学特征，而是在于修氏本人关于政治生活、政治技艺、历史哲学、人类学以及国际政治等一系列重大主题的思考。换言之，本书的关注点在于修昔底德的问题意识，因此，被称为《考古学》的《战争史》第一章就理所当然成为了考察的重中之重。

一 历史的脉搏

《战争史》本身是一部未完成的作品，并且，根据芬利的研究，修氏本人也从未给这部著作命过名②，在英语世界中，"History"的称号乃是由霍布斯所赠予，倘若是依照兰克"忠实再现"的作史之义，仅将《战争史》视为一部战争纪录，则尽管修昔底德仍可不愧为良史，然而这对于修氏作书时的雄心壮志却是大有折损的，因为他认为他"所撰写的著作不是为了迎合人们一时的兴趣，而是要作为千秋万代的瑰宝"③。换言之，修昔底德并不认为自己仅仅是位"史家"。唯有按照"历史"一词的希腊原文"historia"的本意，即"探究"，则"historian"的定位才可以让修氏勉强接受。

然而，我们的问题是：修昔底德到底是以怎样的方式探究出了些什么以至于如此自信呢？

---

① [古希腊] 柏拉图：《理想国》，郭斌和、张竹明译，商务印书馆 1986 年版，330A。
② 魏朝勇：《自然与神圣》，华东师范大学出版社 2010 年版，第 3 页。
③ [古希腊] 修昔底德：《伯罗奔尼撒战争史》，徐松岩等译，广西师范大学出版社 2004 年版，I.1.22。

附论　历史写作与问题意识

　　《战争史》所记录的是一场战争,这是一场作者本人作为一位将领亲身经历的战争,也是一场修氏本人认为的"迄今为止历史上——不仅是希腊人历史上,而且也是大部分异族人世界历史上,甚至可以说是全人类历史上——最大的一次骚动"①。这是一个极为大胆的断言,就其修辞效果而论,此举的确大大增强了作品的吸引力。只是,这个断言能成立？如果可以,其理由何在呢？

　　修昔底德的答案非常值得细细玩味:第一,修氏并未就战论战,而是迅速地将问题升格到了时代的比较上,他认为,凭借他对过去的研究,他有理由相信,"过去的时代,不论是在战争方面,还是在其他方面,都不是伟大的时代"②。换言之,在修昔底德看来,一个时代如果不伟大,这个时代发生的战争也就不伟大,而反过来说,最能够集中体现一个时代所达到的高度的,正是战争。

　　第二,修氏对过去时代"其他方面"的展示是令人惊讶的。"没有定居的人民……各部落在受到比他们更为强大的部落的压迫时,他们总是准备放弃自己的家园……没有商业……没有安全的交通；他们利用领土,仅以攫取生活必需品为限；他们缺乏资金,从未耕种其土地……他们对于变换居住地点并不在意。因此,他们既没有建筑大的城市,也没有取得任何重要的资源。"③ 希腊世界的远古时代被无情地描绘成了一幅"自然状态"般的蛮荒景象,那里几乎没有可与"文明"有些许关系的事物。但是,这一切是如何可能的呢？没有农业,不事耕种,则食从何来？弱小部落的确容易流离失所,难道"更强大的部落"乃至最强大的部落也居无定所？难

---

① [古希腊]修昔底德:《伯罗奔尼撒战争史》,徐松岩等译,广西师范大学出版社2004年版,I.1。
② 同上。
③ 同上书,I.2。

· 243 ·

道大小部落之间就只有无休无止的倾轧、掠夺、驱逐乃至屠戮？难道弱小部落连投降归顺、俯首称臣的机会都没有？难道在这一片荒原之中，竟无丝毫的秩序与正义？答案当然是否定的，否则雅典城从何兴起？而说到雅典的兴起，在修昔底德的叙述中，它竟然是由于阿提卡地区土地贫瘠，故而没有内部纷争，而其他大部分地区由于土地肥沃、物产丰饶而不断发生主人的更迭，于是成为了各地由于内讧而逃亡或驱逐之人的避难所从而渐渐成长起来的！① 对于这样的解释，我们想知道的是：何以土产富饶就一定会引发纷争内斗？其原因到底在哪里？它可以不是由于"诸神之争"，但是它为什么不可以是因为统治者德性的不足与礼乐教化的缺失？雅典城接纳了如此众多外来的内斗的失败者，何以这些"最有势力的人"们聚到一起之后便不再继续互相争斗，反而能够携手共创美好明天了呢？这些问题修昔底德似乎根本不屑一顾，他似乎对他的逻辑充满了信心，而这个逻辑看上去只不过是——人皆贪凶好斗，故而丰饶之地纷扰多，贫瘠之地得平安。

  第三，在修昔底德看来，古不如今还有一方面，即："在特洛伊战争以前，没有迹象表明在希腊有过任何共同的行动，这一地区也确实没有被通称为'希腊'。"② 值得注意的是，在能够用来证明古不如今的时候，修氏毫不迟疑地引用起了神话，荷马也"被允许"为此"提供"权威的证明，而一旦到了争夺"真实性"权威的时候，荷马连同其他的各类诗人就都被说成了喜欢"夸大事实"从而不那么可信的人了③。无论如何，从这一条理由我们可以推知，

---

  ① ［古希腊］修昔底德：《伯罗奔尼撒战争史》，徐松岩等译，广西师范大学出版社2004年版，I.2。
  ② 同上书，I.3。
  ③ 同上书，I.21。

附论　历史写作与问题意识

在修氏看来，能够联合起来采取行动是战争伟大程度的标志之一。而联合必然以相互间的往来联系为前提，往来联系则以航海业的发达为前提，航海业的发展又需要"实力"作基础——所有这些都是特洛伊战争之前的希腊诸邦所不具备的。这样一个因果链条也显示出修昔底德对于"实力"的特殊关切。

第四，修昔底德认为古代希腊的习俗很是恶劣，他举的例子是海上强盗，因为这种"行业"对于希腊世界的相互联系危害最大，而且整治难度也最大。海盗是随着海上交通的发展而兴起的，值得注意的是，修氏令人不解地认为，"他们做海盗的动机是为了满足自己贪婪的欲望，同时也是为了扶助那些弱者……那时候，这种行为完全不被认为是可耻的，反而是值得夸耀的"[①]。从最后一句看，修氏还是将海上劫掠判定为可耻行为的，只是，修氏何以能将满足贪欲和济贫扶弱相提并论呢？难道是海盗头目的根本目的是为一己贪欲，而招募一群亡命之徒则是为了给他们一条生路？若是如此，那么这种行为究竟属于剥削性质呢，还是扶助性质呢？甚至，修氏又何必要提"扶助弱者"呢？是为了表达对满目皆是的恃强凌弱行径的愤怒，还是要以正当行业与非正当营生之间的模糊界线来彰显"那个时候"的"野蛮"呢？看来是后者。修氏认为，那时由于盗匪蜂起而造成的希腊人携带武器的习惯也"正像现在的蛮族人一样"，某些地区仍然保留的习俗能够证明"全希腊的居民曾有过共同的生活方式"，尽管后来雅典与拉栖代梦人各自有了风俗的改变，但是它们在没变之前也与蛮族一样，所以"古代希腊世界的生活和现在蛮族人的生活是相

----

① ［古希腊］修昔底德：《伯罗奔尼撒战争史》，徐松岩等译，广西师范大学出版社2004年版，I.5。

类似的"①。我们看到，为了证明"古不如今"，修氏不惜将古代希腊降低到野蛮人的水平。而对于此次战争双方阵营核心城邦的习俗变化，修氏称雅典是"最早放弃携带武器的习俗，采用比较安逸和奢侈的生活方式的"，尽管其中一些富有的老人"最近也开始放弃一些奢侈习俗"；称拉栖代梦则是"最早依照近代的风尚身着简便服装的，富人也尽可能地按平民的方式生活"，并且用了裸体竞技为证②。看得出，修氏对于本邦雅典是充满了批判精神的：它起于贫瘠之地，因各地的内斗而渐成大邦，好尚浮华奢靡；而敌国拉栖代梦则崇尚简朴生活与体育锻炼，富人也愿意降尊纡贵，这一切都是尚武精神与军人作风的体现。由以上可知，在修昔底德看来，古代希腊世界的海洋和霍布斯式的丛林相比，没有区别，因为，古代的希腊人跟野蛮人没有区别，并且，今天的希腊人与蛮族相比也没有本质的区别。此外，从修氏只重视海上情势（如海战与海盗等）而忽略陆地的情况来看，他很可能早已认定，海洋远比陆地更具有战略意义与历史意义。③

第五，修昔底德更进一步认为，古代希腊的战争规模也不如现在。随着"传说"中的米诺斯建立海军，清剿海盗，交通环境大大改善，许多沿海居民从此可以安居乐业，有些赚钱较多的地方便开始修建城墙……但是，修氏并不将这些盛景归因于传说中伟大的立法者米诺斯的"王者之效"，而是"出于谋利的共同愿望，弱者安于服从强者的支配"——修氏竟要以臆测的小民的理由来解释整个局势的根本好转！自特洛伊远征以来，大邦开始渐渐将小邦置于属

---

① ［古希腊］修昔底德：《伯罗奔尼撒战争史》，徐松岩等译，广西师范大学出版社2004年版，I.6。

② 同上。

③ "同样的劫掠也在陆地上流行"，关于陆地上的劫掠情况仅此一句。［古希腊］修昔底德：《伯罗奔尼撒战争史》，徐松岩等译，广西师范大学出版社2004年版，I.5。

邦的地位，原因不是大邦在文化、政治或军事上达到的更高水平从而使小邦心悦诚服前来归附，而是因为"拥有金钱而越发强大"①。这样的分析水准着实与修昔底德的名声不符，财富的积聚不是结果而竟成了原因。接下来，修氏将这个"理论"应用到了对于荷马史诗的解释上，于是，阿伽门农的盟军首领地位被认定为是来自他的"实力"的，而实力的根源就是他祖父从亚细亚带来的大量来路不明的财富，他的父亲则增加了一条不知以何种方式赢得的"民众的支持"，阿伽门农本人凭借继承来的这一切而获得了远征军加盟邦国的拥戴和畏惧。这里需要注意的是，修昔底德强调的不是"拥戴"，而是"畏惧"②——一种负面情绪。那么，奋二世之余烈的盟军统帅迈锡尼王阿伽门农的实力究竟达到了什么样的数量级呢？修昔底德再次颠覆了通行的以遗迹推测实力的做法，并且极尽嘲讽地说，倘若如此的话，则后人必会认为拉栖代梦不过是个小邦，而瞻仰雅典遗迹的人则"会认为这个城邦的势力两倍于它的实际情况"③。那么，应当如何推知当时的实情呢？修昔底德说，即便是按照荷马的描述来计算，那时的希腊联军数量也不大，更何况荷马"完全有可能夸大其词"④。这一点多少是有些出人意料的，修昔底德竟然将战舰和士兵的数量与战争的伟大程度挂了钩。

第六，修昔底德进一步极为"客观"地断言：参战人数少的原因"不是因为人力的缺少，而是因为金钱的匮乏"⑤。金钱匮乏导致给养不足，给养不足导致部队不能全力投入作战，而是要分出大

---

① ［古希腊］修昔底德：《伯罗奔尼撒战争史》，徐松岩等译，广西师范大学出版社 2004 年版，I.8。
② 同上书，I.9。
③ 同上书，I.10。
④ 同上。
⑤ 同上书，I.11。

批力量去进行耕种与劫掠，否则这场战争早就应该打赢。换言之，荷马所说的诸神对人类的摆布完全是无稽之谈，钱不够才是真实的原因。《孙子兵法·始计第一》所言"五事"乃是"道、天、地、将、法"，未有一字论钱。而论士兵，也是论"强"论"训"不论"众"。到了《作战第二》中方才谈及军费，"驰车千驷，革车千乘，带甲十万，千里馈粮……日费千金，然后十万之师举矣"，"兵圣"指出，这样的耗费速度是古今任何国度都不可能支撑得起的，故曰"兵久而国利者，未之有也"，故而"善用兵者……取用于国，因粮于敌，故军食可足也……远输则百姓贫，近师者贵卖，贵卖则百姓财竭……故智将务食于敌，食敌一钟，当吾二十钟"。也就是说，仅仅靠本国的金钱是绝无可能支撑一场大战的，因为前线所需的粮草物资不一定是金钱可以买到的，即便能买到，也必定要出高价。所以，一旦不能速战速决（这跟钱没有任何关系），无论如何都一定是要"以战养战"的，以战养战的重要性就在于从敌人手中抢得的一口相当于从本土筹备的二十口……兵者，何等复杂之事，怎一个钱字了得？但是无论我们如何费解，在修昔底德看来，战争规模的根源就是金钱，而金钱的多少就是一个时代伟大程度的最终决定因素。

到目前为止，修昔底德的全部哲学似乎就是：金权为本，海权为用，两者相互配合相互促进，才是通往强大与伟大的正途。诸神不足畏，人力不足恃，金钱才是地上真神，无人知晓它从何而来，亦无人知晓如何掌控驾驭，在它面前，没有伟大的先王，没有伟大的政治家，没有忠勇可嘉的将士，也没有守法良民……任何人都不过是人间真神或大或小但都同样卑微的祭司与信徒。真神要巡狩全地，船舰才是适合的车辇，无论是战舰、商船、货轮还是客轮。

二　金权视野下的政治世界

　　如果可以认为修昔底德对金钱的强调是到了《考古学》的制高点，则凭借着对金权与海权崇高地位的确定，修氏的确可以自认为已经在思想的高度与深度上击败了最伟大的诗人荷马，并且仅凭数量上的优胜，目前的这场战争也已经大大胜过了荷马所描述的特洛伊战争。

　　接下来则是要继续扩大胜果，于是，修昔底德给出的第七条理由便是战具的先进性——现代海军大规模使用的三列桨战舰在体积、排水量、承载量以及作战效能等方面可谓是全方位地胜过之前的五十只桨船和长船。但是，这种军事技术的提高又是从何而来的呢？答案当然还是金钱。三列桨战舰产生于科林斯，而科林斯是古代尚无海陆交通时陆地往来的必经要道，故而富甲天下。它的富有使得它能够始终走在时代最前列，"科林斯人是最早按近代式样建造海军设备的""历史上第一次海战是科林斯人与科基拉人之间的战争"，富庶"使得科林斯人在海上交往更加频繁的时候，能够组建一支舰队，以镇压海盗活动"，金权与海权结合的效果就是"强盛"——"由于它能够为海路贸易和陆路贸易提供便利，由此所获得的大量收入使它强盛起来"。于是，技术进步作为金权与海权相互促进机制中一个重要环节也出现了。[①]

　　第八，修昔底德认为战争的目的、形式以及联合程度也是重要的指标。不以征服为目的的远征是不值一提的，不纠集盟友联合作

[①] ［古希腊］修昔底德：《伯罗奔尼撒战争史》，徐松岩等译，广西师范大学出版社 2004 年版，I. 14。

战、仅凭一国之力与另一国开战是难登台面的①，这样的战争模式是无法产生"强国"效果的，而如果邦国不能强大，还谈什么伟大？

那么，确定了人间真神与伟大之道的诸多外部条件之后，关于政治因素的讨论也必须提上议程了，这也正是修昔底德的第九条所讨论的内容。从古到今，希腊各邦的政治都发生了些什么样的变化呢？根据荷马的描述，特洛伊战争时期，希腊联盟的主要大邦都是世袭君主制，"但是由于希腊势力的增长，追求财富成为日益重要的目标，各邦的收入不断增多，几乎所有的城邦都建立了僭主政治——此前旧的政体是世袭君主制，君主有确定的特权——希腊人开始营造舰队，更加致力于向海上发展了"②。可以看到，修昔底德认为，希腊世界在政治上的根本变化乃在于大量的世袭君主制被僭主制代替。但是，这两种政体之间的差别何在呢？修氏并没有深究这个"小"问题。从法理角度看，两者之间的区别在于世袭君主有自然的标记，而僭主则缺少血统的合法性；而从其本质属性的角度，即按照柏拉图与亚里士多德都采用的以"目的"判定政体的办法来看，则僭主制乃是人世间至为丑恶的不义政体，而君主制才是最能够实现正义与良善生活的政体。修昔底德丝毫没有提到这两个差别，也许修氏不知道，也许修氏认为不需要知道，因为"强盛"是唯一的"正事儿"，其他事情都不如这件事重要。整个希腊已经认识了地上的真神，在以"正确方式"争相侍奉真神的过程中，旧制度被淘汰出局了，仅此而已。但是，僭主制在希腊的表现又如何呢？看来不是太好。

---

① ［古希腊］修昔底德：《伯罗奔尼撒战争史》，徐松岩等译，广西师范大学出版社2004年版，I. 15。

② 同上书，I. 13。

因为"在一个长时期内,希腊诸邦不能为了民族大业联合起来,各邦自己也缺乏进取心"。但是在西西里却很好,"他们大大地扩充了国力"。同样是僭主制,为什么有这么大的区别呢?原因在于希腊的"僭主们的习惯是考虑他们自己,单单关注他们个人的安逸和家族势力的扩大。他们政策的主要目标是安全,因而难以取得任何重大成就"①。也就是说,僭主制之所以在希腊表现一般,是因为希腊僭主刚刚"小康"便将主要精力放在保护既得利益上了,从而无法进一步推动希腊世界向更加伟大的"梦想"迈进,他们由于不思进取无法联合起来发动远征,而仅能与邻邦打些小仗……修昔底德的确是对希腊的僭主们进行了"严厉"的批判,但却只是因为他们的小小野心无法再继续提供扩张的推动力。

于是拉栖代梦人起而铲除了这些障碍物,雅典以及大部分邦国的僭主制都被废除。但是,拉栖代梦人何以有此大能呢?根据修氏的叙述,统治这片土地的是外来的多利亚人,他们的统治实际上也是问题重重、麻烦不断,"但是它很早就有一个良好的法律,从来没有因僭主而中断连续享有的自由;从这场战争的结束时算起,拉栖代梦采用同一种政体已达四百余年,因而使它一直处于有利地位以干涉其他国家的事务"②。从这段叙述我们可以推知,在修昔底德看来,首先,良法是极重要的,它能保证城邦不被僭主颠覆;其次,政体稳定对于国力强盛是有利的。只是,令人不解的是,国力强盛的明证不是物阜民丰、政治修明、上下相得、安定祥和,而竟然只是有能力在内乱频发的情况下广泛干涉他国内政!另外,既然

---

① [古希腊]修昔底德:《伯罗奔尼撒战争史》,徐松岩等译,广西师范大学出版社2004年版,I.17。
② 同上书,I.18。

前文已经提到了"政体"问题，那么，拉栖代梦是什么政体呢？书中没有详细交代，我们只能从只言片语中拼凑出一个世袭双君主制。于是问题又来了，这样一个商业极不繁荣、没有强大海军但却有良法的双王制邦国为何能如此"强大"呢？看来只能到良法和政治稳定中去寻找答案了。根据普鲁塔克，这个城邦废除了金银货币体制并建立起了公餐制与残酷的军事训练体系以及简朴的生活作风，而这一切都得益于伟大的吕库古立下的法。但是，修昔底德没有提及这位伟大先王的名字，他看来并不愿意将拉栖代梦的强大归因于吕库古以其德性、威望以及献身从而为这部法典奠定的坚实厚重的基础，更不会去分析该法典是否在某些方面还需要改进，如对于男子的军事训练、对于女子的教育以及对于奴隶的管理等等。因为，只有当一个人同时懂得了政治问题的彻上与彻下，他才会去思考这样的问题，而一个人一旦采用了这样的思路，他也就不会去写"战争史"了，而是要去详考那些著名大邦的古圣先贤、礼乐刑政、名物制度、治乱兴衰、贤愚忠奸……换言之，他应当试作《春秋》。但这一切显然都不在修昔底德的问题意识之中，因此，修昔底德从拉栖代梦的强大中看到的只是严刑峻法与政治稳定对于增强国力、对外扩张的重要意义。于是，修昔底德的伟大之道除了金权、海权与技术之外，又加上了两条：严法与稳定。只是，这些优点还没有集合于一身，而是分给了两个大邦。

修昔底德认为，这是历史原因造成的。与波斯的两次战争，尤其是第二次对希腊的全面入侵促使整个希腊世界在拉栖代梦的领导下联合为一、共御外侮。也就是说，外力导致了希腊世界松散状态的结束，无论是倒向希腊联盟还是给波斯带路，希腊各邦都投入了战争，因而联合程度大大提升。战争也逼使雅典彻底放弃城邦本土而成为了一个海上国家，并且在这场战争结束之后，整个希腊世界分裂成分别以雅典和拉栖代梦为首的两大阵营。前者以海上力量称霸,而后者的陆军则冠绝一时。双方很快便"理所当然"地开始了争端,同时也带动各自的盟友卷入其中①。两大轴心对于各自盟友也采取了不同的"领导"方式,根据修氏的介绍,拉栖代梦通过建立"代理人政权"进行统治,但是不要求进贡;雅典则除两小邦之外统统征收贡金,并剥夺其海军力量。这样的描述是十分可疑的,拉栖代梦人果真视金钱如粪土么?他们如何才能信任其代理人呢?难道不是通过对其财权、军权、人事权等核心权力的掌控么?难道雅典就不懂得扶植亲己的政府么?这些问题修昔底德全然不顾。他也未对双方的不同策略作出任何评论,正义与否当然是不予讨论的,但是效率与效果呢?修氏只有一句话:"双方各自用于这场战争的兵源都超过同盟全盛时期的兵力总数。"②难道这就足以证明两边都使用了最合适的办法了么?即便仅就汲取能力而言,难道就没有更好的策略了么?比如善待盟友,并以真诚与付出赢得盟友的鼎力支持?

无论如何,关于希腊政局的叙述展示了当前这场战争前所未有的联合程度的产生机制,再加上前文所总结的诸种要素,一场史上最伟大的战争就呼之欲出了——似乎只需要再加上一条:战争全程所造成的影响。按照修氏的裁定标准,一直被认为是最伟大战争的特洛伊远征早已不足论,波斯战争才是此次战争之前最伟大的战争,但是,波斯战争很快就决出了胜负,"而伯罗奔尼撒战争不仅持续了很长的时间,而且在这期间,给希腊带来了空前的灾难。从来没有这么多的城市被攻陷,被践踏,有些是异族

---

① [古希腊]修昔底德:《伯罗奔尼撒战争史》,徐松岩等译,广西师范大学出版社2004年版,I.18。
② 同上书,I.19。

现代道德话语的形成

人所为，有些则是希腊人的党争所致；从来没有这么多流亡者，从来没有这么多人被虐杀……流传下来的某些怪诞的古老的故事虽未得到经验证实，突然间不能不使人相信了。地震发生的范围和强度都是空前的；日食发生的频繁程度超过历史记载；各地普遍发生过严重的旱灾，继而是饥馑；惨绝人寰的瘟疫发生了，它所伤害的生命最多。"[1]

为什么修昔底德要为这场"最伟大"的战争添上这样阴郁的一笔呢？难道修昔底德认为持续时间长、造成灾难大也是战争伟大程度的指标？看来是这样的。但是，这一笔也显示出修昔底德对于战争本身的基本态度。对于这场最伟大的战争，修昔底德丝毫没有"欣逢盛世"正好大显身手建功立业的喜悦，因为这里没有任何高贵与正义，没有任何值得为之生为之死的人或事，无论伯里克利的演说多么煽情，这里只有权势、金钱、虚荣、残忍、狡诈和恐惧。而这最后一项才是这场最伟大战争的真正起源[2]。

既然如此，修氏又何必要努力证明或宣称这场战争最伟大呢？其原因只能是，在修昔底德看来，这场战争最好地展示了人的可悲"本性"。与此前最伟大波斯战争不同，这场战争是一场希腊世界的内战，既然本场战争比波斯战争更伟大，这是否也意味着内战才是战争的最高境界呢？这是有可能的。随着金权驾驭着海权的行进，全世界最终难道不必然变成一个完整版的希腊么？倘若全世界所有国家都被卷入一场两极格局的世界大战，那不也与本场战争如出一辙么？如此，则后世的一切战争，至多只能在技术、参战国数、参战人数、伤亡人数、经济损失等方面胜过本场战争了。因

---

[1] ［古希腊］修昔底德：《伯罗奔尼撒战争史》，徐松岩等译，广西师范大学出版社2004年版，I. 23。

[2] 同上。

· 254 ·

此，就其对于人类"本性"的展示而言，本场战争已然可称极致了。正是这样一个深刻的洞察才使得修昔底德敢于声称这场战争"比此前的任何一场战争都更值得叙述"①，敢于挑战并剥夺最著名的诗人的权威，敢于清除"大多数人"不加批判就轻易接受的关于过去与现在的一切虚幻意见②，并最终敢于宣告已经得到了"关于过去的正确知识"并且可以"借以预见未来"，"因为在人类历史的进程中，未来虽然不一定是过去的重演，但同过去总是很相似的"③——修昔底德绝无可能是一个简单的反战人士。我们甚至可以猜测，修昔底德简直就想直说，这场战争之所以是最伟大的战争，最根本的原因乃是由于我，无比智慧的雅典人修昔底德，为它写了这部战争史！

三 "修昔底德陷阱"

修昔底德的顾盼雄飞是需要做一番考察的。看上去，修氏对自己这智慧的洞见是充满了自信的，然而这样的洞见同时又体现出了史家的无奈、无能感与逃避，因为修昔底德根本"忘"了问出路与解决之道，更别提回答，他似乎坚信这就是人类历史永恒的样板和剧本。对此，我们不得不表示遗憾，因为是修昔底德问题意识的局限导致了这充满问题的一切。

在修昔底德声称已然击败的对手名单中，我们只看到了诗人与编年史家，而没有哲人，尽管修氏提到了"真理"④。修昔底德对

---

① [古希腊]修昔底德：《伯罗奔尼撒战争史》，徐松岩等译，广西师范大学出版社2004年版，I.1。
② 同上书，I.20。
③ 同上书，I.22。
④ 同上书，I.20。

现代道德话语的形成

于雅典城中如此大名鼎鼎的这类人必定也是有足够的了解的，但是为什么竟然不置一词呢？难道在修氏看来，哲人的言谈甚至比诗人还要荒诞无稽、不值一驳？或许，不指名道姓的竞争才是对对手表示敬意的适当方式？我们无法判断，我们甚至不能确定修昔底德是否能够区分"哲人"与"智术士"。因为，如果修昔底德能够做到这一点的话，那么他就一定会仔细思考：同样是面对恒久不变的人性，同样是面对战乱不已的现实，何以苏格拉底会有完全不同的做法？他既可以为战争找到真正的原因①，还敢于去探问并且能够找到解决之道。无论问题的实际解决有多困难，认为有出路与断言无出路之间乃是有着天差地别的。这个差别来自对同一个问题的不同思考，这个问题就是：立言者何为？究竟是为"客观"而冷酷地向任何有机会读到这些文字的人们"揭示"人类历史的"真实"逻辑，还是更加深刻地认识到，这样一个超然事外的客观位置其实是不存在的，因此所谓的"真实"实际上是不全面的因而也就是非真实的，真正的哲人应当整全地面对人的全部品类，尤其是要认真对待人的最高可能性，并最终当仁不让地承担起人类"统治者"兼"教育者"的双重责任？正是由于对这个问题的深刻把握使得苏格拉底可以丝毫不为满眼的不义所动，可以在知善与知恶两端皆得其情而无偏废，可以在没有先例可循的前提下追问"人应当怎样生活"与"什么是最好的政体"这样的问题，并能够毫无妥协地确定正义的城邦与个人都必须以德性为目标，而唯有当德性完满的哲人能够同时成为城邦中势位至尊的王者时，世间的不义与罪恶才能终结。这诚然是很难达到的，但却并非完全不可能。因此，立言者切不可息王者之心与师者之心，格劳孔们若是能得到最好的教导，

---

① ［古希腊］柏拉图：《理想国》，郭斌和、张竹明译，商务印书馆1986年版，372C—373E。

是有可能成为优秀的护卫者的，若是得不到，则必然成为心如虎狼的潜在僭主。僭主者，人之至不义者也，万恶之源也。君师责任之重，泰山岂可及万一？实固未予苏格拉底以王者之位，史家岂可不文予之哉！

但是，修昔底德只"意识"到了自己的智慧，而完全没有意识到真正有智慧者身上所承担的立纲常名教以为万世法的重任，一任愤世嫉俗之情恣肆泛滥。如果我们忘记了立言者天然就有的教育者身份，那么我们很容易被"史家"的表象骗过。而一旦我们将修昔底德视为一位教育者而不仅仅是任何事实的记录者，我们就会发现，修昔底德其实并不是在"揭示"人世间争权夺利、率兽食人的"现实"，而是在教导读者：汝当作此禽兽之行！因为弱肉强食就是世间常情，人与人之间如此，国与国之间更是如此，不得势者固有不得已，得势者亦是如此。因此，得势者不必哀矜弱者，被欺凌者也没有道理怨天尤人。仁义道德、列祖列宗、万世荣耀等等不过是笼络人心、欺世盗名的魔笛法杖……唯有如此，我们才能够更好地理解，何以修昔底德要将所有的战争都展现为一个无主体、无责任人的"自然"事件；何以修昔底德要"让"雅典的使者们在米洛斯得意扬扬地宣称"公正的基础是双方的实力均衡"并大言不惭地阐述"帝国的无奈"；何以修昔底德在沉寂了一千八百余年之后才在 15 世纪末叶被译成意大利文，而意大利随后就出现了所谓的"现实主义者"马基雅维里，而所谓的"大航海"时代也几乎同时而起，西方人在对黄金的疯狂贪欲驱使下开始沿着哥伦布们开拓的航路将屠杀、掠夺、仇恨与奴役播向了全世界；何以在 17 世纪这部战争史又被一个叫托马斯·霍布斯的英国人译成了英文，而霍布斯恰好也被认为是"现实主义"的理论者，而此后也恰好就是资产阶级革命的渐次爆发、民族国家体系在战火中的最终成型以及帝国

现代道德话语的形成

主义扩张的步步升级①……西方的"崛起"简直就是在修昔底德的全程"指导"之下完成的,帝国主义从寻找借口、鼓动国民、发动侵略一直到最终推卸掉所有责任所需的一切辞令,《战争史》都提供了完美的模板。

所以,毫不奇怪,修昔底德热正是在冷战期间达到高潮,尤其是在国际政治理论界,认可权力政治与国际无政府状态的新旧现实主义流派无论有什么样的分歧,都将自己的源头归宗到了修昔底德。"修昔底德陷阱"概念也应运而生,这的确是一个重要的问题,我们十分有必要意识到:修昔底德确实有可能给后人挖下了一个"陷阱",并且还是一个加盖上锁、机关重重的陷阱。只是,这个陷阱并不仅仅是在逼迫着唯一的霸权国向任何一个可能兴起的挑战者开战。它真正的危害在于以默认前提的方式确定了国际政治——实际上也必定包含国内政治以及广泛意义上的人类生活——的根本主题是且仅是财富与权力。因此,一旦落入这个陷阱,则战争势必成为人类历史的主题而和平势必成为战争的间歇期与准备期。

四 关于出路的思考

如果人类不应当接受这种陷阱中的"生活",那么我们就必须认真思考出路的问题。而对于出路的思考必须直面"目的"问题。康德的世界政府构想提供了一个思路,并且在二战之后终于成为了现实,人类从此有了一个叫作"联合国"的机构。然而近七十年的实践证明,这个毫无权威的机构不可能是人类需要的那个答案,因

---

① 陈玉聃:《对〈伯罗奔尼撒战争史〉的解读:是继承还是误解?——兼评现实主义国际关系理论》,《国际政治科学》2007年第1期。

附论 历史写作与问题意识

为作为其理论前提的康德主义的形式道德并不能提供关于"目的"的任何答案。

于是,我们必须首先认真思考苏格拉底的教诲所可能包含的全部重大意义,真正的统治者是否应当有正义之外的任何目的?答案必须是:不应当!拒绝这个答案,就否定了出路的存在。而如果确定了这一根本出发点,则苏格拉底关于世界政治又有何构想呢?非常可惜,苏格拉底关于最好政体的思考似乎从未超越城邦的界限,这个言辞中最好城邦仅仅满足于在纷扰的国际战场中做一只身上无肉却又极其强悍的"瘦狗"[1]。

但是,以德论政并非苏格拉底一门所专有,这世上还有一个独一无二的中国。它最惊人的独一无二之处乃在于它是这个世界上唯一一个明确将"以德为本"昭告天下的国度,并且,这个"昭告天下"并非仅以言辞相告,而是具有一整套能够让"德政"精神真正"落地"的、精妙绝伦的"礼乐刑政"的完备体系,它能够从庙堂之高一直深入到每个人伦常生活的每个角落与每个细节之中。此外,中国还有一个其他共同体所不及之处:中国并非城邦,亦非简单的民族国家,而是一个真正具有普世性与包容性的文明体[2],它具有一个有中心、有差序但无边界的独一无二的"天下"结构。唯有这样的结构能够确保"正道"与"正义"的普遍有效性——无论天下有多大,亦无论习俗何等多样。也唯有在这样的结构之内,人类才有可能真正走出"修昔底德的陷阱"。

---

[1] [古希腊]柏拉图:《理想国》,郭斌和、张竹明译,商务印书馆1986年版,422D。
[2] 张广生:《历史意识与国际感:现代中国自我身份的认知》,《中国人民大学学报》2005年第5期。

参考文献

中文文献：

［古希腊］柏拉图：《理想国》，郭斌和、张竹明译，商务印书馆1986年版；《法律篇》，张智仁、何勤华译，商务印书馆2016年版；《政治家篇》，中国政法大学出版社2003年版。

［古希腊］亚里士多德：《政治学》，吴寿彭译，商务印书馆1997年版；《尼各马可伦理学》，廖申白译，商务印书馆2003年版。

［古希腊］修昔底德：《伯罗奔尼撒战争史》，徐松岩等译，广西师范大学出版社2004年版。

［古希腊］波里比阿：《罗马帝国的崛起》，翁嘉声译，社会科学文献出版社2013年版。

［古希腊］普鲁塔克：《希腊罗马名人传》（上），陆永庭、吴彭鹏译，商务出版社1990年版。

［古罗马］李维：《自建城以来（第1卷到第10卷选段）》，王焕生译，中国政法大学出版社2009年版。

［意］尼科洛·马基雅维利：《论李维》，冯克利译，上海人民出版社2005年版；《君主论》，潘汉典译，商务印书馆1986年版；《佛罗伦萨史》，李活译，商务印书馆1997年版；《曼陀罗》，徐

卫翔译，上海人民出版社 2003 年版。

［英］弗朗西斯·培根：《学术的进展》，刘运同译，上海世纪出版集团 2007 年版；《新工具》，许宝骙译，商务印书馆 2010 年版；《培根论说文集》，水天同译，商务印书馆 2001 年版；《论古人的智慧》，李春长译，华夏出版社 2006 年版。

［英］托马斯·霍布斯：《利维坦》，黎思复、黎廷弼译，商务印书馆 1985 年版；《论公民》，应星等译，贵州人民出版社 2004 年版；《一位哲学家与英格兰普通法学者的对话》，毛晓秋译，上海人民出版社 2006 年版。

［法］让-雅克·卢梭：《论科学与艺术的复兴是否有助于使风俗日趋纯朴》，李平沤译，商务印书馆 2011 年版；《论人类不平等的起源与基础》，李常山译，商务印书馆 1962 年版；《社会契约论》，何兆武译，商务印书馆 1980 年版；《爱弥儿》，李平沤译，商务印书馆 1978 年版；《一个孤独的散步者的梦》，李平沤译，商务印书馆 2008 年版；《卢梭评判让-雅克：对话录》，袁树仁译，商务印书馆 2015 年版；

［德］伊曼努尔·康德：《纯粹理性批判》，邓晓芒译，人民出版社 2002 年版；《实践理性批判》，邓晓芒译，人民出版社 2004 年版；《判断力批判》，邓晓芒译，人民出版社 2002 年版；《道德形而上学》，李秋零译，中国人民大学出版社 2013 年版；《历史理性批判文集》，何兆武译，商务印书馆 1990 年版。

［俄］科瓦略夫：《古代罗马史》（上、下），王以铸译，上海世纪出版集团 2011 年版。

［德］特奥多尔·蒙森：《罗马史》（一、二、三、四、五），李稼年译，商务印书馆 1994 年版。

［德］奥托·基弗：《古罗马风化史》，姜瑞璋译，海豚出版社 2012 年版。

［美］雅克·巴尔赞：《从黎明到衰落：西方文化生活五百年1500年至今》，林华译，世界知识出版社2002年版。

［美］茱迪·史珂拉：《政治思想与政治思想家》，左高山等译，上海世纪出版集团2009年版。

［美］列奥·施特劳斯：《关于马基雅维利的思考》，申彤译，译林出版社2003年版。

［英］昆廷·斯金纳等编：《国家与公民》，彭利平译，华东师范大学出版社2005年版。

［英］昆廷·斯金纳：《马基雅维里》，王锐生等译，工人出版社1985年版。

［美］哈维·C.曼斯菲尔德：《驯化君主》，冯克利译，译林出版社2005年版。

［英］约翰·波考克：《马基雅维利时刻：佛罗伦萨政治思想和大西洋共和主义传统》，冯克利译，译林出版社2013年版。

［美］列奥·德·阿尔瓦热兹：《马基雅维利的事业——〈君主论〉疏证》，贺志刚译，华东师范大学出版社2009年版。

［意］毛里奇奥·维罗利：《尼科洛的微笑：马基雅维里传》，段保良译，上海人民出版社2008年版。

［美］劳伦斯·朗佩特：《尼采与现时代——解读培根、笛卡尔与尼采》，李致远、彭磊、李春长译，华夏出版社2009年版。

［美］杰里·魏因伯格，《科学、信仰与政治：弗兰西斯·培根与现代世界的乌托邦根源》，张新樟译，生活·读书·新知三联书店2008年版。

［德］卡尔·施米特：《霍布斯国家学说中的利维坦》，应星、朱雁冰译，华东师范大学出版社2008年版。

［美］弗朗西斯·奥克利：《自然法、自然法则、自然权利——观

念史中的连续与中断》，王涛译，商务印书馆2015年版。

[美] 列奥·施特劳斯：《霍布斯的政治哲学》，申彤译，译林出版社2001年版。

[英] 昆廷·斯金纳：《现代政治思想的基础》，段胜武等译，求实出版社1989年版；《霍布斯与共和主义自由》，管可秾译，上海三联书店2011年版。

王利：《国家与正义：利维坦释义》，上海人民出版社2008年版。

吴增定：《利维坦的道德困境——早期现代政治哲学的问题与脉络》，生活·读书·新知三联书店2012年版。

[美] 理查德·塔克：《自然权利诸理论——起源与发展》，杨利敏、朱圣刚译，吉林出版集团2014年版。

[美] 卡罗尔·布拉姆：《卢梭与美德共和国——法国大革命中的政治语言》，启蒙编译所译，商务印书馆2015年版。

[美] 克里斯托弗·凯利：《卢梭的榜样人生——作为政治哲学的〈忏悔录〉》，黄群等译，华夏出版社2009年版。

[法] 达尼埃尔·莫尔内：《法国革命的思想起源（1715—1787）》，黄艳红译，上海三联书店2011年版。

[英] 凯斯·安塞尔-皮尔逊：《尼采反卢梭——尼采的道德—政治思想研究》，宗成河等译，华夏出版社2005年版。

[美] 罗杰·马斯特：《卢梭的政治哲学》，胡兴建、黄涛等译，华东师范大学出版社2013年版。

[美] 阿拉斯戴尔·麦金泰尔：《追寻美德》，宋继杰译，译林出版社2003年版。

[美] 亨利·E.阿利森：《康德的自由理论》，陈虎平译，辽宁教育出版社2001年版。

[美] 刘易斯·贝克：《〈实践理性批判〉通释》，黄涛译，华东师

范大学出版社 2011 年版。

刘小枫编:《修昔底德的春秋笔法》,华夏出版社 2007 年版。

魏朝勇:《自然与神圣:修昔底德的修辞政治》,华东师范大学出版社 2010 年版。

[美] 斯塔特:《修昔底德笔下的演说》,王涛译,华夏出版社 2012 年版。

[美] 欧文:《修昔底德笔下的人性》,戴智恒译,华夏出版社 2015 年版。

[美] 福特:《统治的热望》,未已等译,华夏出版社 2010 年版。

[美] 唐纳德·卡根:《伯罗奔尼撒战争的爆发》,曾德华译,华东师范大学出版社 2014 年版。

外文文献:

Harvey C. Mansfield, *Machiavelli's New Modes and Orders*, Chicago: University of Chicago Press, 2001.

Harvey C. Mansfield, *Taming the Prince: The Ambivalence of Modern Executive Power*, Baltimore: John Hopkins University Press, 1993.

John P. McCormick, "Machiavelli's Political Trials and 'The Free Way of Life'", *Political Theory*, Vol. 35, No. 4, Aug., 2007, pp. 385–411.

Herbert Butterfield, *The Statecraft of Machiavelli*, New York: Collier Books, 1967.

Federico Chabod, *Machiavelli and Renaissance*, Bowes Publishers Limited, 1958.

J. Patrick Coby, *Machiavelli's Ronmans: Liberty and Greatness in the Discourses on Livy*, Lexinngton Books, 1999.

Adam D. Danel, *A case for freedom: Machiavellian Humanism*, U. P of America, Inc. , 1997.

Alistair Edwards and Jules Townshend ed. *Interpreting Modern Political Philosophy: From Machiavelli to Marx*, Houndmills, Basingstoke, Hampshire, New York, 2002.

Joseph V. Femia, *The Machiavellian Legacy: Essays in Italian Political Thought*, Macmillan Press, 1998.

Howard B. White, *Peace Among the Willows: The Political Philosophy of Francis Bacon*, New York: Springer, 1968.

Howard B. White, *Antiquity Forgot: Essays on Shakespeare, Bacon and Rembrandt*, New York: Springer, 1978.

Marina Leslie, *Renaissance Utopias and the Problem of History*, New York: Cornell University Press, 1999.

Stevens Matthews, *Theology and Science in the Thought of Francis Bacon*, Aldershot: Ashgate Publishing Company, 2008.

Stephen A. McKnight, *The Religious Foundation of Francis Bacon's Thought*, Columbia and London: University of Missouri Press, 2006.

Charles Whitney, *Francis Bacon and Modernity*, New Haven and London: Yale University Press, 1986.

Price Bronwen, *Francis Bacon's New Atlantis: New interdisciplinary essays*, New York: Manchester University, 2002.

Cowan L. Jacqueline, "Francis Bacon's New Atlantis and the Alterity of the New World", *Literature and Theology*, 2011, 25 (4).

Henry E. Allison, *Kant's Transcendental Idealism*, New Haven & London: Yale University Press, 1983; *Kant's Groundwork for the Metaphysics of Morals: A Commentary*, Oxford: Oxford University Press, 2011.

Karl Ameriks, *Kant's Theory of Mind*, Oxford: Oxford University

Press, 2000.

Marcia W. Baron, *Kantian Ethics Almost Without Apology*, New York: Cornell University Press.

Philippa Foot, *Virtues and Vices: And Other Essays in Moral Philosophy*, Berkeley and Los Angeles: University of California Press, 1981.

Paul Guyer, *Kant*, New York: Taylor & Francis Group, 2006.

Barbara Herman, *The Practice of Moral Judgment*, Cambridge, Massachusetts: Harvard University Press, 1996.

Thomas E. Hill Jr, *Dignity and Practical Reason in Kant's Moral Theory*, New York: Cornell University Press, 1992.

Terence Irwin, *The Development of Ethics Volume III: From Kant to Rawls*, Oxford: Oxford University Press, 2009.

Onora O'Neill, *Constructions of Reason: Explorations of Kant's Practical Philosophy*, Cambridge: Cambridge University Press, 1990.

Sally Sedgwick, *Kant's Groundwork of The Metaphysics of Morals: An Introduction*, Cambridge: Cambridge University Press, 2008.

Allen W. Wood, *Kant's Ethical Thought*, Cambridge: Cambridge University Press, 1999.

Thomas Hobbes, *Elements of Law Natural and Politic*, ed. J. Gaskin, Oxford: Oxford University Press, 1994; *Leviathan*, ed. by Edwin Curley, Indianapolis: Hackett Publishing Company, 1994; *On the Citizen*, ed. and tr. by Richard Tuck and Michael Silverthorne, Cambridge: Cambridge University Press, 1998; *A Dialogue between a Philosopher and a Student of the Common Laws of England*, ed. by Alan Cromartie, Oxford: Clarendon Press, 2008.

C. B. Macpherson, *The Political Theory of Possessive Individualism:*

Hobbes to Locke, Oxford: Oxford University Press, 1962.

Michael Oakeshott, *Rationalism in Politics and Other Essays*, Indianapolis: Liberty Fund, 1991.

Quentin Skinner, *Reason and Rhetoric in the Philosophy of Hobbes*, Cambridge: Cambridge University Press, 1996.

Quentin Skinner, *Vision of Politics*, Vol. 2, Cambridge: Cambridge University Press, 2002.

Howard Warrender, *The Political Philosophy of Hobbes: His Theory of Obligation*, Oxford: Clarendon, 1957.

Jean-Jacques Rousseau, *Rousseau: The Discourses and Other Early Political Writings*, tr. by Victor Gourevitch, Cambridge: Cambridge University Press, 1997; *The Social Contract and Other Later Political Writings*, tr. by Victor Gourevitch, Cambridge: Cambridge University Press, 1997.

Ernst Cassirer, *Rousseau, Kant, Goethe*, Princeton: Princeton University Press, 1945; *The Question of Jean-Jacques Rousseau*, Series editor, Jacques Barzun, Cambridge: Yale University Press, 1989.

David Gauthier, *Rousseau: The Sentiment of Existence*, Cambridge: Cambridge University Press, 2006.

Roger Masters, *The Political Philosophy of Rousseau*, Princeton, New Jersey: Princeton University Press, 1968.

Arthur Melzer, *The Natural Goodness of Man: On the System of Rousseau's Thought*, Chicago: University of Chicago Press, 1990.

Patrick Riley, "General Will Before Rousseau", *Political Theory*, 6 (4): 485–516.

Patrick Riley ed., *The Cambridge Companion to Rousseau*, Cambridge:

Cambridge University Press, 2001.

June W. Allison, *Word and Concept in Thucydides*, Atlanta, Georgia: Scholars Press, 1997.

W. Den Boer, *Progress in the Greece of Thucydides*, Amsterdam, Oxford, New York: North Holland Publishing, 1977.

George Cawkwell, *Thucydides and the Peloponnesian War*, London and New York: Routledge, 1997.

C. N Cochrane, *Thucydides and the Science of History*, London: Oxford University Press, 1929.

Gregory Crane, *Thucydides and the Ancient Simplicity: The Limits of Political Realism*, Berkeley and Los Angeles: University of California Press, 1998.

John H. Finley Jr., *Three Essays on Thucydides*, Cambridge, Mass: Harvard University Press, 1967.

Emily Greenwood, *Thucydides and the Shaping of History*, London: Duckworth, 2006.

Virginia J. Hunter, *Thucydides the Artful Reporter*, Toronto: Hakkert, 1973.

Lisa Kallet, *Money and the Corrosion of Power in Thucydides: The Scilian Expedition and Its Aftermath*, Berkeley: University of California Press, 2001.

Robert D. Luginbill, *Thucydides on War and National Character*, Colorado: Westview Press, 1999.

Russell Meiggs, *The Athenian Empire*, Oxford: Oxford University Press, 1972.

P. J. Rhodes, "Thucydides on the Causes of the Peloponnesian War",

Hermes, 2nd Qtr., 1987, pp. 154 – 165.

Jacqueline de Romily, *Thucydides and Athenian Imperialism*, Translated by Philip Thody, Oxford: Oxford University Press, 1963.

Raphael Sealey, "The Causes of the Peloponnesian War", *Classical Philology*, Vol. 70, No. 2, pp. 89 – 109.